Günter Stoewer

Der Padrone
oder
Ein verkannter Mann

Günter Stoewer

Der Padrone

oder
Ein verkannter Mann

Meersburg 2022

Rediroma-Verlag

Bibliografische Information der Deutschen Nationalbibliothek:
Die Deutsche Nationalbibliothek verzeichnet diese Publikation in der Deutschen Nationalbibliografie; detaillierte bibliografische Daten sind im Internet über http://portal.dnb.de abrufbar.

ISBN 978-3-98885-001-0

Alle Skizzen stammen vom Verfasser.

www.rediroma-verlag.de
13,95 Euro (D)

Dieses Buch widme ich meinem guten Freund Hartmut zu seinem achtzigsten Geburtstag.

Er und seine liebe Frau Birgit schätzen Italien, seine Kultur und Sprache.

Verzeichnis

Vorwort

Diese Erzählung ist ein Produkt der Fantasie, zwangsläufig fließen hier eigene berufliche Erfahrungen als Managementtrainer und Unternehmensberater ein. Auch bei den prägenden Personen dieses Buches finden sich die Persönlichkeitsstrukturen von Menschen, die ich in dieser Zeit erlebt hatte. Allerdings tragen sie Merkmale mehrerer Personen in sich. Auch die als primärer Handlungsraum gewählte Gegend entstammt der Fantasie. Danach suchen zu wollen würde in Enttäuschung enden. Mir ging es vorwiegend um den Inhalt und weniger um stilistische Finessen, die überlasse ich lieber den professionellen Autoren. Ohnehin halte ich mich lediglich für einen Schreiber, dem das Schreiben Spaß macht und dem das fertig gedruckte Buch in Händen ein Erfolgsgefühl verschafft.

Bedingt durch ein Ehrenamt war es mir selten möglich eine längere Zeitspanne nur dem Schreiben nachzugehen. So entstand allmählich ein Buch, das vielleicht eher zu vergleichen ist mit einem Mosaik, wenn nicht gar mit einem Flickenteppich. Solche Brüche gehören allerdings auch zum eigenen Leben, eine durchgehend harmonische und glatt verlaufene Biographie ist die Ausnahme, so auch bei den Schlüsselpersonen in diesem Werk.

In meinem langen Leben habe ich, was Beziehungen angeht vor allem zwei Irrtümer erlebt. Nicht wenige Menschen neigen dazu, vom ersten Eindruck auf das Wesen zu schließen. In jungen Lebensjahren scheint das Erscheinungsbild derart zu beeindrucken, dass darüber alles andere weggeschoben wird. Der Partner soll dann so sein wie man ihn sehen will, und nicht so wie er vielleicht auch sein kann. Von sich auf den anderen zu schließen, ist nicht minder gefährlich und trübt den Blick. So manch gehegte Wunschvorstellung engt die Wahrnehmung ein.

Einem weiteren fatalen Irrtum fallen Menschen gerne anheim, nämlich zu glauben den Charakter eines Menschen in wesentlichen Ausprägungen ändern zu können. Davon gingen viele Psychologen aus, und scheiterten zumeist daran. Ändern lassen sich vielleicht die Rahmenbedingungen und einzelne Angewohnheiten, nicht aber die tief verankerte Grundstruktur des Menschen. Ein gewisses Zuwarten ist also oft besser, als sich Hals über Kopf in eine Beziehung zu stürzen. Leider wiederholen wir unvollkommenen Menschen diese Fehler nur zu gerne.

Im reiferen Lebensalter ist es vielleicht möglich, den Gefühlen zu folgen, und dabei auch den Verstand einzubeziehen. So es die Umstände erlauben, gilt es erst einmal zu beobachten, und die jeweiligen Eigenheiten sehen zu wollen. Hilfreich ist es dabei, abweichendes Handeln zur Kenntnis zu nehmen. Und dies nüchtern und kritisch einerseits, aber auch wohlwollend und unter Einbeziehen der eigenen Merkmale. Kann es so sein wie ich es bewerte, kann es nicht auch anders sein? Diese Frage hilft manchmal gegen emotionale Blindheit und verhindert schmerzliches Erwachen. Seine Lebensplanung im Detail vornehmen zu wollen, ist entweder Naivität oder Hybris. Was ist denn dann, wenn es anders verläuft als gedacht? Um nicht aus allen Wolken zu fallen ist es hilfreich, zuvor einen Plan B durchdacht zu haben.

Warum bringe ich diese Gedanken in einem Vorwort ein? Ich will damit den Blick schärfen, denn einige davon finden sich in diesem Buch wieder.

Quälende Verantwortung

Noch einmal ging Angelika durch die von ihr und ihren Töchtern bewohnten Räume ihrer großen alten Villa. Sie erfasste dabei ein ihr unerklärliches Gefühl, eines, das eingefärbt war von einer seit Langem ungewohnt heiteren Zuversicht. Ihr war es so, als würde sie Abschied nehmen von dem Haus, in dem sie geboren wurde und ihre Kindheit verbracht hatte. Das waren unbeschwerte Jahre gewesen, da durfte sie noch von einer schönen Zukunft träumen, was sie auch gerne getan hatte. Heute, lange Jahre danach, hatten sich ihre Träume gewandelt, suchten sie oft Albträume heim. Deren Auslöser waren ihr sehr wohl bekannt, sie waren zu suchen in der großen Herausforderung, die ihr ein ungnädiges Schicksal auferlegt hatte.

Früh hatte sie die Eltern verloren und wuchs bei den Großeltern auf. Das waren begüterte und liebe Menschen, die ihrem einzigen Enkelkind ein schönes Dasein möglich machten. Mit ihnen durfte sie verreisen, in den Hotels köstlich speisen und an kulturellen Veranstaltungen teilnehmen. Das war ihre Welt gewesen, in der sie sich sicher und wohl gefühlt hatte. Dies galt jedoch nicht für die Berufswelt des Großvaters, der die Textilfabrik Konrad Gruber leitete. Oft ging sie an seiner Hand durch diese laute klappernde Welt. Die dort Arbeitenden freuten sich an dem fröhlichen und hübschen blonden Mädchen, das alle grüßte, aber dann doch froh war, wenn sie wieder daheim bei der Großmutter im alten Haus sein durfte. Aber als dann die geliebte Großmutter starb, verlor Angelika erneut eine wichtige Bezugsperson. Damals studierte sie an der Pädagogischen Hochschule, denn sie wollte Lehrerin werden. Um dem Großvater beizustehen, war sie damals bereit gewesen, ihr Studium abzubrechen und zuhause dem Großvater zur Hand zu gehen. Doch der wollte nicht, dass sie das Studium aufgab, um ihn zu unterstützen. Er sei ja noch rüstig und würde schon auch alleine zu Recht kommen, bedeutete er ihr. Die alte Haushälterin würde sich, so wie auch schon bisher, um das Haus und sein leibliches Wohl kümmern, und er, so wie schon seit langen Jahren, um die Textilfabrik. Er setzte allerdings hinzu, dass er sich sehr freuen würde, wenn ihn seine Enkelin öfters besuchen würde. Gerne dachte sie an den Großvater zurück, der ihr wenig verwehrte, nicht einmal ihren Wunsch Lehrerin werden zu dürfen. Selbst dann als die Enkelin eine gute Skifahrerin geworden war und bei Rennen mitmachte, unterstützte er sie.

Diesen Lehrerberuf durfte sie dann auch einige Jahre ausüben, und tat es sehr gerne. Sport und Musik waren die Lieblingsfächer der jungen Lehrerin, die jedoch auch noch andere Fächer zu geben hatte. Sie lernte dabei ihren späteren Mann kennen und hatte sich auf ein gemeinsames Leben als Lehrerehepaar eingestellt. Damals verschwendete sie keinen Gedanken daran je in die Textilfabrik Gruber einzusteigen. Doch dann erreichte sie die nächste Hiobsbotschaft, denn der geliebte Großvater hatte einen Schlaganfall erlitten, von dem er sich leider nicht mehr erholte. Nun war es an ihr der Alleinerbin darüber zu befinden, was aus dem Familienunternehmen werden sollte. Ludwig, ihr Mann, redete ihr den angedachten und aus ihrer Sicht sinnvollen Verkauf wieder aus, und der potentielle Käufer zog enttäuscht ab.

In völligem Verkennen der Herausforderung bedeutete er ihr, dass er, Ludwig, die Fabrik selbst leiten und ihr neues Leben einhauchen würde. Was er ihr dann jedoch einhauchte, das war zwar ein neues Leben, aber es war eines, das Selbstüberschätzung, Fehlentscheidungen und Missmanagement kennzeichnete. Das fing für sie schon mal unbescheiden an, denn ihr Mann vertauschte als erste Amtshandlung ihren bescheidenen VW-Golf gegen einen repräsentativen Mercedes. Das schon zuvor nicht besonders gut laufende Unternehmen trieb immer mehr in Richtung Untergang. Zwei gute Führungskräfte kündigten und machten gegenüber Angelika keinen Hehl daraus, dass sie wegen des diktatorischen Führungsstils ihres Mannes gehen würden. Als sie dies ihrem Mann vorsichtig nahe zu bringen versuchte, da zieh sie ihr Ludwig der Illoyalität und sprach ihr jegliche Kompetenz ab, dies beurteilen zu können. Dies war beileibe nicht der einzige Streit den sie hatten. Aus der einstigen Harmonie war längst eine belastete Beziehung geworden, die von häufigen Auseinandersetzungen geprägt wurde.

Der zuvor so selbstbewusste Ludwig Stärkl musste immer mehr erkennen, dass zwischen dem Leiten einer Schule und dem Führen eines Industriebetriebs Welten lagen. Als er dann nicht mehr ein und aus wusste, da setzte er seinem Leben ein Ende, hinterließ eine Witwe und zwei kleine Töchter. Ja, und eine riesige Herausforderung, die Angelika zwar annahm, und doch wusste, dass sie davon überfordert sein würde. Trotz konsequenten Sparens wuchsen die Schulden immer mehr an. Angelika schaffte es zwei wegen des Verhaltens ihres Mannes abgesprungene Kunden wiederzugewinnen, was die Situation ein wenig entlastete.

Drüben, jenseits des Mühlbachs, gingen gerade die Lichter aus, denn im Betrieb endete jetzt die zweite Schicht. Vor einer Stunde war Angelika noch einmal drüben gewesen, hatte sich von ihren Leuten verabschiedet, denn sie wollte morgen, erstmals seit Jahren wieder, einen Urlaub antreten. In ihrem altväterlich eingerichteten Büro ging sie noch einmal die letzten Zahlen durch, die leider wieder keinen Hoffnungsschimmer aufwiesen. Nun denn, lange durfte und konnte sie nicht mehr zusehen, sie musste nach dem Urlaub eine grundsätzliche Entscheidung treffen. Sie hoffte dennoch unverdrossen darauf, dass ihr dazu ausgerechnet im Urlaub ein rettender Gedanke einfallen würde. Ob es unter diesen Voraussetzungen überhaupt zu einem unbeschwerten Urlaub werden konnte? Noch ein letzter Blick auf die Konturen der Fabrik, die nun mit der Dunkelheit verschmolzen. Wenn es mit den drückenden Schulden nur genauso ginge, und die sich quasi über Nacht einfach in Wohlgefallen auflösen würden.

Wer Angelika Gruber außerhalb ihres Aufgabengebietes kennen lernen würde, der käme nicht auf den Gedanken, dass diese schöne und fröhliche Frau von Sorgen und Ängsten heimgesucht wurde. Sie verstand es der Außenwelt zu suggerieren, dass bei ihr alles in Ordnung sei. In Ordnung waren zwar ihr Verhältnis zu ihren Töchtern und der Umgang mit den Mitmenschen, ihre Mitarbeiter respektierten sie und ihr großes Arbeitspensum. Es blieb im Unternehmen aber niemand verborgen, in welch missliche Lage sie ihr verstorbener Mann gebracht hatte. Alle erkannten an wie engagiert sie alles daran setzte, um ihrer Verantwortung gerecht zu werden und versuchte die Schieflage des Unternehmens zu beheben. Eines aber hatte sich bei ihr jedoch geändert, den Männern gegenüber nahm sie nun, dank einer zweiten großen Enttäuschung eine ablehnende Haltung ein. Dabei hätte sie schon gerne wieder einen Ehemann gehabt, einen, der sie mochte und den beiden Töchtern ein guter Vater wäre.

Im Badezimmer angekommen blickte sie in den Spiegel, um sich für die Nacht herzurichten. Was sie darin erblickte war eine blonde Frau, mit schönen blauen Augen, die allerdings früher fröhlicher in die Welt geblickt hatten. Die ausweglose Lage, die erdrückende Verantwortung und der belastende Schuldenberg bildeten sich inzwischen auch in ihren müden Augen ab. Wie um sich davon zu lösen, setzte sie sich noch einmal an ihren Bösendorfer-Flügel und spielte eine Sonate von Mozart. In dessen Musik vermochte sie am besten sich der Wirklichkeit zu entziehen und in der Musik zu versinken. Dies und die Liebe ihrer Töchter schufen jene Lichtblicke in ihrem Leben, die alles andere einige Momente lang verdrängen ließen.

Eine Reise ins Gestern

Mit dem Morgengrauen hatten sich Angelika Gruber und ihre beiden Töchter Barbara und Magda an diesem Samstagmorgen auf den Weg gemacht. Denn sie wussten ja, der Weg vom heimischen Mölltal über Hermagor und den Nassfeldpass zum Zielort Sassone war weit und mühsam. Außerdem wollten sie dort noch vor dem Mittag ankommen, um das Mittagessen schon in ihrem Ferienquartier einnehmen zu können. Die beiden Mädchen, die sich bisher an der schönen Umgebung erfreut hatten, wurden deren nun überdrüssig, und „nervten" die Mutter immer mal wieder mit der Frage, wie lange es denn noch gehen würde. Doch darauf wusste ihre Mutter auch keine klare Antwort, schließlich war sie letztmals vor knapp vierzehn Jahren hier durchgefahren. Außerdem hatte damals ihr frisch angetrauter Ehemann das Steuer übernommen und sie konnte sich dem Schauen überlassen, und auch dem Glück. Den Gedanken schüttelte sie sofort wieder ab, das passte jetzt nicht, denn sie wollte doch den Abzweig nicht verpassen. Auf einmal trat ein markanter Kirchturm mit ungewöhnlichem Dach ins Blickfeld, an den sie sich nun erinnerte. Weit konnte es wohl nicht mehr sein.

Jetzt müsste doch bald der Abzweig nach Sassone angezeigt werden, wie die Fahrerin des offenen Autos vermutete. „Mama, ist es denn noch weit bis zu dem Hotel, in dem wir die Ferien verbringen?" Diese Frage ihrer Töchter musste sich Angelika Gruber nicht zum ersten Mal anhören. Bevor sie noch zu antworten vermochte, tauchte rechter Hand ein eigenartiger Wegweiser auf. Unter ihm wurde auf einer Tafel, sogar in zwei Sprachen, auf das „Tal der Genüsse" hingewiesen. Und zwar in Italienisch und Deutsch. Aber nicht in Englisch! Hatten sie hier das Englische versehentlich vergessen, was eigentlich nicht sein konnte? Aber das interessierte sie allerdings nur am Rande, denn das kleinere Schild Sassone über der Tafel gab zu erkennen, dass sie tatsächlich den richtigen Weg eingeschlagen hatte. Erleichtert erkannte sie jetzt auch, dass sie nur noch eine kurze Strecke zu fahren hatten. „Bärbel, schau, da siehst

Du es, wir müssen jetzt nur noch zwölf Kilometer fahren." Wohlweislich verschwieg sie ihrer Tochter den noch auf sie wartenden Weg, der damals eng und kurvenreich war.

Seinerzeit, im Frühling ihrer jungen Ehe, war es ihr überhaupt nicht wichtig gewesen, wie diese Straße beschaffen war. Sie wollten hier in diesem schönen, aber abgeschiedenen Tal ihre Flitterwochen verbringen. Vom dortigen Dorf Sassone stammte nämlich das geliebte Kindermädchen ihres frisch angetrauten Mannes, und hier, in dem damals von ihm angestrebten Tal, hatte er als Kind schöne Tage verbracht. In dieser Zeit war sie eine glückliche Frau gewesen und so was von verliebt. Ihr charmanter Ludwig, dieser umschwärmte Mann, er war nun der Ihre geworden. Damals träumte sie von einer anhaltend glücklichen Zweisamkeit, was dann ja auch fast zehn Jahre lang galt. Seit sie sich diesem schon damals so idyllischen Tal näher wusste, beherrschte die goldene Vergangenheit wieder ihre Gedanken. Dieses Damals ließ sie nicht los, daheim zwar auch nicht immer, aber hier drang es zunehmend in ihre Gedanken ein.

Bevor sie sich noch weiter in der Vergangenheit verlieren konnte, galt es nun aufzupassen, um das Ziel ohne Umwege zu erreichen. Dieses Tal schien sich verwandelt zu haben, es hatte sich anscheinend, so wie an vielen anderen Orten auch, ein neuzeitliches Gewand übergestreift. Das fing bereits an mit dieser neuen, gut ausgebauten Straße, und zeigte sich jetzt auch an den wenigen verstreut liegenden Häusern und Gehöften, die sie nun begleiteten und die durchweg in frischen Farben prangten. Noch hatten sie kein Dorf passiert, denn hier war das Tal dafür zu eng und oft von den steilen Abhängen der Hügel begrenzt. Und wie empfand sie es damals? In jenen Tagen umfing die beiden Glücklichen ein Hauch von Morbidezza, denn die Neuzeit hatte das Tal in seinem, von langer und ärmlicher Vergangenheit geprägten Dasein noch verschont.

Was für eine Veränderung erwartete sie denn heute hier im Tal? Würde sie sich weiter oben in dem einst so verträumten Sassone auch mit den „Zutaten" der Moderne abfinden müssen? Und dort vielleicht mit Zuständen konfrontiert werden, die sie hätten auch im heimischen Kärnten vorfinden können? Hatte sie also wegen ihres nostalgischen „Anfalls“, den Töchtern und sich, statt eines schönen entspannten Ferienaufenthalts eine Allerweltgeschichte eingebrockt? Hoffentlich nicht!

Angelikas zuvor fast euphorische Zuversicht verwandelte sich nun in ein eher banges Gefühl. Hatte sie sich einer golden verbrämten Erinnerung anheim gegeben, und würde jetzt unsanft mit einer Gegenwart vorlieb nehmen müssen, die ihr nicht gefallen konnte? Mit „Mama, ich muss mal!“ meldete sich ihre Tochter Magda. Ein Wegweiser wies auf ein nahes Dorf hin, und darunter hing ein Schild, das eine Trattoria ankündigte. Nun denn, was blieb ihr jetzt anderes übrig, als dem gebieterischen Wunsch ihrer Jüngsten zu folgen. Das Hotel „Bella Vista“ in Sassone war zwar nur noch etwa acht Kilometer weit entfernt, aber diese können sich in hügeligem Gelände ziemlich hinziehen. Das durfte sie ihrer Kleinen nicht zumuten.

Selbst diese Stichstraße war neu ausgebaut, nach einer weiten Kurve breitete sich das angekündigte Dorf vor ihnen aus. Malerisch um einen Ausläufer des Gebirges geschlungen, lag es in behäbiger Ruhe da. Am Eingang des Dorfes wies sie ein Parkplatz darauf hin, dass es in den engen Gassen keine Möglichkeit geben würde, dort ihr Auto zu parken. Dies machten ihr auch die hier abgestellten Fahrzeuge, allesamt mit einheimischem Kennzeichen, unmissverständlich klar. Ein älterer Mann, der gerade in sein Auto einsteigen wollte, bemerkte den zögerlich suchenden Blick der fremden Dame. „Signora, hier können Sie unbesorgt parken, da kommt weder ihr Auto noch Ihr Gepäck weg“, erklärte er der schönen Dame mit ihren hübschen blonden Töchtern, und dies sogar in holprigem Deutsch.

„Vielen Dank für Ihren Hinweis, und auch dafür, dass Sie mich auf Deutsch gegrüßt haben“. Der schlicht gekleidete Mann, seiner Kleidung nach eher ein Handwerker oder Landwirt, lachte. „Signora, hier in unserem Tal sprechen viele Deutsch, denn das gefällt unserem Padrone.“ Erstmals vernahm sie hier den Namen Padrone, und nahm hinter der Bezeichnung auch den Respekt wahr, der diesem Padrone entgegengebracht wurde. Was das wohl für ein Mann war? Sicher ein würdiger alter Herr, vor dem die schlichten Menschen des Tales den Hut zogen, und die sich dann freuten, wenn er sie mit einem Gegengruß bedachte. „Mama, was ist denn ein Padrone?“ „Bärbel, das ist ein hier im Tal mächtiger oder wichtiger Herr, vielleicht auch ein reicher Grundbesitzer oder ein Adeliger!“ Wahrscheinlich würden sie ja in Sassone noch Näheres zu diesem Padrone erfahren, und eventuell auch dazu, weswegen hier das Englische nicht aufschien.

Vorerst stand allerdings etwas Dringlicheres an, und eine steil nach oben führende Treppe. Es ging aber nicht weit hinauf, unübersehbar kündete ein Schild in der Straße, in die sie eingebogen waren, die gesuchte Trattoria an. Und diese hatte zum Glück auch geöffnet. Was für eine Erleichterung. Ihr etwas holpriges Italienisch anbringend, orderte Angelika einen Kaffee mit Milch und für die Töchter eine Apfelschorle. Die hübsche Kellnerin lächelte entwaffnend: „Sie dürfen gerne Deutsch sprechen, das wird fast überall in unserem Tal verstanden.“ Auf Nachfrage kam heraus, dass hier in den Schulen dank des Padrone Deutsch inzwischen die erste Fremdsprache sei. Ob dies denn für die ganze Provinz gelte, setzte Angelika nach. „Meines Wissens nicht, nur hier im Tal, denn wir setzen neben unseren einheimischen Gästen vor allem auf solche aus Deutschland und Österreich. Manchmal verirren sich auch Schweizer hierher. Eine andere Fremdsprache zu beherrschen, das lohnt sich bei uns nicht, und das Deutsche ist doch schon schwer genug zu erlernen. Jetzt um die Mittagszeit ist bei uns nicht viel los, aber am Abend kommen die Gäste aus den Städten der Ebene hoch zu uns. Unsere Werbung in den guten Hotels dort, verschafft uns das nötige Interesse und verweist auf das, was wir hier anbieten können.“

Nachdem sie die gewünschten Getränke gebrachte hatte, setzte sie ihren Monolog fort. „Jeder unserer vier Orte hat sich auf eine andere Küche spezialisiert. In unserer Trattoria bieten wir daher auch traditionelle Schweizer Gerichte an. Und oben in Sassone, im „Bella

Vista“, da erwartet den Gast gehobene Deutsche Küche. Im Hauptort San Giorgio verwöhnt sie das Restaurant „Osteria di Francia“ mit exquisiten Speisen aus Frankreich. Diese Spezialisierung hat dem Tal gut getan. Im untersten unserer Dörfer gibt es eine gut sortierte Vinothek und Gerichte aus der Toskana und dem Piemont.“ Die Kellnerin entschwand kurz in die Küche, kam aber bald wieder, um sich erneut der drei Gäste anzunehmen.

Interessiert fragte Frau Gruber nach: „Und die heimische Küche, ist die dabei auf der Strecke geblieben?“ Wieder erklang dieses fröhliche Lachen, erschienen die blitzenden weißen Zähne. „Aber nein, nachdem unser Padrone seinen Schwiegervater, den Cavaliere abgelöst hat, ist hier alles besser und auch schöner geworden. Seitdem gibt es in jedem unserer Dörfer mindestens eine gute Trattoria. Diesen ging es früher um vieles schlechter, aber heute kommen mehr Gäste, und dies nicht nur aus unserem Tal. Die Gäste entdecken dabei auch unsere schmucken Dörfer, kaufen unsere regionalen Spezialitäten ein, und kehren eben zuletzt oft auch noch in den einfacheren Gaststätten ein.“ „Was sind denn die Spezialitäten des Tales?“ „Esswaren wie unser Käse, der in einer echten Höhle reift, so wie auch unser Schinken. Plätzchen und Pralinen nach Art der Großmütter können Sie hier erstehen, und auch das, was wir selbst gerne kaufen, handgemachte Nudeln.“

Mit „Lucia, vergiss unseren Orangenkuchen nicht, nach dem alle so verrückt sind, ja und den speziellen Berghonig.“ Aus dem Hintergrund hatte sich die zweite Kraft des Restaurants eingeschaltet. „In jedem Ort gibt es noch die Produkte unseres Heimatwerks zu kaufen, das haben wir den Österreichern abgeschaut. Alte, fast vergessene Handwerkskunst ist wiederbelebt worden, und wir besinnen uns mehr und mehr des Besonderen das unsere Ahnen angefertigt hatten. Deren Stoffe, feine Loden und Wollwaren gehen gut weg, was wiederum unseren Schäfern gut tut. Sollten Sie hier ein paar Tage bleiben wollen, Signora, dann werden sie noch mehr von dem kennenlernen, was uns aus dem Dämmerschlaf und der Arbeitslosigkeit herausgebracht hat.“

Eigentlich wollten sich die drei Grubers doch nur mal schnell erleichtern, und schon drangen sie ein in diese veränderte Welt. Und wie behutsam hatte sich diese einst so ärmliche, ja rückständige Gegend verwandelt. Die ersten Anzeichen dieser Veränderung erkannten sie bereits auf dem kurzen Abstecher hinein ins Dorf. Kein Verfall war zu erkennen, aber auch kein neues modernes Gebäude. Jedoch war deutlich zu erkennen, dass viele der Häuser wieder instandgesetzt worden waren. Das Heimatwerk hatte noch geschlossen, aber dessen kleine Auslage hatte es ihnen auf Anhieb angetan. Ob es oben in Sassone auch eines gab?

Die neue Straße stieg an. Eine kühne Brücke schwang sich über das eingeschnittene Seitental, ließ die frühere so kurvenreiche und enge Straße vergessen. Als heller Fleck hatte sie das Dorf auf dem letzten Abschnitt des Weges angelockt und alle Erwartungen beflügelt. Und sie wurden nicht enttäuscht. Seinerzeit verbarg sich das Castello über dem Ort noch hinter einem Wall von Bäumen, von denen wohl die meisten der Motorsäge zum Opfer gefallen waren. Nun grüßte die Burg vom hoch aufragenden Berg herunter die Ankommenden.

Steil ging das letzte Wegstück hinauf, vorbei an einzelnen Gehöften, die mit schattenspendenden Bäumen umgeben waren. Einige Male erinnerten Zypressen an die Toskana. Als sich die Häuser zu einem Dorf verdichteten, da schien die Straße auf einmal zu enden. Ein mächtiges Stadttor verwehrte ihnen den Zutritt zur Piazza, dem Zentrum von Sassone. Und an dessen westlichem Ende lag doch ihr Hotel Bella Vista! Angelika Gruber war verwirrt, wie sollten sie jetzt nur zum Hotel gelangen? Unübersehbar bedeutete ihnen ein Schild, dass der Markplatz nur genehmigten Fahrzeugen den Zutritt erlaubte. „Mama, schau, da steht doch Hotel Bella Vista!“ Ein kleines Hinweisschild, das zum Hotel führte, löste ihre Verwirrung, dies zeigte nach links und führte sie direkt zur Garage des Quartiers. Entlang einer hohen Mauer, aufgebaut aus Feldsteinen, die mit Ziegeln vermischt waren, ging es weiter, bis die von Parkplätzen gesäumte

Straße in einem kleinen Platz endete. Unübersehbar prangte an der Wand das Schild „Hotel Bella Vista“. Wie von Geisterhand betrieben öffnete sich nun ein Tor in der hohen Wand. Sie hatten es tatsächlich geschafft und waren angekommen.

Dahinter in einer großen Garage flammte das Licht auf, und eine beleuchtete Platznummer führte sie hin zu dem für sie reservierten Platz. Der Parkplatz war gut bemessen, ließ die oft engen alten Parkhäuser aus dem letzten Jahrhundert vergessen. Aber wie ging es von hier aus weiter? Das ließ sich ja schon mal gut an, fanden auch die Töchter. Kaum waren sie ausgestiegen, da kam ihnen auch schon ein livrierter junger Mann entgegen, der sie freundlich auf Deutsch willkommen hieß und mit ihrem Namen ansprach. Er lud ihr Gepäck und ihre Kleidungsstücke auf eines jener fahrbaren Gestelle, wie sie sonst nur in guten Hotels zu finden waren. „Frau Gruber, ich bringe Sie erst einmal hinauf zu Ihren Zimmern, die Formalitäten können Sie dann später an unserer Rezeption erledigen.“ Eine Rezeption gab es damals auch nicht, wieder eine willkommene Veränderung! Was würde sie an solchen denn noch erwarten? Hauptsache, sie waren da, die drei Stunden einer sie zunehmend „quälenden“ Fahrt waren zu Ende, und das „Abenteuer Ferien“ konnte jetzt beginnen.

Vertraut und neu zugleich

Damals hatte das Hotel Bella Vista weder eine Tiefgarage, noch einen Aufzug, aber diese Veränderung nahm Angelika dankbar wahr. Als sie dann ihre Zimmer betraten, steigerte sich ihr Erstaunen. Für Mutter und Töchter waren die Zimmer schierer Luxus, allerdings einer mit Stil und Komfort. Die antiken Möbel kontrastierten mit den neuen, und wie sich später herausstellen sollte, auch sehr bequemen Betten. Ein großes Badezimmer, ausgestattet mit Badewanne, Dusche, WC und Bidet überraschte sie. Solch einen Komfort genossen sie daheim in ihrem großen Haus, das von Barbara abfällig als alter Kasten geschmäht wurde, nicht entfernt. Diese sicherlich höchst aufwendige Renovierung hatte aus dem einst einfachen Gasthof tatsächlich ein ansehnliches und gediegenes Hotel geschaffen, eines das heute diese Bezeichnung auch verdiente.

Die Kinder, die soeben noch in den beiden miteinander verbundenen Zimmern herumgerannt waren, hatten aber für die Ausstattung erst einmal nur einen kurzen Blick übrig. Sie öffneten lieber die Türe, die hinaus auf den in Abschnitten eingeteilten Balkon führte. Dieser umringte zwar die ganze Etage, verwehrte jedoch mit dünnen Holztrennwänden den Zugang zu den anderen Zimmern. Ihr Balkon zog sich noch um die gen Westen hin ausgerichtete Ecke. Das sich ihnen nun eröffnende Panorama hatte es in sich, weit hinab ins Tal konnten die Blicke schweifen, durften sich an einer lieblichen Landschaft erfreuen. Wellen von Hügeln, die meisten von ihnen bewaldet oder von einzelnen Wiesenflächen aufgelockert, wogten der fernen Ebene zu. Einzelne, zumeist hell gestrichene Einzelhäuser und Gehöfte, seltener ein Weiler, lagen verstreut dazwischen.

Zuhause in ihrem engen Gebirgstal war ihnen ein solcher weiter Ausblick nicht vergönnt. Entweder blickten sie dort auf steile, dicht bewaldete dunkle Berghänge, oder auf die in die Jahre gekommene graugelbe, auf sie sehr trist wirkende Textilfabrik, deren Chefin ihre Mutter war. Ihre Mutter hatte sich das Eckzimmer ausgesucht, das geradezu im Licht badete. Von ihrem Eckbalkon aus konnte sie sogar noch einen Blick in den Park des nahen Palazzo werfen. Damals war dieser Park ein eher verwilderter, ihrem Empfinden nach sogar verwunschener Garten, den sie zu jener Zeit gerne betreten hätte, so wie auch den Palazzo. Und heute waren es die Mädchen, die neugierig hinausschauten. Aber ihre Mutter hielt es für angebracht, erst einmal die Koffer auszupacken und dessen Inhalt sorglich in den Schränken zu verstauen.

Bei diesem Tun stiegen bittere Gedanken in ihr auf, denn diesen Urlaub hätte sie sich nie und nimmer leisten können. Ihre Textilfabrik warf längst keine Gewinne mehr ab, die Schulden wuchsen stetig an, was ihr als der verantwortlichen Unternehmerin oft schlaflose Nächte bereitete. Diesen Urlaub hatte ihr und den Großnichten ihre begüterte Patentante geschenkt, garniert mit dem Zusatz: „Angelika, Du musst doch endlich auch mal hinausfinden aus Deinem Teufelskreis. Mit all dem Sinnieren wird Dir das in Mühlenbach schwerlich gelingen. Aber bei einem Aufenthalt an einem Dir vertrauten Ort, frei von Sorgen und Verantwortung, kommst Du wenigstens für einige Zeit auf andere Gedanken.“ Und diesem Rat galt es nun zu folgen. Der Blick auf die Uhr lenkte sie nun ohnehin ab. „Madln, auf geht’s, das Essen wartet auf uns, und wir wollen pünktlich sein!“

Selbst die große Gaststube hatte sich verwandelt. Aus den einst schlichten Räumen war ein elegantes und einladendes Restaurant geworden. Der Tisch an dem sie nun täglich Platz nehmen durften, grenzte an die Fensterfront. Dieser Platz ließ es zu, dass die Grubers von dort aus auch die Landschaft durch die tief herabgezogenen Fenster betrachten konnten. Die große Terrasse war eine weitere und erfreuliche Neuerung. Neben ihrem Platz, in der abgegrenzten westlichen Ecke, stand ein offenkundig reservierter großer Tisch. Er war schön eingedeckt, ein bunter Blumenstrauß schmückte den alten Tisch, der sechs Personen Platz bot. Wer denn wohl hier sitzen würde? Hotelgäste waren dies wohl nicht, aber auch keine Einheimischen, denn für diese schien der Bereich an der rückwärtigen Wand vorgesehen zu sein.

Ihre Neugierde wurde alsbald gestillt, denn drei vornehm gekleidete ältere Damen betraten den Raum, die zielstrebig den Tisch in der Ecke ansteuerten. Der Gastwirt, der auch sie selbst schon mit typisch italienischer Herzlichkeit willkommen geheißen hatte, begrüßte die Damen nun so, als wären diese hochgestellte Persönlichkeiten. Um wen es sich bei den drei Damen wohl handelte? Ein Junge, so etwa zwölf Jahre alt, „stürmte“ kurz darauf herein, begrüßte die Damen als Nonna, Omi und Tante, die ihn ihrerseits als Felix ansprachen. Der Junge gab zu erkennen, dass sich sein Vater leider ein wenig verspätete. „Mein Papa ist doch sonst immer pünktlich, aber er musste noch einen wichtigen Anruf entgegennehmen.“

Barbara und Magda flüsterten leise miteinander, denn der hübsche Junge hatte es ihnen auf Anhieb angetan. Sein schmales Gesicht, die blauen Augen und das wallende dunkle Haar machten ihn sehr attraktiv. Hatten sie in diesem Jungen vielleicht den Sohn des Padrone vor sich? Anders konnte es nicht sein, denn für wen sonst sollte denn der erhöhte Stuhl am Tischende reserviert sein. Und wieder konnte sich Angelika ihrer Neugierde nicht erwehren. „Mama, der Junge sieht vielleicht gut aus, der gefällt mir!“ Leise lachend merkte ihre Mutter an: „Bärbel, seit wann hältst Du denn nach den Jungen Ausschau?“ „Mama, Du sagst es doch auch manchmal, wenn Dir ein Mann gefällt. Man muss doch nicht gleich ans Heiraten denken!“ Nun lachten alle drei, denn die beiden Mädchen hatten ihrer Mutter schon ab und an empfohlen, sich doch wieder zu verehelichen.

Eberhard, ihr „Verflossener“, ein charmanter Mann, kam ihr in den Sinn, der vor allem bei Magda gar nicht gut angekommen war. Hätte sie damals auf deren Bedenken gehört, dann wäre ihr eine weitere Enttäuschung erspart geblieben. Ihr Freund Eberhard war ein gut aussehender Blender, einer, der sich bestens verkaufen konnte. Aber er war auch einer, der im Leben noch nicht viel auf die Beine gestellt hatte und dies geschickt zu vertuschen wusste. Ein Vermögensverwalter sei er und würde Liegenschaften in Wien betreuen. Durch

Zufall hatte sie dann erfahren, dass es sich bei diesen Liegenschaften geradenmal um eine Wohnung handelte, und um eine, die in keinem der angesagten Bezirke lag. Sein Studium als Lehrer hatte er schon nach dem zweiten Semester aufgegeben und sich danach als Skilehrer, Taxifahrer und Aushilfskellner durchgeschlagen. Aber er war immer schick gekleidet, wofür seine Mutter sorgte. An ihm war nur wenig echt gewesen, weder seine vorgegebene Kompetenz als „Unternehmer" noch sein Nachname. Ihr hatte er sich als Rechberg vorgestellt, und seine slowenische Herkunft verschwiegen, denn er hieß eigentlich Rebrca, was auch so in seinem Reisepass stand. Erst als sie ihm ernüchtert den Laufpass gegeben hatte, kamen diese Täuschungen zu Tage. Warum um Himmelswillen hatte sie sich denn auf diesen – im Rückblick bewertet – windigen Kerl eingelassen? Noch dazu war er doch schon rein äußerlich, wie von seinem Gehabe her, ein ähnlicher Typ wie ihr verstorbener Mann.

Als sie dieses bittere „verstorben" wieder einmal hinterfragte, da musste sie sich korrigieren, denn ihr Ehemann, der „schöne Ludwig", hatte sich vor vier Jahren feige davon gemacht. Mit Gift hatte er seinem Leben ein Ende gesetzt, und sie mit der schlecht laufenden und heillos überschuldeten Textilfabrik alleine gelassen, nachdem er sie fast in den Ruin getrieben hatte. Sie und die Männer, so schoss es ihr durch den Kopf. Immer geriet sie an dieselbe Sorte Mann, an gut aussehende, charmante „Nichtsnutze". Sie drückte es noch präziser aus, es waren letztlich Maulhelden, die andere zu täuschen vermochten, und denen es meisterhaft gelang, diese dann in das eigene Schicksal hineinzuziehen. „Männer", die einen dann, wenn der Karren tief im Dreck steckt, schmählich im Stich lassen. So hatte sie es nun zweimal erlebt, hatte zuerst den Partner „verloren", der nicht einmal gewillt war Verantwortung für ihre gemeinsamen Kinder zu übernehmen!

Sie gab sich jetzt einen inneren Ruck und ermahnte sich. Sie beschwor sich selbst: „Angelika, du wolltest doch diese bitteren Erlebnisse vergessen, wenigstens in der Zeit, in der du dich hier entspannen sollst!" Das half ihr und sie blickte wieder auf den schönen

Jungen. Würde aus ihm auch so ein Blender werden, einer, der die Frauen beeindrucken konnte und diese dann irgendwann unglücklich machte. Bevor sie sich weiter mit ihrer wenig erfreulichen Vergangenheit beschäftigen konnte, wurde sie abgelenkt.

Denn nun betrat ein vornehm gekleideter Herr den Raum, angetan mit edlem Anzug und eleganter Krawatte. Sie musste nicht lange rätseln, um wen es sich bei ihm handelte. Denn dieser schlanke hochgewachsene Herr wurde sowohl vom Gastwirt, als auch vom sich verbeugenden Personal respektvoll, aber auch fast ein wenig devot, als Padrone begrüßt. Oder war es weniger von Demut geprägt als von Verehrung? Dies war also jener rätselhafte Padrone, der „Beherrscher“ des Tales. Also doch kein würdiger alter Mann mit einem stolzen Bart und raumfüllendem Auftreten, sondern ein auf den ersten Blick eher unscheinbarer und ernst wirkender Mann. Er musste ihrer schnellen Einschätzung nach so Mitte/Ende Fünfzig sein. Vom Typ her konnte dieser so einflussreiche Herr vermutlich entweder ein lokaler Adeliger oder ein hier verwurzelter kühler Geschäftsmann sein. Wegen seiner randlosen Brille auf der schmalen geraden Nase könnte er aber auch als Intellektueller durchgehen, einer, mit scharfem Verstand und kühlem Verhalten. Anstelle eines optisch interessanten Mannes erschien hier ein unauffälliger, eher an einen versponnenen Intellektuellen gemahnender und ernst wirkender Herr, zumindest was das Aussehen anging. Irgendwie war sie nun fast ein wenig enttäuscht.

Dieser Padrone war für Angelika bestimmt nicht die Sorte Mann, an die sie bisher mehrere Blicke verschwendet hätte. Außerdem entsprach er überhaupt nicht ihrer Vorstellung von einem interessanten Mann, so wie sie ihn nun einschätzte. Warum besetzte sie denn ein derartiges Vorurteil? Sie hatte von Kind an eine Abneigung gegen ernste und zurückhaltende Männer entwickelt. Doch so ganz los ließ sie dieser Padrone dann doch nicht. Dieser Mann wurde hier mit großem Respekt behandelt, und schon von daher musste er etwas Besonderes sein. Andererseits schien dieser Padrone, zumindest so wie er sich für sie zeigte, auch etwas gegen das Lachen zu haben.

Allerdings begrüßte er die alten Damen sehr freundlich und herzlich. Eine sprach er als Mami an, die andere als Schwiegermutter und die dritte der Damen als Tante. Der Junge drückte sich an seinen Vater, der ihm liebevoll über die dichten Haare strich. Mit sonorer Stimme fragte er: „Ihr Lieben, auf was darf ich mich denn heute freuen?" Diejenige Dame, die er Mami genannt hatte, erwiderte ihm mit einem Lächeln: „Arno, heute hast Du die Auswahl zwischen „Saltimbocca" oder einem „Salat Nicoise", beides ist doch lecker." „Da kann ich Dir nur beipflichten. Felix, für was hast Du Dich denn entschieden?" „Papa, ich wollte auf Dich warten, und das nehmen, was auch Du isst." „Mein Junge, Du darfst doch das auswählen, was Du willst, und musst auch lernen Dich zu entscheiden."

Inzwischen tischte der Kellner den Grubers ihr Essen auf, so wie bestellt einen Tafelspitz, und er mundete ihnen wie in einem guten Gasthaus zu Hause. An das hiesige, und das daheim im Mölltal eher unbekannte Essen, wollten sie sich erst allmählich „heranschleichen" wie es die Mutter ausgedrückt hatte. Beim Nachtisch, einer Panna Cotta, wichen sie aber schon einmal von ihrem Vorsatz ab und fanden es gut. „Madln, sollen wir erst einmal einen Mittagsschlaf machen, um danach ausgeruht den Ort zu erkunden? Oder wollen wir jetzt gleich einen kleinen Verdauungsspaziergang unternehmen?" Sie wollte es ihren Töchtern überlassen, und sich wieder einmal um die Entscheidung herumdrücken. Wer Angelika Gruber näher kannte, der wusste, dass diese schöne, herzliche und elegante Frau hierbei ein Problem hatte. Das war zwar bei solch einer kleinen Entscheidung nicht von Belang, aber in ihrem Unternehmen schon. Die Töchter wollten gleich hinaus aus dem Hotel und sich einen Eindruck vom Ort verschaffen. Mit einem auf Wiedersehen hin zum Nachbartisch entfernten sie sich.

Die große Piazza lag in tiefer Ruhe und der Mittagshitze ausgesetzt da, denn die hochstehende Sonne warf um diese Zeit nur wenig Schatten. Kurz nur zog es die Mädchen hinüber zum Brunnen, dem Zentrum des regelmäßigen Platzes. Da war es dann doch angesagter. sich innerhalb der kühleren Laubengängen zu bewegen. Zu aller

Enttäuschung hatte keines der Geschäfte, ja nicht einmal die so verlockende Eisdiele geöffnet. „Kinder, wir sind in Italien, da machen die Menschen um diese Zeit einen Mittagsschlaf. Aber danach wird hier viel Leben herrschen, die Menschen werden bis tief in die Nacht hinein flanieren, oder auch bei Wein und gutem Essen vor den Gaststätten sitzen." „Dann sollten wir den Mittagschlaf auch machen und uns nachher in das Treiben stürzen!" Ihre Mutter lachte: „Bärbel, wo hast Du denn diesen Spruch aufgeschnappt? So wild wird es hier auf dem platten Land dann ja auch wieder nicht zugehen."

Als sie nach zwei Stunden wieder auf den Platz kamen, da hatte dieser sich in eine belebte italienische Piazza verwandelt. Überall hatten sich Grüppchen zusammengefunden, tollten Kinder vertieft in ihre Spiele umher. Die Halbwüchsigen versammelten sich in einer kleinen Traube vor der Gelateria Sarcletti. Dorthin zog es auch Barbara und Magda. Brav reihten sie sich in die Schlange ein, berieten wieviel Kugeln sie essen wollten und von welcher Sorte diese sein sollten. Eisdielen dieser Art gab es für sie selten, denn dazu mussten sie bis nach Spital fahren. Ein Mädchen, das sich vor ihnen eingereiht hatte, drehte sich um und erklärte ihnen auf Deutsch, welche Sorten hier zu empfehlen waren. Nun schalteten sich noch andere Kinder ein, jedes empfahl ihnen seine Lieblingssorte, verwirrten so die beiden blonden Mädchen noch mehr. Aber die bekamen dann doch jene Sorten, die es ihnen daheim angetan hatten. Alle waren sehr nett zu ihnen, sie setzten sich zueinander auf die Stufen neben dem einstigen Rathaus. Gerne ließen sich die beiden fremden Mädchen ausfragen, denn so waren sie hier gleich mitten drin.

Abb. 1 Der Ortskern von Sassone

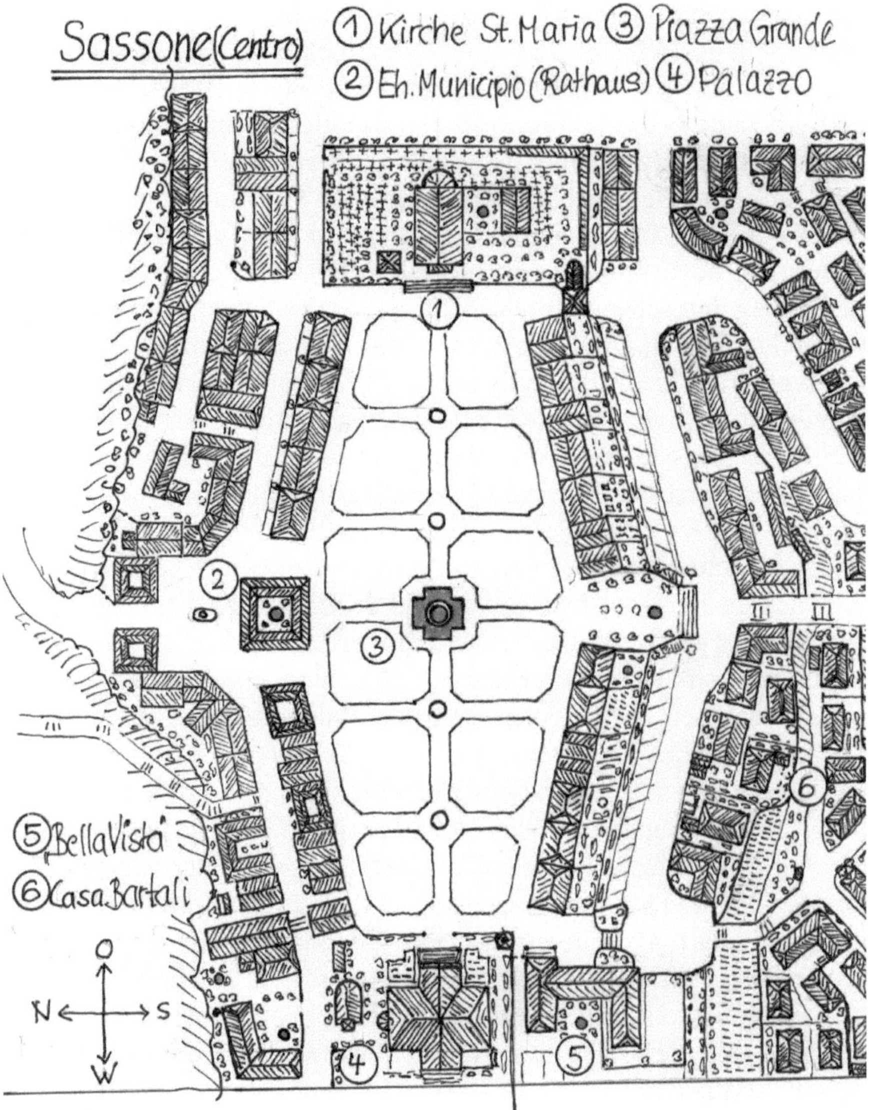

Angelika Gruber inspizierte inzwischen den schönen Platz, der sich auf den ersten flüchtigen Blick in Form und Lage seit damals nicht verändert hatte. Dies galt jedoch nicht für das Pflaster der Piazza, deren schönes Muster das damalige Stückwerk aus Asphalt und holprigen Kieseln vergessen machte. Wie eh und je beherrschten drei Gebäude den Stadtraum, sie repräsentierten die drei Gewalten, denen das Dorf seit dem Risorgimento unterworfen war. In der barock umgestalteten Kirche und dem großen Pfarrhaus daneben, manifestierte sich jene geistliche Macht, die über Jahrhunderte die Gläubigen bevormundet und geduckt hatte. Genau gegenüber, auf der entgegengesetzten Seite der Piazza lag der Palazzo des einstigen weltlichen Herrn. Dieser bestimmte das irdische Geschick des Dorfes, war einst als Großgrundbesitzer der Verpächter der Ländereien, lange Zeit noch der bedeutendste Arbeitgeber und Inhaber der Jagdrechte. Er musste dann im Jahre 1860/61 die offizielle weltliche Macht den Vertretern der neu geschaffenen Republik überlassen.

Diese erbaute sich als steinernen Stempel des Neuen, ein für solch ein kleines Dorf unangemessen prunkvolles Rathaus. Die neuen Machthaber platzierten es bewusst am Nordrand des Platzes. Es lag damit genau in der Mitte zwischen den beiden, von der lokalen Vertretung der neuen Herren, abgelösten Relikten des Vergangenen. Damit bürdeten sie den von Untertanen zu Bürgern erhobenen Einwohnern einen mächtigen Schuldenberg auf. Davon mal abgesehen und sich der Gegenwart überlassend, empfand fast jeder Besucher die Schönheit dieses Platzes. Dem Rathaus gegenüber war die Piazza zum Westen hin erweitert worden. Von dort aus konnte man nun ins Tal hinaus und darüber weit in die Hügellandschaft blicken. Eine breite Treppe führte hinunter zu der Stichstraße, an der viele Parkplätze lagen, wo sich der Zugang zum Hotel befand und von wo aus die dort liegenden Anwesen erreichbar waren. Die Treppe schien an diesem Spätnachmittag im Besitz der Jugendlichen zu sein, während sich die älteren Herrschaften auf den von Platanen beschatteten Sitzbänken niedergelassen hatten. Die drei bis vierstöckigen, den Platz umstehenden Häuser waren samt und sonders renoviert worden und boten den von früher her gewohnten Anblick.

Als die drei Grubers dann wieder im Hotel eintrafen, wartete dort Ezio Bartali, der Enkel des einstigen Kindermädchens, auf sie. Herzlich begrüßte sie der junge Mann, den Angelika schon bei ihrem ersten Aufenthalt in Sassone kennen gelernt hatte. Da sie gelegentlich mit Maria, dem einstigen Kindermädchen ihres Mannes telefonierte, wussten sie Bescheid über das, was sich in den beiden Familien ereignet hatte. Angelika, die ihren Besuch telefonisch angekündigt hatte, wollte sich an einem der nächsten Tage dort melden. Doch damit kam ihr der Enkel von Maria nun zuvor.

Der lebhafte Ezio legte gleich los. „Liebe Frau Gruber, von Angelo, dem Portier des „Bella Vista“, habe ich erfahren, dass Sie schon heute bei uns eingetroffen sind, worüber ich mich sehr freue.“ Er richtete aus, dass seine Nonna die drei Grubers zu einem Essen morgen Abend in ihrem Häuschen erwarten würde. Bald entwickelte sich ein lebhaftes Gespräch mit dem jungen Mann. Der hatte inzwischen zwar sein Studium der Sozialwissenschaft in Mindestzeit absolviert, hätte aber leider auf Anhieb dann keine passende Stelle gefunden. Dabei sei er doch bereit gewesen auch für wenig Geld zu arbeiten, um bei weiteren Bewerbungen auf erste Berufserfahrungen verweisen zu können. Aber wo auch immer er sich beworben habe, wurde er wegen seiner fehlenden Berufserfahrung nicht genommen. Er vermutete, dass die wenigen offenen Stellen, die angeboten wurden, ausschließlich über Beziehungen vergeben wurden.

Nach Hause zurückgekehrt sei er dem Padrone über den Weg gelaufen. In dessen Unternehmen durfte er zuvor schon sein Praktikum machen und auch als Ferienstudent arbeiten. Daher kannte ihn der Herr des Tales und hatte ihm auch ein sehr gutes Zeugnis ausgestellt. „Als ich ihm berichtete, dass ich schon fertig und auf Stellensuche wäre, und überall wegen fehlender Berufserfahrung abgelehnt worden sei, da schaute er mich einen Moment lang nur an. „Ezio, Du bist doch ein kluger und tüchtiger junger Mann, Du darfst mir nicht vor die Hunde gehen und Dein Dasein in einem Dich unterfordernden Tun fristen. Eine direkt auf Dich zugeschnittene Stelle kann ich Dir zwar noch nicht bieten, aber eine Art gutbezahltes Praktikum, das schon." Seitdem stehe ich im Dienst des Padrone, und erlebe es tagtäglich als die große Chance meines Lebens. Einmal in der Woche sitzen wir zusammen, und mein Herr und Mentor fragt mich, was ich diese Woche gelernt habe und welche Fragen ich noch hätte. Schon nach drei Monaten machte er mich dann zu seinem Assistenten. Seitdem habe ich quasi auch noch eine Chefin, denn die schöne Carmela ist die strenge Chefsekretärin, und vertritt den Chef wenn er auf Reisen ist. Von dieser immens tüchtigen und im Hause DELAMO mächtigen Frau kann ich auch noch viel lernen. Aber am meisten schon vom Padrone."

„Ezio, wieso nennst Du sie denn die schöne Carmela", wollte Angelika Gruber wissen? Der junge Mann lachte ein wenig verlegen, so als gelte es, etwas zu verbergen. „Als ich sie zum ersten Mal gesehen habe, da blieb mir kurz die Luft weg, denn eine solch bildschöne Frau hatte ich noch nie zuvor gesehen." Neugierig fasste Angelika Gruber nach: „Ezio, ist diese schöne Frau denn die Geliebte des Padrone?" Ezio schüttelte den Kopf und gab zu bedenken, dass Carmela Pellegrino schon zu Zeiten der Contessa die Sekretärin ihres Mannes gewesen sei. „Aber Ezio, das ist doch für manche Männer überhaupt kein Hinderungsgrund", wendete Angelika ein." Das ließ Ezio so nicht gelten: „Das kann ich mir bei meinem Chef nicht vorstellen, der ist ein gradliniger und disziplinierter Mann. Außerdem verband ihn mit der Contessa Cecilia eine tiefe Liebe, die keinem in unserem Sassone verborgen blieb. Damit nun kein irgendwie gearteter Verdacht entsteht. Carmela ist außerdem auch verheiratet, und das mit einer Frau, nämlich unserer geschätzten Ärztin. Das finde nicht nur ich schade, aber es ist nun mal so."

Ob denn sein Chef schon bei der Einstellung von dieser Beziehung gewusst habe? „Frau Gruber, er hat dies ganz sicher eruiert, denn der Padrone geht bei den Einstellungsgesprächen fast inquisitorisch vor und „durchleuchtet" die Bewerber. Noch etwas dazu, die Contessa hat es mir einmal „gebeichtet", sie sei erschrocken, als sie die junge Frau beim Vorstellungsgespräch gesehen habe. Als sie dann bei ihrem Mann Bedenken angemeldet hatte, habe sie zu ihrer Erleichterung erfahren, dass diese Frau Pellegrino nicht nur unglaublich tüchtig zu sein scheine, sondern auch lesbisch sei. Als dann das erste negative Gerede im Dorf die Runde machte, da griff der Padrone vehement ein. Er stellte die Verursacherin zur Rede und machte ihr, und damit allen in Sassone, unmissverständlich klar, dass er eine solche Intoleranz missbillige. Frau Gruber, das saß, denn keiner im Tal will es mit dem Padrone verscherzen. Außerdem wird unsere Ärztin von ihren Patienten als sehr kompetent gerühmt. Seitdem genießen sie und Carmela, die sich um vieles hier kümmert, ein gutes Ansehen. Die ursprüngliche Entrüstung über dieses so anders „gestrickte" Paar hat sich dann bald in Wohlgefallen aufgelöst."

Er habe jetzt den besten Herrn, den man sich nur wünschen könne, gefunden, und eine Stelle inne, in der er beweisen könne, wozu er fähig sei. Er lobte den Padrone derart in den höchsten Tönen, dass Angelika dies mit der Frage unterbrach, ob denn sein Chef nicht auch einige weniger rühmenswerte Seiten habe? Sie hätte ihn heute während des Mittagessens doch als einen sehr ernsten Herrn erlebt, dem das Lachen fremd zu sein scheine. „Ezio, kann es denn nicht sein, dass er das Tal in einer wirtschaftlichen Abhängigkeit hält und dadurch viele Menschen Angst vor ihm und auch vor dem möglichen Verlust ihrer Existenz haben?"

Ezio musste länger nachdenken, ehe er darauf antworten konnte. „Mein Herr ist erst seit dem Unfalltod seiner Frau und seiner beiden Töchter so ernst geworden. Zuvor war er ein herzlicher und auch fröhlicher Mensch. Anrührend war die große Liebe, die ihn und seine von ihm vergötterte Gemahlin verbunden hat. Dieser Verlust und auch der seiner Töchter hat ihn fast versteinern lassen. Geblieben ist zum Glück jedoch seine Höflichkeit und Freundlichkeit. Und geblieben ist ihm auch sein Sohn Felix, der Sonnenschein des Dorfes. Nun zu ihrer Frage nach den weniger guten Seiten des Padrone.

Seine Geschäftspartner behandelt er oft sehr sachlich und kann ein Abweichen von der Linie schon gar nicht leiden. Ich, der ja gelegentlich auch sein Chauffeur sein darf – was ich übrigens gerne mache – bekomme es ab und an mit, wie er mit etlichen sich gewunden ausdrückenden Kunden umgehen kann. Letztens kam ein Mann, der etwas von ihm wollte, überhaupt nicht auf den Punkt. Mein Chef unterbrach ihn und fragte kühl: „Nun sagen Sie doch endlich, was Sie von mir wollen und auch was Sie selbst davon haben?“ Als der ihm dann die Fragen beantwortet hatte, meinte der Padrone lakonisch, „das klingt interessant, und nun können wir ohne Umschweife zur Sache kommen!“

An eines mussten wir uns alle erst gewöhnen und etliche murrten auch hinter vorgehaltener Hand darüber. Unseres Chefs Forderung nach ständiger Verbesserung; er nennt es Kaizen, was er wohl aus Asien mitgebracht hat. Aber ich muss zugeben, dass bei uns nicht nur Zug drin ist, sondern auch ein Immer-besser-werden. Und dies schlägt sich sogar in der Zusammenarbeit und im Umgang miteinander nieder. Das passte eigentlich so gar nicht zu unserer hiesigen Mentalität, aber es tut uns, das sei zugegeben, schon sehr gut. Widerspruch liebt der Padrone nicht. Wenn dieser nicht gut begründet wird, dann kann er scharf reagieren. Ansonsten ist unser Chef immer freundlich und umgänglich.

Alles weitere darf ich nicht preisgeben, denn wir alle, die in den Diensten des Padrone stehen, haben über geschäftliche Dinge zu schweigen. Es ist zwar alles in bester Ordnung, aber eben nicht ohne Sachkenntnisse zu verstehen. Damit verhindert er, dass hier Gerüchte und Falschaussagen entstehen. Frau Gruber, mein Chef ist im ganzen Tal überaus geschätzt. Ihm verdanken wir, dass hier viele Arbeitsplätze entstanden sind, unsere Dörfer behutsam, also ohne die oft störenden modernen Zutaten, instandgesetzt wurden. Im Inneren der Häuser ist allerdings bei den meisten viel modernisiert worden. Davon hat mein Vater als Handwerker profitiert, denn sein zuvor eher mäßig laufendes Geschäft boomt seitdem, aber auch das seiner Berufskollegen. Kurz gesagt, das Tal ist aus seinem Dämmerschlaf erwacht, aber es hat dabei seinen Charakter nicht eingebüßt. Die Industrie- und Gewerbebetriebe, die sich hier niedergelassen haben, sie fallen fast nicht auf, denn sie sind geschickt ins Ortsbild eingefügt worden. Unser Herr hat uns vieles gelehrt, vieles unterstützt und vieles initiiert. Wer das Glück hat ihn näher kennen zu lernen, der ist von ihm beeindruckt."

Abb. 2 Die Ostseite des Palazzo

Erkundungen

Am nächsten Morgen erkundeten die Grubers das Dorf und seine Umgebung. Überall sahen sie gepflegte Anwesen, erlebten dieses erneuerte Sassone wie ein Schatzkästchen. Noch vor dem Mittagessen stiegen sie hoch zum Castello, das sich damals in einem schlechten Zustand befunden hatte. Vorbei ging es an Obstgärten und kleinen Weinbergen. Eine linde würzige Luft umfächelte sie, der Hauch des Südens, wie es Angelika erlebte. Kurz vor dem Castello, das sich nun zeigte, sahen sie ein kleines Stadion. Gegenüber lag ein von Bäumen beschatteter Parkplatz, der davon kündete, dass sich hier ein belebtes Areal befinden musste.

Das führte zurück zu der Frage, ob denn die Ortserneuerung auch das alte Gemäuer des Castello erfasst hatte? Rechts erblickten sie nun die Burg und deren Wirtschaftsgebäude. Damals befanden sich auch diese Gebäude in marodem Zustand. Aber nun tauchte ein strahlend weiß gestrichenes Ensemble auf, dessen helle Wände sich von den neuen Dächern mit ihren dunklen Gauben abhoben. Üppig blühende Blumen, in dem hinter dem offenen Tor zu sehenden Garten, waren ein untrügliches Zeichen. Sie hatten es mit einem genutzten Anwesen zu tun. Was sich hier wohl befand? Beim Näherkommen wurde diese Frage durch die Art der Gebäude nicht beantwortet, und ihre Neugierde größer. Zwei Messingschilder kündeten vom „Reformgymnasium der Region Veneto" und vom „Internat Castello Sassone der DELAMO-Stiftung". Links führte ein Weg zum Castello, der aber an einem Tor endete. Der Zugang zum Schulbereich stand hingegen offen. Sollten sie dieser unausgesprochenen Einladung folgen? Bevor Angelika sich noch schlüssig wurde, da hatte Magda auch schon den Garten betreten. Mutter und Schwester folgten, wenn auch eher zögerlich, denn sie hegten Bedenken. Es gehörte sich doch nicht so ohne weiteres in ein fremdes Territorium einzudringen.

Abb. 3 Das Castello und der Schulbereich

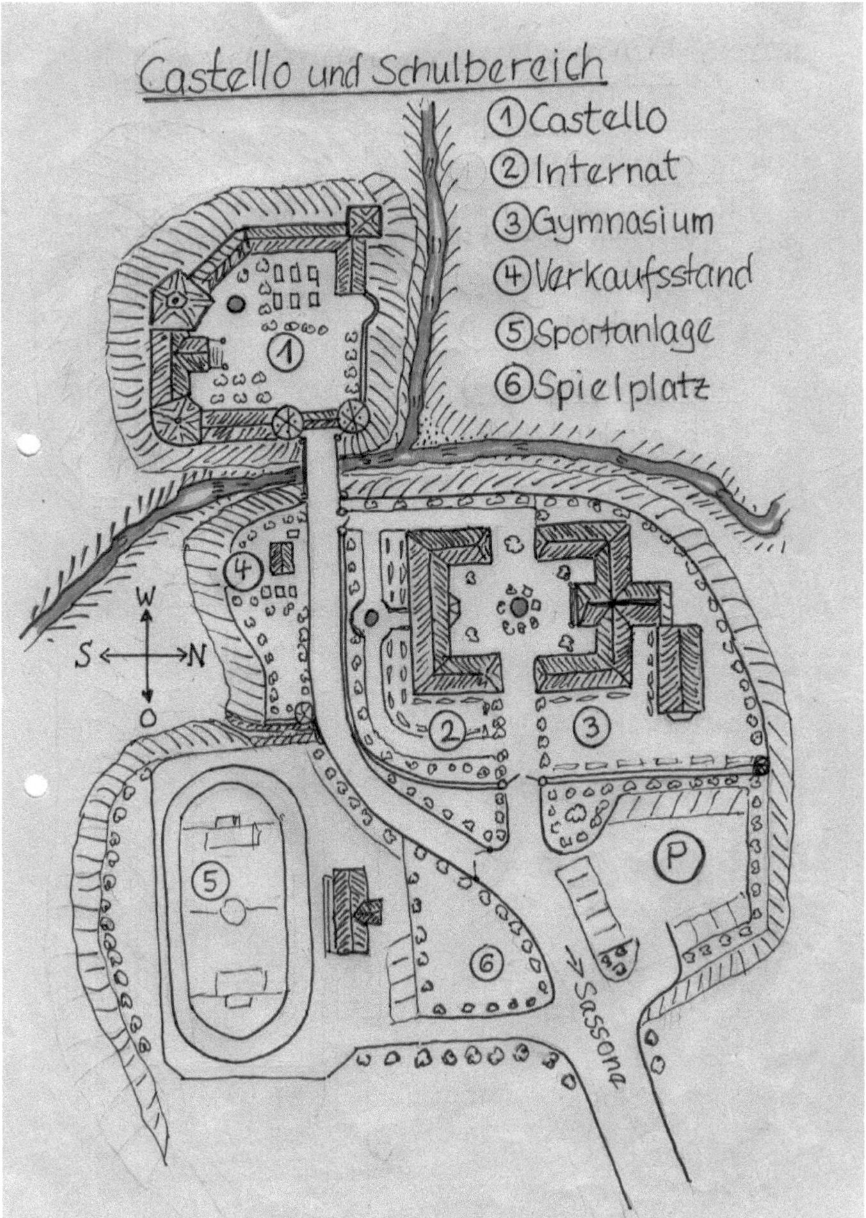

Wie um ihr Gewissen zu entlasten, ertönte nun fröhliches Lärmen aus dem Innenhof, den die beiden mächtigen Gebäude einfassten. Als sie den Hof betraten, da erkannten sie eine um den Brunnen im Hof tobende Rasselbande von sieben fröhlichen Kindern. Frau Grubers Töchter machten darunter sofort Felix aus, den Sohn des Padrone. Sie erkannten noch weitere Kinder, mit denen sie am Vortag noch an der Eisdiele Bekanntschaft gemacht hatten. Sie wurden nun ihrerseits erkannt und fröhlich begrüßt.

Frau Gruber erfuhr, dass diese Kinder leider auch während eines Teils der Schulferien hier bleiben mussten. Wie Felix erklärte, weilten die Eltern etlicher Schüler beruflich zumeist als Diplomaten in fernen Ländern. Zwei der Kinder seien wegen der Scheidung ihrer Eltern hier, sicher gäbe es auch noch andere Gründe, weshalb Eltern ihre Kinder derzeit nicht bei sich aufnehmen konnten. Lediglich Felix machte eine Ausnahme, denn der lebte ja unten im Dorf bei seinem Vater. Doch dort, so wussten es die Töchter, war es ihm am Morgen meistens zu langweilig, und außerdem wollte er seinen Schulkameraden ab und an Gesellschaft leisten.

Das schulische Programm während der Ferienzeit wurde sehr locker gehandhabt und mit Ausflügen in die Umgebung belebt. Für heute Nachmittag hatten sie sich zum Schwimmen im Pool des Palazzo vereinbart, wozu Felix auch die beiden Kinder von Frau Gruber einlud. Deren Nachfrage, ob denn dies auch seinem Vater recht sei, beschied er so: „Mein Papa freut sich doch, wenn ich mit Kindern zusammen bin. Und er schlägt mir doch nur ganz selten etwas ab.“ „Er verwöhnt Dich wohl ziemlich“, warf Angelika Gruber ein. Felix lachte fröhlich auf: „Frau Gruber, das bestimmt nicht. Mein Papa will doch nicht, dass ich anders behandelt werde wie andere Kinder. Ich muss doch mal in seine Fußstapfen treten können, und das wird bestimmt nicht leicht. Aber ich bin ja nun das einzige ihm gebliebene Kind, und ohnehin sein Augapfel, wie er immer sagt.“ „Du magst Deinen Papa“, das wollte Barbara wissen? Seine Antwort kam wie aus der Pistole geschossen. „Bärbel, einen besseren Vater als den ich habe, den findest du bestimmt nicht noch einmal.“

Ohne es zu wollen, hatte er bei den drei Grubers eine Wunde aufgerissen, denn deren Beziehung zum beruflich überforderten Vater und Ehemann blieb selbst in der allmählich verblassenden Erinnerung nicht die beste. Überfordert und gestresst, war er viel zu oft kurz angebunden, neigte zum Schimpfen und fand nur selten den richtigen Ton. Selbst seinen kleinen Töchtern war nicht entgangen, dass ihr Vater das Familienunternehmen schlecht führte, und es letztlich fast in den Ruin getrieben hatte. Obwohl ihre Mutter alles getan hatte, um seinen Suizid vor den Töchtern zu verschleiern, hatten die es dennoch mitbekommen. Deren Schmerz mischte sich allerdings von Anfang an mit einem Gefühl der Erleichterung. Leider empfanden sie den Jahre später auftauchenden Partner ihrer Mutter auch nicht gerade als den idealen Nachfolger. Und dies weder als Stiefvater noch als Unternehmer.

Aus diesem Sinnen riss Felix sie nun: „Frau Gruber, ich vermute, dass Sie sich das Castello ansehen wollten?“ Deren Kopfnicken quittierte er mit dem Hinweis, es sei derzeit leider nicht zugänglich wäre. „Aber wenn Sie es von außen sehen wollen, dann können Sie es von der Rückseite des Internats aus tun.“ Gesagt getan, nach wenigen Schritten standen sie vor einem lichten Tor, von dem aus Sie einen guten Blick auf die offensichtlich ebenfalls renovierte Burg werfen konnten. Von Felix erfuhren sie, dass diese zuletzt erneuert worden war, und ab dem nächsten Monat wieder am Wochenende zugänglich sei. Die meisten Besucher würden nach der Besichtigung in der Burgschenke einkehren. Alles sei dort renoviert und mit passendem Mobiliar ausgestattet worden. Sogar das Verließ würde nun entsprechend eingerichtet sein. „Mein Papa hat im Innenhof einige Bäume von der Überwucherung befreien lassen. Die Gärtner haben zusätzlich Platanen gepflanzt, um den Tischen und Bänken vor der Schenke Schatten zu spenden.“ Felix wusste über die Umgestaltung Bescheid, denn sein Vater hatte ihn stets eingebunden. Er wusste, dass der Zugang zur Burg neu angelegt worden war. Dadurch konnte der vorherige so verwilderte Abhang direkt hinter der Gartenmauer ansehnlich gestaltet werden. Er zeigte auf einen

Kiosk gegenüber und erklärte, dass hier neben Eintrittskarten auch Andenken gekauft werden konnten. Der Mini-Golfplatz am Kiosk sei an den Öffnungstagen die Attraktion für die kleinen Besucher. Über alles wusste der kluge Junge Bescheid und stillte so das Wissensbedürfnis der Grubers. Der einstige Graben um die Wirtschaftsgebäude sei bis auf einen kleinen Rest aufgefüllt worden. Von der maroden Mauer dahinter gäbe es nur noch den schlanken Turm und einen kleinen Rest. Zurück gingen sie durch den Garten, der von den Internatsschüler genutzt und gepflegt wurde.

„Darf ich mich Ihnen anschließen, Frau Gruber? Es ist ja schon fast Zeit zum Mittagessen, und ich will pünktlich sein. Das ist mir wichtig, denn dann haben alle Zeit für mich, und unser Essen im „Bella Vista" ist ja auch besser, als das im Internat. Wobei das hier schon auch schmeckt", wiegelte er ab. „Der Papa macht heute Mittag frei und hat sich bestimmt wieder eine Überraschung ausgedacht."

Bereits während des Mittagessens kam Felix an den Tisch der Grubers und nannte den beiden Mädchen die Zeit des Treffens am Pool. Er würde sie, da sie ja den Weg dahin nicht kannten, selber abholen. Altklug fragte er: „Frau Gruber, wird Ihnen denn nicht langweilig, wenn sie einige Zeit ohne ihre Töchter sein müssen?" Dies verneinte die Angesprochene und meinte, sie habe ja einige Bücher eingepackt. Aber dazu kam es nicht, denn die drei alten Damen baten sie zum Tee um 15.30 Uhr hinüber auf die Terrasse des Palazzo. Dies verlockende Angebot nahm sie gerne an.

Dort entwickelte sich ein lockeres und herzliches Gespräch bei Kaffee, Kuchen und Eis. Die drei adeligen Damen erwiesen sich als sehr nett, sodass Angelikas Hemmungen bald verflogen. Der Blick auf den schönen Garten und die sanften Hügel im Hintergrund, bildeten einen schönen Rahmen. Doch erst das Ambiente, das sie schon bei ihrem ersten Aufenthalt so interessiert hatte, machte daraus etwas Besonderes. Sie erlebte den Laubengang und die Gartenfassade des Palazzo als einen gelungenen Kontrapunkt dazu. Hier lebte also der Padrone mit seiner Familie, und wie sie inzwischen von Ezio wusste, hatte dieser aus einem in die Jahre gekommenen Anwesen ein wahres Schmuckstück gemacht. Als sie dies bewundernd vorbrachte, bestätigten sie die drei Damen. „Mein lieber Schwiegersohn hat uns dieses Paradies ermöglicht, und uns drei alten Frauen damit zu einem wunderbaren Lebensabend verholfen.“

Abb. 4 Die Gartenfassade des Palazzo

Neun fröhliche Kinder tauchten nun auf der Terrasse auf. „Nonna, stell Dir vor, der Papa hat für jeden von uns einen riesigen Eisbecher kommen lassen und auch noch einen Milchshake dazu. Jetzt sind wir alle total satt. Wir brauchen bestimmt heute nichts mehr!“ Hier schaltete sich seine Großtante ein: „Felix, in drei Stunden habt ihr garantiert alle wieder Hunger. Außerdem geht es heute Abend doch für euch alle mit dem Bus hinauf auf die Alm.“

In diesem Augenblick kam der Padrone aus dem Palazzo, der die letzten Worte noch gehört hatte. Er lud auch die drei Grubers dazu ein. Frau Gruber dankte herzlich für die Einladung, bedauerte aber, dass sie leider schon von Ezios Eltern und Großmutter eingeladen seien. Die neun Kinder hatten sich kurz hinauf ins Zimmer von Felix begeben, der ihnen ein bestimmtes Video zeigen wollte.

Der Padrone setzte sich zu den Damen, und die wieder in den Gartenbereich gekommenen Kinder nahmen auf der Balustrade Platz, sie wirkten dort wie eine bunte Schar von Vögeln. Interessiert fasste der Hausherr nach und wollte wissen, wie denn der Kontakt zu den Bartalis, diesen braven Leuten, zustande gekommen sei? „Ezios Großmutter Maria war einst das geliebte Kindermädchen meines Mannes, das ich vor vierzehn Jahren durch ihn kennen gelernt habe. Wir haben seitdem Kontakt gehalten, wenngleich eher sporadisch. Durch sie konnte ich auch mein dürftiges Italienisch noch einigermaßen bewahren. Inzwischen ist davon leider vieles verloren gegangen." Der Padrone wiegelte ab, und meinte höflich, dass er das weniger kritisch sehe.

Es interessierte ihn, ob Frau Gruber denn vor diesem Besuch schon einmal hier in Sassone gewesen sei? Sie nickte: „Ja, es ist allerdings wie gesagt schon lange her. Damals war ich mit meinem Mann hier. Wir verbrachten hier unsere Flitterwochen, und logierten im „Bella Vista". Das waren schöne und unbeschwerte Tage, die dann leider im Alltag sehr schnell verblassten." „Daraus entnehme ich, dass ihre Ehe nicht unbedingt glücklich verlaufen ist, was ich immer schade finde, denn wir Menschen suchen doch zumeist nur eines, ein glückliches Zusammensein und eine gegenseitige Vertrautheit."

„Dem stimme ich zu und dies war auch meine Erwartung. Aber unsere Ehe hielt den Belastungen des Alltags nur anfangs stand, sie zerbrach letztlich an den Herausforderungen, die das Führen unserer Textilfabrik an uns stellte. Mein Mann nahm sich vor drei Jahren das Leben und ließ mich mit unseren Kindern allein. So war ich gezwungen den elterlichen Betrieb selbst zu führen, worauf ich als Lehrerin in keiner Weise vorbereitet war. Und ich mache es leider auch nicht besser als mein verstorbener Mann."

Angelika Gruber wunderte sich über sich selbst, wunderte sich darüber, dass sie diesem fremden Mann ihr Herz ausschüttete. Von ihm ging etwas aus, was sie nicht zu deuten wusste. Es kam ihr fast so vor, als säße sie wieder bei ihrem Psychiater, den sie vor Jahren in ihrer Seelennot aufgesucht hatte. Des Padrone Anteilnahme erlebte sie als echt und gewann dadurch ein positiveres Bild von ihm. Allerdings wurde sie ihm gegenüber dennoch eine gewisse Befangenheit nicht los. Mit solch einem mächtigen Adeligen hatte sie noch nie zu tun gehabt. Sie wusste ja inzwischen von Ezio und den drei Damen, dass der hier so verehrte Padrone sogar ein veritabler Graf war, und noch dazu einen Doktortitel aufwies. Was ihr jedoch einen besonderen Respekt abnötigte, war sein Erfolg als Unternehmer und Sanierer. In ihrer ländlichen Heimat nahmen diese hohen Herren, wegen der diesbezüglich noch nicht bewältigten K. u. K.-Vergangenheit, eine abgehobene soziale Position ein. Dabei ging der Padrone auch mit den Kindern weder herablassend noch generös um, sondern ganz normal und locker.

Ihre Töchter hatten erfahren, dass der Vater von Felix auch sie zum Ausflug eingeladen hatte. Daraufhin bedrängten sie ihre Mutter, sie möge doch bitte alleine die Bartalis am Abend besuchen. Als sich dann auch der Padrone für die Kinder verwendete, gab sie nach. „Wie bringe ich das denn nur den Bartalis bei, die doch auch meine Töchter mit eingeladen haben?“ „Frau Gruber, das regele ich, aber nur wenn es ihnen recht ist. Ich finde, dass Kinder sich miteinander wesentlich mehr freuen, als wenn sie nur mit uns Erwachsenen zu tun haben.“ Dem konnte sie zustimmen und Jubel bei ihren Töchtern auslösen.

***

So musste Angelika am Abend alleine zu den Bartalis gehen. Diese wohnten unweit des Hotels, unterhalb des Platzes und jenseits der Zufahrtsstraße zum „Bella Vista“. Sie nahm den direkten Weg und die Treppe, die zur Via Panoramica hinunter führte. Nach zwei Häusern solle sie sofort rechts abbiegen und in den Garten der Bartalis eintreten. Beim zweiten Haus stutzte Angelika, denn einen der dort angebrachten Namen kannte sie schon. Da stand es unübersehbar, Carmela und Lucia Pellegrino. Daneben hing ein etwas größeres Schild, das auf die Arztpraxis der Internistin Dr. med. Lucia Pellegrino hinwies.

Das Gartentor der Bartalis stand gastlich offen. Der Weg leitete Angelika durch einen üppig bewachsenen Rosenbogen, und vorbei an schönen Stauden, zu den Gastgebern. Herzlich war der Empfang durch die Bartalis, die sichtlich erfreut waren, Angelika nach so vielen Jahren wieder zu sehen. Des lauen Spätnachmittags wegen wurde Angelika in die schattige Pergola gebeten. Deren Tisch war überladen mit lokalen, aus der Küche von Maria stammenden Köstlichkeiten. Kaum hatte sie sich gesetzt, da wurde sie gefragt, wie es denn komme, dass ausgerechnet der Padrone ihre Töchter für den Abend entschuldigt habe. Sie berichtete daraufhin, wie sie mit dem Herrn des Tales bekannt geworden war. Ezio fragte, so wie erwartet nach, welchen Eindruck sie dabei gewonnen habe.

„Ezio, ich gebe freiweg zu, dass ich wegen des unerwarteten Zusammentreffens sehr befangen war. Mit solch hohen Herrschaften habe ich doch sonst nichts zu tun." Nun schaltete sich die Großmutter ein. „Angelika, das kann ich zwar nachvollziehen, aber dies ist bei unserem Padrone nicht angebracht. Er ist in dieser Hinsicht ganz normal. Hier im Dorf kennt ihn ein Jeder, denn fast jeder Sassoni hat sich auch schon mit ihm unterhalten. Er ist überhaupt nicht von oben herab, sondern ein freundlich zugewendeter Mensch. Das schließt jedoch nicht aus, dass er überall hohen Respekt genießt und viele ihm dankbar sind für das, was er alles angeregt, finanziert und unterstützt hat. Vor dem Tod von Cecilia, seiner von ihm so geliebten Frau, da war er fröhlicher, doch seit dem schlimmen Vorfall ist er ernst geworden. Über den Tod seiner Frau und seiner Töchter ist er nur schwer hinweggekommen. Es ist so, als wäre seine Fröhlichkeit mit Cecilia und seinen beiden Töchtern begraben worden."

Ihr Enkel Ezio ließ dies nicht unkommentiert so stehen: „Nonna, aber wenn er mit seinem Felix spielt, dann lässt er sich schon mal von dessen Fröhlichkeit anstecken, und seine zugewendete Art können wir täglich erleben.“ Angelika pflichtete ihm bei: „Ezio, da kann ich Dir nur zustimmen, er hat mir aufmerksam zugehört, und ich habe dabei Sachen von mir preisgegeben wie doch sonst nie.“ Ezio, aber auch seine Eltern und Großmutter lachten. „Angelika, an unserem Padrone ist ein Psychologe verloren gegangen. Er ist nämlich nicht nur ein hervorragender Manager, sondern auch ein mitfühlender Mensch. Er findet fast immer einen Ausweg für die in Not Geratenen, hilft wo er kann, und wird deswegen von uns nicht nur respektiert, sondern auch gemocht.“

Es wurde ein fröhlicher Nachmittag mit den liebenswürdigen Bartalis. Am frühen Abend stießen dann noch Carlo und dessen Frau zu ihnen. Er war der ältere Sohn von Maria und ein Handwerker wie sein Bruder Angelo. Wieder rückte der Padrone ins Zentrum der Gespräche. Ausgelöst hatte dies Angelikas Frage, wie es ihm denn ginge. „Angelika, ich habe viel Arbeit, bin körperlich gesund und kann meine beiden Kinder studieren lassen, was vor fünfzehn Jahren noch undenkbar gewesen war. Doch mit dem Kommen von Cecilias Mann hat sich hier alles verändert. Der Padrone hat dafür gesorgt, dass unser Tal aus seinem Dämmerschlaf erwacht und hier frisches Leben eingezogen ist. Als Schwiegersohn des Cavaliere di Martino machte er von Anfang an keine halben Sachen.“ Mit, was sie sich denn darunter vorstellen solle, unterbrach Angelika Carlos Sprachfluss, der gerne darauf einstieg.

„Angelika, der Padrone bestellte damals alle Handwerker des Tales ins „Bella Vista“ ein. Angelika, dazu müsst Ihr wissen, dass wir Handwerker uns nicht immer gewogen waren. Wir mussten kämpfen um die wenigen Aufträge, die es damals hier gab, und das manchmal leider mit harten Bandagen. Das führte zu kaum kostendeckenden Preisen. So kam keiner von uns auf einen grünen Zweig und praktisch jeder führte ein kärgliches Dasein. Klar und deutlich legte uns der Padrone damals dar – flankiert von seiner Cecilia und ihrem Vater – wie er sich die Entwicklung des Tales vorstellte. Wir schauten uns ungläubig an, denn das, was er vor uns ausbreitete, empfanden wir als revolutionär, ja als eine Utopie, und hier bei uns schon gar nicht machbar. Als dies einer von uns einbrachte, da reagierte der Padrone leicht unwirsch.

„Wenn man es will und sich reinhängt, dann kann man gemeinsam auch Großes verwirklichen. Ich biete Euch allen eine einmalige Chance. Diese bedingt jedoch, dass Ihr Euch zu einer Arbeitsgemeinschaft zusammenschließt, die alten Querelen begräbt und engagiert mitmacht. Wenn nicht, dann hole ich die benötigten Handwerker aus der Region, und Ihr geht dann leer aus. Das könnt Ihr doch nicht ernsthaft wollen! Am Geld soll es nicht fehlen, das bringen wir auf. Dies, meine Herren, ist meine erste Bedingung.“ Wir blickten uns fragend an. Sollten wir darauf einsteigen, nimmt der Padrone seinen Mund nicht zu voll? Aber, so wie schon an jenem Tag, als er sich vorgestellt hatte, ging von ihm eine Entschlossenheit und Energie aus, die wir so nicht kannten. Vor uns stand ein echter Macher, einer, der von seinem Schwiegervater als Unternehmer und Doktor vorgestellt wurde. Ich, aber auch einige andere von uns spürten, dass dieser elegante Conte keine großen Worte machte, sondern ganz genau wusste wovon er redete.

Nach einer Pause setzte der Padrone seine Ansprache fort. „Die zweite Unterstützung, die ich Euch anbiete, sieht so aus: Ich habe einen guten einheimischen Architekten an der Hand, der schon einige große Projekte fertiggestellt hat und der das Ganze koordinieren soll und kann. Rom, so heißt es doch, ist nicht an einem Tag erbaut worden, und das, was wir gemeinsam bewegen sollen und werden, wird auch dauern, aber kontinuierlich vorangehen. Jeder von Euch wird, so er will und mitmacht, auf Jahre hinaus Arbeit haben und über ein auskömmliches Einkommen verfügen. Ihr könnt, so meine Voraussage, dann auch Arbeitskräfte einstellen und Jugendlichen als Lehrlinge eine gute Zukunft ermöglichen. Nun lasse ich Euch eine halbe Stunde allein, damit Ihr über mein Anliegen nachdenken könnt.“

Als der Padrone dann weg war, setzte erst einmal ein lautstarkes Durcheinander ein, bis unser alter Schmied mit seiner mächtigen und dröhnenden Bassstimme das Wort an sich zog. „Kollegen, unser Padrone weiß ganz genau, was er will und er zieht das notfalls auch ohne uns durch. Wenn wir uns diese Chance entgehen lassen, dann diktieren uns Angst und überholtes Konkurrenzdenken den Weg. Lasst es uns gemeinsam angehen, im Vertrauen auf unser Können. Ich, obwohl nicht mehr der Jüngste, mache mit! Ich vertraue auf den Padrone, so wie auch sein sonst doch so kritischer Schwiegervater, der ihm alles übergeben hat.“ Fausto, der Installateur setzte der hitzigen Debatte nun ein Ende: „Kollegen ein weiteres Diskutieren bringt jetzt gar nichts, lasst uns lieber abstimmen! Wer macht also mit?“ Als dann mehr als die Hälfte von uns spontan die Hände hoben, schlossen sich die Übrigen an, wenn auch anfangs recht zögerlich.“

Carlos Bruder zählte nun auf, was seitdem alles geschehen war. Angefangen wurde mit der Verschönerung der Piazza bis hin zur Modernisierung der meisten Privathäuser. Sogar Neubauten seien inzwischen entstanden, meist gebaut für die von außen kommenden Zuzügler. Begonnen wurde damals mit dem Palazzo und dessen Nebengebäuden. Die beiden Häuser, die auch noch zum Anwesen des Palazzos gehörten, ließ der Padrone zu Bürogebäuden umbauen. In diesen befinden sich jetzt die Firmen des Padrone, allerdings nur die für Europa zuständigen Unternehmensteile, ergänzte sein Sohn Ezio. Francesco, unser Hotelier war der darauf folgende Bauherr, und er machte aus seinem kleinen Restaurant ein großartiges Hotel. Er war auch der Erste, der vom Padrone einen günstigen Kredit erhalten hatte.

Das ehemalige Rathaus folgte alsbald, in ihm entstanden ein kleiner Festsaal und mehrere Büros. Erst als alle Bauten ringsum fertiggestellt waren, konnte unser Platz neu gestaltet werden. „Angelika, kurzum zusammengefasst, unser Dorf ist runderneuert worden und hat trotzdem seinen Charakter beibehalten. Nach wie vor gibt es hier im Tal viel Arbeit für uns, unsere eingespielte Arbeitsgemeinschaft bekommt inzwischen sogar auch aus der Region Aufträge. Unsere ursprüngliche Befürchtung, dass es nach der Restrukturierung, so ein vom Padrone eingeführter Begriff, keine Arbeit mehr gebe, war völlig grundlos und Angst von gestern! Außerdem hat unser Padrone immer neue Ideen, was wir noch bauen und ausbauen könnten.“ Er freute sich, als er hörte, dass wir uns ausnahmslos entschieden hatten mitzumachen. „Liebe Nachbarn, es wird bestimmt nicht zu Eurem Schaden sein. Mein Credo lautet: Gute Arbeit verdient eine entsprechend gute Gegenleistung. Nur dann wird daraus eine vertrauensvolle Zusammenarbeit. Ich will doch in keine mürrischen Gesichter blicken müssen, und Ihr nicht in eine magere Börse.“

Ezio ergänzte noch einen Punkt: „Mein Chef hat Euch doch auch ein ausgefeiltes Kalkulationsschema an die Hand gegeben, mit dem ihr nun jeden Auftrag einschätzen könnt. Das Schema enthält doch alle zu berücksichtigenden Faktoren, auch solche die zuvor schlecht oder nicht bedacht worden waren, wie den Unternehmerlohn und die Abschreibungen. Sogar an die Altersversorgung hat der Padrone dabei gedacht.“

Weiteres konnte er nicht mehr aufführen, denn es nahte eine willkommene Unterbrechung. Vom Zugang des Gartens erklangen fröhliche Kinderstimmen, die sich näherten. Es war Felix mit den Töchtern von Angelika, die da durch den Garten kamen. Ihnen folgte zu aller Überraschung der Padrone, der sie begrüßte. „Guten Abend alle beisammen, verzeihen Sie mir das Eindringen in ihre Runde, aber ich wollte Ihnen doch die beiden netten Mädchen nicht völlig vorenthalten. Solltet Ihr noch einen Schluck Wein für mich übrig haben, dann setze ich mich gerne noch dazu.“ Erst einmal mussten die beiden Mädchen ihre Freude über den tollen Abend auf der Alm bekunden, und Angelika Gruber konnte erleben, wie „normal“ und bescheiden sich der Padrone verhielt. Sie verlor ihre Befangenheit immer mehr.

Zu fünft verließen sie die herzlichen Gastgeber, um sich auf den kurzen Heimweg zu machen. Doch kaum hatten sie sich oben auf dem Platz gezeigt, da stürzten einige Kinder auf sie zu und „entführten“ die Drei. Der Padrone ließ es geschehen, seinem Sohn schien er nicht gerne etwas abschlagen zu wollen. „Frau Gruber, dann setzen wir uns eben noch auf die nahe Bank“, schlug er Angelika vor. Als sich diese versprach und ihn Herr Padrone nannte, da lächelte er: „Frau Gruber, Sie haben den ganzen Tag vermieden mich mit meinem Namen anzusprechen! Außerdem können wir uns nun in unserer heimatlichen Sprache unterhalten, ich verstehe das Kärntnerische gut, denn ich bin in Oberbayern aufgewachsen.“ „Dann sind Sie ja kein Italiener, sondern ein Bayer“, stellte Angelika verwundert fest. Ein feines Lächeln zeigte sich auf seinen sonst eher strengen Zügen. „Ich bin jeweils nur ein „Halber“, meine Mutter war eine Italienerin, mein Vater ist ein Bayer, wenngleich unser Familienname dies nicht wiederspiegelt.“

Sie fragte ihn, wie denn sein Name lauten würde? „Wollen Sie denn wirklich meinen ganzen Namen wissen?“ Als sie nickte, schien, so wie einst in glücklicheren Zeiten, der Schelm in ihm durchzubrechen. „Er lautet: Doktor Arno Friedrich Maximilian Graf de la Motte–Cavaliere di Longhi.“ Als er ihr entgeistertes Gesicht sah, da meinte er leise lachend: „Ein solcher Bandwurmname ist eine lästige Hypothek, deswegen nannte ich mich schon während meines Studiums nur noch Longhi. Mein Nachnahme de la Motte trug mir nämlich in der Schulzeit den Spitznamen „Die Motte“ ein. Keiner der Spötter, ja nicht einmal unser Geschichtslehrer, wusste doch, was sich hinter der Bezeichnung Motte verbirgt. Eine Motte war in der Frühzeit des Burgenbaus eine einfache Burg, die auf einem künstlichen Hügel gebaut wurde. Die Spötter blieben lieber bei dem allgemein ungeliebten Falter. In unserem Dorf, gelegen im ländlichen Oberbayern, musste ich deswegen viel Spott aushalten. Selbst bei einem Sportfest, als ich beim Hochsprung allein überblieb und gerade die 1.90 Meter geschafft hatte, brach der Spott über mich herein: „Schaut her, die Motte kann wirklich fliegen.“ Vorbei war es mit meiner Konzentration. Der Trainer wehrte zwar dem höhnischen Treiben, war aber machtlos. Ich konnte machen was ich wollte, stets erntete ich Hohn und Spott. Ab und an wurde ich im Unterricht mit Papierkügelchen beworfen, die sie spöttisch als Mottenkugeln bezeichneten. Ich kompensierte die Schmähungen durch gute schulische Leistungen, was mir dann den Vorwurf eintrug, ein Streber zu sein. Doch davon ließ ich mich dann nicht mehr beirren und wurde dafür belohnt. Mein sehr gutes Abitur, sprich Matura in Österreich, verschaffte mir dann sogar ein Stipendium an einer amerikanischen Universität."

Interessiert hörte Angelika zu, und wollte dann wissen, warum dies so war, sodass er fortfuhr zu erzählen. „Warum ich verspottet und geschnitten wurde? Mein Vater, der gefürchtete Chef unserer Papierfabrik, vergraulte mit seinen ätzenden Bemerkungen seine Umgebung. Alle gingen ihm aus dem Weg, und an mir schienen sie ihren Groll auf meinen Vater auszulassen. Doch nun genug davon und wieder zurück zum Ausgangspunkt. Hier in Sassone übernahm ich bereits am Tag meiner Ankunft von meinem Schwiegervater den Titel Padrone. Aber der gilt eben nur hier im Tal, meine Freunde duzen mich und nennen mich Arno. Für alle Bekannten bin ich zwar auch der Arno, werde aber gesiezt. Angelika, lösen Sie sich bitte von den in Österreich noch immer virulenten Standesschranken. Mir wäre daran gelegen."

„Arno, vielen Dank, feinfühlig haben Sie meine Hemmungen erkannt. Es stimmt schon, bei uns zu Hause sind die Klassenschranken zwar offiziell abgeschafft, aber immer noch latent vorhanden." „Schön, dann können wir uns nun ganz normal begegnen." Weiter kamen die Beiden nicht in ihrem relativ einseitigen Gespräch, denn nun kamen die Kinder zurück und Felix mit dem Wunsch, dass Barbara ihn morgen ins Internat begleiten und dort am Unterricht teilnehmen dürfe. „Felix von mir aus gerne, aber da hat Frau Gruber schon auch noch etwas mitzureden." Die schaute den Padrone an, so als ersuche sie ihn, ihr die Entscheidung abzunehmen. „Angelika, spricht denn etwas dagegen?“ Diese verneinte kopfschüttelnd, und die beiden Kinder jubelten.

Hellauf begeistert von der Schule und dem Blick ins Internat hatte Barbara den Schultag erlebt. Nur zu gerne würde sie hier diese beiden Einrichtungen besuchen dürfen. Auf diesen Wunsch ging ihre Mutter ausweichend ein, und wollte dazu erst zum Ende der Ferien Stellung nehmen.

Annäherung

„Mama, ich habe mich verliebt!“ Angelika Gruber lachte über Ihre jüngste Tochter, aber sie lachte ihre Magda nicht aus. „Wer Dein Auserwählter ist, da muss ich ja nicht lange raten!“ „Mama, aber die Bärbel mag den Felix doch auch!“ Und der Felix? „Das ist es ja, der ist zu allen sehr nett, nicht nur zu uns, aber der ist ja auch der Sohn des Padrone und der ist ja auch so nett. Was hat der Felix nur für ein Glück so einen tollen Papa zu haben.“ „Mäuschen, er hat ja nur noch seinen Papa, seine Mama und seine beiden Schwestern sind doch bei einem Unfall ums Leben gekommen. Und nun stehen die Beiden ganz eng zusammen und halten sich aneinander fest. Der Padrone soll früher noch viel fröhlicher gewesen sein, denn er hat seine Frau sehr geliebt und diese ihn. Das weiß ich von den drei alten Damen. So ist das Leben leider auch. Alle leben hier fast so wie im Paradies, haben ein schönes Heim, keine Geldsorgen und doch leiden alle still. Denn in der Familie fehlen nun drei geliebte Menschen. Das Glück ist leider selten von Dauer, oft endet es in einem einzigen Augenblick. Aber das Leben geht trotzdem weiter, und ich habe ja Euch und der Padrone seinen Felix, und das ist doch immer noch sehr viel. Komm, lass uns einen Spaziergang unternehmen, dann kommen wir auf andere Gedanken.“

Doch damit war es dann auch nicht weit her. Angelika Grubers Gedanken kreisten so wie häufig um ihr unglückliches Dasein als Witwe und als Unternehmerin wider Willen. Doch seit gestern schob sich immer wieder ein anderer Gedanke dazwischen. Sie hatte Graf Arno kennen gelernt, und das gestand sie sich jetzt auch ein, sogar kurz mit dem Gedanken gespielt, dass der Arno ein guter Vater für ihre Töchter wäre. Und ein kühner Gedanke hatte sie dabei erfasst, könnte dieser Arno nicht auch ein guter Ehemann sein? Sie hatte den Gedanken zwar alsbald wieder verworfen, aber so ganz los ließ sie diese Idee auch nicht mehr. Bärbel hatte am Abend ihr erneut die Frage gestellt, ob sie denn nicht doch in das Internat im Castello gehen dürfe. „Mama, der Felix hat mir gesagt, dass es für begabte Schüler hier Freiplätze geben würde. Und ich bin doch immer sehr gut in der Schule gewesen! Mama, könntest Du denn nicht den Papa von Felix fragen, ob sie mich hier aufnehmen würden?" Angelika zögerte, denn der Gedanke ihre Bärbel fern von Mühlenbach zu wissen, beunruhigte sie. Aber fragen bedeutete ja vorerst noch nichts. Sollte sie dies mit Arno abklären? Sie wollte es und auch alles andere erst einmal auf sich zukommen lassen, und vor allem keine hochfliegenden Gedanken wälzen. Aber eines nahm sie sich jetzt schon vor, sie wollte Arno bitten sie in Mühlenbach zu besuchen, um ihr wegen der Sanierung ihres Unternehmens zu raten.

Glücklich wirkend erzählte Felix seinem Vater, was er mit Frau Gruber und deren Töchtern vorhin erlebt hatte. Sie sei wie eine liebe Mutter zu ihm gewesen. „Papa, Du könntest doch die Frau Gruber heiraten." „Felix, mein lieber Sohn, wie kommst Du denn darauf?" „Papa, die Frau Gruber mag ich, sie ist eine liebe Frau und schön ist sie auch. Das sagen sogar auch unsere drei Lieben, denn als die Frau Gruber gegangen war, haben sie zueinander gesagt: Das wäre doch die passende Frau für unseren Arno! Und die Nonna meinte noch, dass ein Mann in Deinem Alter eine Frau brauche. Papa, außerdem hätte ich dann wieder zwei Schwestern; und die wieder einen Vater. Die Bärbel hat nämlich zu mir gesagt: Felix, was hast Du für ein Glück mit Deinem Papa. Unserer war nicht so nett, immer hat er mit uns und meiner Mama geschimpft. In unserem Dorf haben alle einen Bogen um ihn gemacht. Dein Papa ist das krasse Gegenteil von ihm, er ist ein ganz netter Mann, den alle mögen. So einen Papa hätte ich auch gerne!"

„Felix, Du weißt doch, dass ich Deine Mama sehr geliebt habe und Deine Schwestern auch." „Papa, das weiß doch nicht nur ich, das weiß das ganze Tal. Aber sie sind doch leider tot und Du hast nur noch mich und unsere drei lieben Alten. Aber die sind doch alt und bald nicht mehr auf der Welt, und ich muss doch in ein paar Jahren zum Studium weg gehen. Und dann bist Du ganz allein in unserem großen Haus und auch einsam! Das darf doch nicht sein." Wehmütig zog der Padrone seinen Sohn an sich, strich ihm über die Haare und antwortete ihm dann. „Felix, die Frau Gruber ist sicher eine sehr nette und gut aussehende Frau, eine, die auf die Männer Eindruck macht! Aber um sich in eine Frau zu verlieben reicht das nicht aus. Noch weiß ich viel zu wenig von ihr!“ „Papa, dann musst Du sie eben öfters zu uns einladen, dann lernst Du sie auch noch besser kennen!“ „Felix, kannst Du Dir denn die Frau Gruber überhaupt als Deine Stiefmutter vorstellen?“ Felix brauchte nicht lange nachzudenken und meinte: „Papa, wenn ich sie nicht mögen würde, dann hätte ich Dich ganz bestimmt nicht auf sie angesprochen. Sie ist sehr lieb zu Bärbel und Magda. Und zu mir auch!“ „Felix, ich werde es mir zu Herzen nehmen und die Frau Gruber noch näher kennen lernen. Zufrieden mein Einziger?“ Der trollte sich fröhlichen Muts, wissend darum, dass sein Vater nie leere Worte machte.

Als die drei Grubers zum Mittagstisch kamen, da sahen sie, dass der Nebentisch der Familie des Padrone vergrößert worden war. Wer denn da wohl zu Besuch kommen würde? Es war allerdings kein Besuch, für den die drei zusätzlichen Stühle gedacht waren, sondern sie selbst. Das erfuhren sie von Felix, der gerade ins Restaurant hereingestürmt kam. „Frau Gruber, ich habe meinen Papa gefragt, ob Sie, Bärbel und Magda, denn nicht mit an unserem Tisch sitzen könnten, und er hat ja gesagt.“ „Felix, das ist ja eine freudige Überraschung. Aber nun müssen wir noch warten welche Plätze Dein Vater uns zugedacht hat.“ „Das müssen wir nicht. Wir Kinder setzen uns unten an den Tisch und Sie auf meinem Platz, so habe ich es mit dem Papa ausgemacht!“

Der Padrone kam als Letzter an den Tisch und er begrüßte die drei Grubers so herzlich wie gute Freunde. Wie sollte sie dies denn bewerten, wirbelte es durch Angelikas Kopf? „Nun kennen wir uns gerade mal wenige Stunden, aber dank unserer Kinder haben wir uns überhaupt kennen gelernt, was sonst vermutlich nicht der Fall gewesen wäre.“ So stieg der Herr des Tales in das sich nun entwickelnde Gespräch ein. Die beiden Mädchen nannten den Padrone

Felixpapa, was er lächelnd annahm. Kaum hatten alle Platz genommen, entwickelte sich ein lebhaftes Frage- und Antwortgespräch. Bald konnte Angelika ihr Problem einbringen und Arno um Rat bitten. Er konnte ihr vorläufig nur eines zusagen, nämlich bald nach dem Urlaub der Grubers ins Mölltal zu kommen, um sich dort die „Textilfabrik Gebr. Konrad Gruber GmbH" anzusehen. Ob er dabei schon mit einem Spezialisten kommen könne, ließ er noch offen. Er empfahl Angelika jedoch, dass sie ihren Stellvertreter auf diesen Besuch vorbereiten solle. So könne sich sein Spezialist, so er derzeit frei wäre, eventuell schon vorher das Unternehmen ansehen. Felix hatte zugehört und bat seinen Vater bei diesem Besuch mitkommen zu dürfen, was der ihm zur Freude der drei Kinder zusagte.

Nach dem Mittagessen trennten sich die Wege wieder. Sie vereinbarten sich aber zum Kaffee, heute aber nicht auf der Terrasse sondern im Palazzo. Der Hausherr begründete es lächelnd mit: „Angelika, ich habe schon gestern bemerkt, dass Sie gerne kennen lernen wollen wie wir leben." Sie lachte fröhlich auf: „Arno, Sie sind ein guter Beobachter. Ja, ich gebe es zu, ich bin höchst neugierig darauf, wie Sie und ihre Familie hier leben. Ihr herrlicher Garten verleitet mich zur Annahme, dass das Innere des Palazzo dem Äußeren nicht nachstehen wird." Sie brachte es etwas verschämt lachend ein. „Angelika, das Urteil darüber überlasse ich gerne Ihnen, denn ich bin ja total voreingenommen. Also dann bis um 16.00 Uhr."

Die drei Grubers hatten sich inzwischen an den in Italien üblichen Tagesablauf gewöhnt und legten sich daher zum Mittagsschlaf hin. Gut gelaunt und ausgeschlafen ging es hinüber zum Palazzo. Dieses Mal betraten sie das Haus durch den von monumentalen Säulen flankierten Haupteingang. Dort wurden sie von dem Gastgeber bereits erwartet. Aus dem Empfang durch den Hausherrn selbst, schloss Angelika, dass sie jetzt wohl zu den guten Bekannten des Padrone zählten, was sie mit leiser Hoffnung erfüllte. Hinter dem Eingang nahm sie eine Vorhalle auf, von der aus zu beiden Seiten Treppen in die oberen Geschosse führten. In dieser Vorhalle lag ein kostbarer Orientteppich und vor den Seitenwänden begrüßten

Skulpturen die Eintretenden. Dahinter, wie auch an den Wänden des Treppenhauses, kündeten Gemälde vom Geschmack der Familie de la Motte und di Martino. Kurz nur konnten sie sich einen Eindruck von diesem Raum verschaffen.

Der Hausherr öffnete dann die Flügeltüre, die den Blick freigab auf einen Empfangssaal. Angelika kam sich auf einmal so vor wie in einem der vielen Wiener Museen. Sie betrat jetzt einen wahrhaft beeindruckenden und sie auch ein wenig einschüchternden hohen Raum. Inmitten des stuckierten Rahmens der Decke zeigte sich ein verspieltes Fresko, das heimische Tiere und Pflanzen abbildete. Der Raum empfing sein Licht überwiegend von den hohen Fenstern der Westseite. Sowohl das edle Mobiliar, als auch die Dekoration der Wände mit erlesenen Gemälden und Skulpturen hatte sie so nicht erwartet. War schon das Äußere des Palazzo beeindruckend, übertraf es dieser Empfangssaal noch. Hier ließ es sich gut leben, vereinte sich dezenter Luxus mit behaglicher Wohnlichkeit, so der Eindruck von Angelika. Dies sei vor allem an kühleren Tagen der gemeinsame Aufenthaltsraum der Familie. Allerdings gäbe es auch noch zwei Rückzugsbereiche für die alten Damen und für die so klein gewordene Familie des Hausherrn.

Ihren Eindruck behielt Angelika nicht für sich und äußerte sich bewundernd über diesen herrlichen Raum. Des Padrone Entgegnung überraschte sie dann, denn der erklärte, dass diese Einrichtung erst nach der Renovierung des Anwesens erfolgt sei. Felix, so erfreut wie sein Vater über die bewundernde Aussage, schob sich in das Gespräch hinein: „Frau Gruber, mein Papa hat das ganze Geschäft meiner Tante Cecilia leergekauft und auch noch woanders Möbel und Bilder gefunden, sonst wäre doch alles kahl hier!“ „Felix, etwas war schon noch da, als die Mama und ich hier eingezogen sind.“ Dies ließ sein Sohn nicht gelten: „Die Nonna sagt aber, dass fast alles im Lauf der Jahre weggekommen sei. Und Tante Cecilia setzt immer dazu, dass Du auch ein Antiquitätenhändler hättest werden können.“

Nach diesem kleinen Geplänkel zeigte ihnen der Hausherr noch weitere Räume des Palazzo. Vom Empfangsraum aus erreichte man das große Wohnzimmer und das Speisezimmer. Beide Räume waren ähnlich schön ausgestattet wie der große Saal. Dort würden sie ein wenig später Kaffee und Kuchen zu sich nehmen. Nun schalteten sich die beiden Mädchen ein, die bisher nur gestaunt hatten. „Dürfen wir auch sehen, wo der Felix wohnt?“ „Aber ja, der Felix wird es Euch jetzt gerne zeigen; aber bitte nur kurz, denn Ihr werdet in fünfzehn Minuten einen oder mehrere Kuchen vertilgen können.“ Da sich Angelika auch für dieses Zimmer interessierte, folgten die beiden Erwachsenen den Kindern hinauf in den ersten Stock. Der Felix bewohnte nicht nur ein Zimmer sondern gleich drei, und hatte dazu sogar ein eigenes Badezimmer. Dazu war ein einst großer Raum unterteilt worden. Daraus entstanden dann ein Schlafzimmer, ein Wohnzimmer und das Arbeitszimmer für Felix. In das gemeinsame Spielzimmer der drei Kinder des Padrone warfen sie nur einen kurzen Blick, zumal Angelika feinfühlig erfasst hatte, wie sehr ihn dieser Raum an die glücklichen Zeiten mit seinen beiden Töchtern erinnerte. Magda brachte aller Eindruck in einem Satz unter: „Felix, Du hast es vielleicht schön!“ Mehr konnten die Grubers im ersten Stock nicht mehr sehen, denn der Hausherr wollte pünktlich wieder zum Kaffeetrinken im Speiseraum erscheinen.

Dort wurden die Grubers auch von den drei Damen so herzlich begrüßt, als wären sie schon seit langem gute Bekannte der Familie. Auf Angelikas Bitte rückten nun auch die drei Verwandten des Padrone von der förmlichen Anrede Frau Gruber ab. Darüber freute sie sich und empfand es zu Recht als eine nette Geste. Dies wurde noch dadurch verstärkt, als Frau Cecilia di Martino hinzusetzte: „Angelika, Sie sind uns willkommen, denn Sie bringen mit Ihrer herzlichen Art wieder ein wenig dessen in unser Haus, was seit Cecilias Tod so fehlt. Dazu tragen auch Ihre beiden lieben Töchter bei. Selbst bei unserem Sonnenschein Felix kommen Sie gut an, denn der hat sich bisher fast jeder Frau gegenüber eher abweisend verhalten. Er gibt es zwar nicht zu, aber ihm fehlt seine Mutter sehr. Daher klammert er sich an seinen Vater, doch der kann ihm bei aller Liebe, die unsere beiden Männer verbindet, die Mutter nicht voll ersetzen.“

Weiter kam sie nicht, denn der Hausherr gesellte sich wieder zu ihnen. Er hatte sich zum Telefonieren in sein privates Büro zurückgezogen, anscheinend musste er etwas Dringendes erledigen. Zuvor hatte er nämlich die Haushälterin angesprochen, die auf ihn sehr besorgt wirkte. Selbst Angelika hatte mitbekommen, dass sich die ältere Frau zur Fröhlichkeit zwingen musste. Als Maddalena, die Haushälterin kurz zuvor schon das Speisezimmer betreten hatte, sprach sie der Hausherr an: „Maddalena, was ist mit Dir? Du hast doch Kummer, das sehe ich Dir an! Kann ich Dir vielleicht helfen?“ Sie nickte und entgegnete: „Padrone, ich möchte doch die Gesellschaft nicht stören.“ „Das verstehe ich zwar, aber dann gehen wir eben miteinander nebenan und Du kannst mir Deinen Kummer unter vier Augen mitteilen!“

Um was es dabei ging, erfuhren die im Speisezimmer Verbliebenen alsbald. „Stellt Euch vor, Maddalenas Enkelin hat ihrer Großmutter einen sehr ernst zu nehmenden Brief geschrieben. Ich lese aus ihm die große Angst des Mädchens vor dem Leiter des Waisenhauses, in dem sie leider seit dem Tod ihrer Mutter leben muss. Ob diese Angst begründet ist und worum es dabei geht, das hat hoffentlich nichts mit den mehr und mehr publik werdenden Berichten über Verfehlungen von Geistlichen zu tun. Ich werde daher zusammen mit Maddalena und Ezio dorthin fahren, um nach dem Rechten zu sehen, und von der Kleinen Unheil abzuwenden. Das bin ich unser treuen Maddalena schuldig, und ihrer kleinen Enkelin auch. Mich dauert es, wenn ich daran denken muss, was diese elternlosen Kinder bisher ohnehin schon durchmachen mussten. Und nun sollen sie auch noch ein Dasein in Angst oder Zwängen erleiden, das will ich, insoweit es in meiner Macht steht, verhindern.“

Kaum hatte er ausgeredet, da erschienen auch schon seine Sekretärin Carmela Pellegrino und sein Adlatus Ezio, die er herüber gebeten hatte. „Carmela, ich werde morgen mit Maddalena in das Waisenhaus ihrer Enkeltochter fahren. Ich bitte Sie mich inzwischen zu vertreten. Dich Ezio hätte ich gerne dabei! Kannst Du das möglich machen?“ Ezio entgegnete lachend: „Lieber Chef, ich fahre nur zu gerne mit, ich werde all das verschieben, was derzeit ansteht!“ „Prima Ezio, dann kann es ja nur gut werden. Hier ist der Schlüssel der großen Limousine! Wir fahren dann schon um 6.00 Uhr weg. Nach meiner überschlägigen Einschätzung sind wir dann vielleicht schon am frühen Nachmittag im Mezzogiorno. Richte Dich darauf ein, dass wir vielleicht auch zwei oder drei Tage vor Ort bleiben können. Maddalena weiß schon Bescheid und ist überaus froh, dass wir uns um das Mädchen kümmern werden! Ich habe sie gebeten den Abstammungsnachweis ihrer verstorbenen Tochter mitzunehmen, und so sie ihn hat, den Taufschein ihrer Enkelin. Damit würde es einfacher zu beweisen sein, dass sie als Großmutter ihre Enkelin zu sich heimholt.“ „Arno, heißt das, dass Maddalenas Enkelin bei uns leben würde?“ „Liebe Nonna, wenn überhaupt, dann drüben bei ihr und Antonio. Sie könnte dann auch von hier aus die Schule besuchen.“ „Lieber Schwiegersohn, diesen Gedanken finde ich großartig. Sollte es so kommen, dann würde es Maddalenas Gewissen beruhigen, denn sie macht sich seitdem sie ihre kleine Giovanna im Waisenhaus weiß große Vorwürfe, dass sie dies zugelassen hatte.“

Carmela Pellegrino kam noch einmal auf den Padrone zu. „Chef, soll ich Sie denn nicht mit Bischof Montebello verbinden, damit Sie dessen Rückendeckung einholen können. Es ist ja nicht auszuschließen, dass Sie dort in der Nähe von Salerno mit dem Leiter des Waisenhauses aneinander geraten! Von Maddalena weiß ich nämlich, dass dieser ein unangenehmer tyrannischer Geistlicher sein soll. Und er hat damals auch angeordnet, dass Giovanna ins dortige Heim kommen soll.“ „Danke Carmela, das ist eine kluge Idee!“ Es dauerte nicht lange, da kamen Chef und Sekretärin wieder vom Telefonieren aus dem nahen Büro zurück. „Ihr Lieben, Carmelas Idee war überaus hilfreich, denn unser Bischof geht davon aus, dass wir dort unten sehr wohl auf Schwierigkeiten stoßen könnten. Er wird allerdings seinen dortigen Amtsbruder kontaktieren, den er gut kennt und auch für absolut integer einschätzt. Ihr Lieben, nun müsst Ihr vielleicht ein paar Tage ohne mich auskommen. Passt mir bitte gut auf meinen Sonnenschein auf. Angelika, wenn ich es Ihnen zumuten darf, dann bitte ich auch Sie herzlich, sich mit um meinen Felix zu kümmern! Sie und Ihre lieben Töchter tun ihm sehr gut." Diese Zusage fiel Angelika leicht, ja sie freute sich sogar über das Vertrauen, das ihr Arno damit entgegen brachte. Weitere Gedanken und Hoffnungen „verbat" sich Angelika, aber…

Erweitert um Carmela und Ezio setzten sie das unterbrochene Kaffeetrinken und das Gespräch fort. Neben Angelika nahm Carmela Platz und verstrickte sie sogleich in ein Gespräch. „Frau Gruber, es ist das erste Mal, dass mein verehrter Chef wieder einer Fremden derart vertraut. Darüber freue ich mich, denn das ist für mich ein gutes Zeichen. Vielleicht bricht bei ihm die Schale seiner anhaltenden Trauer, um seine wunderbare Frau und die beiden lieben Töchter auf. Wem ein derartig großes Eheglück beschieden war, wie es bei dem Padrone und seiner Frau war, der darf sich glücklich schätzen! Aber von der Vergangenheit kann man zwar zehren, aber auch die schönste Erinnerung nährt nicht ewig."

Angelika nickte und entgegnete dann: „Mir war dies leider nicht vergönnt. Uns hat das Führen der geerbten Fabrik überfordert, und letztlich auch auseinander gebracht. Ich darf jedoch nicht klagen, denn ich habe ja meine Mädels, und die bereichern mein Dasein. Doch das ist nicht das Thema, das mich umtreibt. Ich wollte eigentlich heute mit ihrem Chef darüber reden, ob er denn überhaupt eine Chance sieht, mein Unternehmen zu retten. Nun kommt leider seine Fahrt in den Mezzogiorno dazwischen. Aber das Schicksal eines verängstigten Kindes hat allemal Vorrang."

„Frau Gruber, ganz so schlecht sieht es damit nicht aus. Ihnen darf ich es sicher verraten, mein Padrone hatte mich nämlich bereits damit beauftragt Erkundigungen über Ihr Unternehmen einzuholen.

Und mein Chef hatte seinerseits noch seinen Textilfachmann beauftragt und ihn gebeten, sich ihr Unternehmen und auch den Markt, in dem es tätig ist, zu beurteilen. Mein Chef reagiert ohnehin immer sofort, denn er will schon vor der Betriebsanalyse aussagefähig sein.“ „Frau Pellegrino, das überrascht und erfreut mich jetzt sehr. Ich hatte ihm gegenüber doch nur die Frage gestellt, ob er sich meine Firma mal ansehen würde?“ Die Sekretärin lachte und meinte, dass es beim Chef oft gar nicht mehr brauchte. „Wissen Sie, er ist ein Mensch, der die Nöte anderer spürt und sich ihrer annimmt. Er freut sich doch so, dass ihre Töchter und unser Felix sich mögen. Außerdem scheint er Sie zu schätzen und Ihre Not zu erkennen.“

„Frau Pellegrino, Sie schätzen Ihren Chef?“ Die Angesprochene nickte: „Frau Gruber, es ist mehr, ich verehre ihn, so wie alle in unserem Unternehmen. Ich hatte vor meinem Eintritt in die DELAMO-Holding in zwei anderen Unternehmen gearbeitet. Dort habe ich Chefs erlebt, die entweder gefürchtet waren, oder als kühle Autokraten keinen Bezug zu ihren Mitarbeitern hatten. Ich hatte mich um die von DELAMO angebotene Stelle beworben, weil hier Sprachkenntnisse in Englisch und Deutsch gefordert wurden. Ich freute mich sehr, als ich eine Einladung zu einem Vorstellungsgespräch bekam und war voller Erwartungen. Dann wurde ich zum Gespräch gebeten und zum Chef geführt. Ich hatte mich schon vorher über DELAMO informiert und wusste so, dass es ein Familienbetrieb war, den ein Graf führte. Ich ging von einem prunkvollen Chefzimmer und von einem „würdigen“ Adeligen aus. Doch weit gefehlt. Ich betrat ein relativ kleines Zimmer, das allerdings mit erlesenem Mobiliar ausgestattet war. Und der „würdige“ Herr verwandelte sich nun in einen anfangs schwer einzuordnenden Intellektuellen. Und dieser so kühl und distanziert wirkende elegante Herr würde künftig mein Chef sein? Dies konnte ich mir auf Anhieb überhaupt nicht vorstellen. Aber ich hatte mich nun mal hier beworben, und musste da durch. Seine fast inquisitorische Art zu fragen verunsicherte mich noch mehr. Keine Regung in seinem Gesicht gab zu erkennen, wie er mich und meine Antworten eingeschätzt hatte. Wobei er seine Fragen abwechselnd in Italienisch, Englisch und

Deutsch gestellt hatte. Was ich schon nicht mehr erwartet hatte, er lächelte und sagte ganz direkt: „Frau Pellegrino, Sie haben mich überzeugt und sich von mir nicht in die Defensive treiben lassen. Das gefällt mir und ich kann mir vorstellen, dass Sie als meine Assistentin unser Team bereichern werden."

Mit den Worten, „Lieber Papa, heute darf ich Dir Deinen Espresso bringen", betrat ein sichtlich stolzer kleiner Junge das Zimmer. Sein Vater entschuldigte die Unterbrechung, strich seinem Sohn liebevoll über den dichten Schopf und nahm ihn auf den Schoß. Seine Miene hatte sich verwandelt und ein herzlicher Mann kam zum Vorschein. „Felix, jetzt brauchen wir aber auch noch einen Espresso für Frau Pellegrino, schaffst Du das?" Trocken kam die Antwort des Jungen: „Papa, aber klar!" Sich an mich wendend fragte er: „Mit was darf es sein? Milch und Zucker?" In dem Moment betrat die leicht erschrocken wirkende Contessa das Zimmer, entschuldigte ihr Hereinplatzen und wollte den Jungen wieder mitnehmen. Auf Deutsch erklärte sie ihrem Mann, dass ihr Sohn da wohl etwas missverstanden hatte. „Schatz, das heute hatte er wohl zum sofort umgedeutet, nur um seinen Papa sehen zu können." Diese familiäre Szene gefiel mir, zeigte sie mir doch den mächtigen Mann als einen herzlichen Menschen. Dieser Eindruck verstärkte sich noch, als ich zum Mittagessen eingeladen wurde, an dem auch die Contessa teilnahm. Dabei kamen wir auch auf Lucia, meine angetraute Partnerin, zu sprechen. Daraus ergab sich, dass sie, die Ärztin, hier eine verwaiste Praxis übernehmen könne. In diesem Haus wohnen wir nun und das gerne, wie auch in Sassone.

Mehr konnten sie nicht mehr besprechen, denn nun kam der Padrone mit den drei Kindern zurück. Sein Felix schien geweint zu haben, was bei dem Jungen eigentlich sehr selten vorkam. Warum der Junge Tränen vergossen hatte, das gab er nun selbst preis. „Mein Papa fährt weg und er hat sogar seine Pistole eingepackt. Er wollte mich nicht mitnehmen, weil seine Reise gefährlich werden könnte. Das verstehe ich ja, aber es macht mir auch Angst!" Seine Großtante Cecilia versuchte ihn zu trösten. „Felix, Du weißt doch, dass Dein

Papa nicht nur sehr klug, sondern auch besonnen ist. Er lässt sich bestimmt schon auch wegen Dir nicht auf ein gefährliches Abenteuer ein." „Tante Celi, das weiß ich doch auch, aber ohne den Papa fühle ich mich ängstlich." „Hör mal zu, wir sind ja auch noch da, und außerdem wird sich Frau Gruber um Dich kümmern, das hat sie dem Papa versprochen! Sie wird jetzt jeden Tag da sein und die beiden Mädchen auch." Der Gedanke daran schien ihn ein wenig zu beruhigen, denn er nickte mit dem Kopf. Die fast symbiotische Bindung des Jungen rührte alle, er hatte den Verlust seiner Mutter offenkundig noch immer nicht überwunden und klammerte sich an seinen Vater. Der strich ihm über die dichten Haare und flüsterte ihm zu: „Mein Einziger, ich lasse Dich nicht im Stich und bin bald wieder da, das verspreche ich Dir ganz fest."

Sowohl die drei Kinder, als auch in drei Damen, zogen sich nach dem Kaffeetrinken zurück, und der Padrone lud Angelika ein, ihm auf die Terrasse zu folgen. „Angelika, ich freue mich sehr, dass Sie meiner Bitte entsprochen haben und sich spontan bereit erklärt haben, sich mit um meinen Felix zu kümmern. Sie haben ja vorhin mitbekommen, wie eng unsere Bindung ist, und wie sehr mein Sohn unter dem Verlust seiner Mutter leidet. Wenn es Ihnen zusammen mit Ihren Töchtern möglich ist, ihn wegzubringen von der latenten Angst, dass auch sein Vater nicht mehr wiederkommen könnte, dann helfen Sie auch mir.

Die Wünsche der drei Kinder sind mir nicht verborgen geblieben, aber ich kann und will dazu noch nicht Stellung nehmen. Aber eines vorweg, Sie sind mir überaus sympathisch, Ihre Nähe tut mir gut, aber noch bin ich ein von der Vergangenheit gefesselter Mann. Warum dies so ist, können Sie aus den Aufzeichnungen meiner geliebten Frau entnehmen, die ich Ihnen jetzt zum Lesen übergeben will. Neben meinem Felix sind diese Erinnerungen für mich überaus kostbare Zeilen der Vergangenheit.

Aber dann wenn ich wieder zurück bin, will ich mit Ihnen reden. Und zwar nicht nur darüber, sondern auch über das, was ich für Sie und Ihr Unternehmen tun kann. Heute nur so viel dazu, ich werde dann, so wie es aussieht, über eine grobe Analyse des spezifischen Marktes, in dem sich Ihr Unternehmen bewegt, verfügen. Sehen Sie es mir bitte nach, dass ich derzeit nicht mehr dazu sagen kann. Laut meinem tüchtigen Gewährsmann wird es eine ziemliche Herausforderung werden, hier eine tragfähige Lösung zu finden. Aber ich bin überzeugt, dass wir wenigstens einen Ansatzpunkt finden, und uns dann über das weitere Vorgehen unterhalten können."

Angelika war ein wenig enttäuscht, denn sie hatte erwartet, dass Arno zu der für sie auf einmal wichtiger gewordenen Frage Stellung nehmen würde, stattdessen war er ihr ausgewichen. Aber sie war auch nicht entmutigt und wagte nun einen weiteren Schritt. „Arno, ich danke Ihnen für Ihr Vertrauen und Ihre Offenheit. Ich verhehle es auch nicht, dass Sie mir sehr sympathisch geworden sind. Und ich freue mich daher auch auf das Gespräch nach Ihrer Rückkehr. Ich drücke Ihnen, aber auch mir die Daumen, dass Ihrer Mission Erfolg beschieden ist."

Meine Erinnerungen an das Glück

von Cecilia de la Motte-di Martino

Darunter stand in kleinerer Schrift:

Das, was ich hier aufschreiben will, entspringt fast alles meiner Erinnerung. Ich wollte diese meine so glückliche Zeit an der Seite meines geliebten Mannes festhalten, um mich in späteren Zeiten daran erinnern zu können und zu erfreuen. Ich kann es manchmal noch immer nicht so richtig fassen, welch ein herrliches Dasein ich an der Seite meines mich so verwöhnenden Mannes erleben darf. Uns wurden drei wunderbare Kinder geschenkt, die unser Leben mit ihrer Fröhlichkeit und Liebe so sehr bereichern. Ich bin dafür dankbar und überaus zufrieden!

Die „Heuschrecke“

Erstmals begegnete ich Arno in einem Italienischen Restaurant in München, so viel ich mich noch erinnern kann, hieß es „Bella Italia“. Es lag in einem belebten Stadtviertel, nämlich im schon damals angesagten Schwabing. Ich war seinerzeit auf dem Heimweg nach Zuhause und hatte meiner Zeit in Stuttgart, die ich leichten Herzens hinter mir gelassen hatte, kein Wiedersehen gewünscht. Zwischenstation machte ich in München, denn dort konnte ich bei einer Freundin übernachten. Hedi, die damals mit einer Frau zusammenlebte, trug einen eigenartigen Nachnamen, nämlich de la Motte-Lange. Das Lange stammte von ihrem Vater, der in diese Hugenotten-Familie hineingeheiratet hatte. Was ich noch von ihr wusste, war, dass sie aus einem Fabrikantenhaus stammte und als Kunsthistorikerin bei einem Galeristen arbeitete. Sie war eine sehr gut aussehende Frau, eine nach der sich die Männer umdrehten, die sie jedoch nicht beachtete.

Am Abend meiner Ankunft erfuhr ich, dass sie sich vor kurzem von ihrer langjährigen Freundin getrennt hatte, und dies als Befreiung zu empfinden schien. „Die Cora hat eigentlich nur von mir gelebt, seit sie ihren Beruf als Sekretärin bei Siemens aufgegeben hat und sich inzwischen lieber als Künstlerin versucht. Das hätte ich ja noch hingenommen, nicht aber ihre ständigen Forderungen nach Geld, denn – so wie von mir vorausgesagt – für ihre „Kunst“ fand sich bisher kein Publikum. Was zu erwarten war, von ihrer, noch dazu nur in ihren seltenen kreativen Phasen ausgeübten Kunst erzielte sie auch keine Einnahmen. Sie hätte dank meiner Beziehungen bei uns in der Galerie unterkommen können, was sie allerdings empört, als ihr der „Künstlerin“ nicht gemäß, rundweg abgelehnt hatte. Damit hatte sie bei mir endgültig überreizt, und wir haben uns nach einem heftigen Streit getrennt. Dies zu meiner gewesenen Beziehung, der ich überhaupt nicht nachtrauere.“

Manchmal überschlagen sich die Ereignisse oder treffender gesagt, kommt eine Misslichkeit zur anderen. Auf meine Rückfrage, was sie denn derzeit bedrücke, fuhr sie mit einer weiteren „Geschichte“

fort. Ihrer einst reichen Familie ginge es derzeit nicht gut, denn die Fabrik würde fast keine Erträge mehr einbringen. Seit einiger Zeit würden daher die Familien der Inhaber versuchen, also auch ihr bisher alles blockierender Onkel und Geschäftsführer, den Betrieb zu verkaufen. Bis dahin allerdings mit wenig Aussicht auf Erfolg. Zu allem Übel sei neuerdings noch eine unerwartete Komplikation hinzugekommen. Was sie alle nicht bedacht hatten, und ihr sturer Onkel anscheinend nicht zur Kenntnis nehmen wollte, war die Tatsache, dass es noch einen weiteren Mitbesitzer gab, nämlich seinen Sohn und Hedis Cousin Arno. Dieser würde seit vielen Jahren in Ostasien leben und hatte die Beziehung zu seinem Vater nach einem heftigen Streit eingefroren.

Zum Glück hatte Hedis Mutter den Kontakt zu ihrer einstigen Schwägerin, einer in der Nähe von Padua lebenden Italienerin, all die Jahre aufrechterhalten. „Meine Tante Cornelia, die meinem Cousin früh die Mutter ersetzte, unterhält seitdem eine enge Verbindung mit Arno ihrem Neffen und Ziehsohn. Tante Cornelia besaß daher auch die Adresse und E-Mail-Nr. ihres Ziehsohns Arno. Meiner Tante war es somit ein leichtes Arno zu erreichen. Sie hatte ihm unser Anliegen dargelegt und ihn gebeten, sich doch bei mir zu melden, was er dann auch umgehend tat. Darüber hatte er auch alle wegen des Verkaufs notwendigen Daten seiner Verwandten bekommen und somit auch diejenige von Hedi. Außerdem nannte sie ihm ihre, Hedis, Handy-Nummer.“

Warum die Hedi mir dies alles darlegte, erklärte sich aus zwei Umständen. Zum einen könne sie derzeit keine Zuwendungen mehr von Zuhause erwarten, und zum anderen habe sie von eben diesem Cousin eine E-Mail bekommen. Er, Arno, würde an einem der beiden nächsten Tage in München eintreffen. Er wolle ihr dann den Vertrag über den Verkauf ihrer Anteile vorlegen, eingebettet in die Anteilsverkäufe der anderen Mitbesitzer an der Fabrik. „Cecilia, es ist gut, dass Du, die Juristin, derzeit hier bei mir bist. Ich würde mich freuen, wenn Du diesen Vertrag mit mir durchgehen könntest. Ich hätte dann ein besseres Gefühl.“ Nach einigem Überlegen setzte

Hedi noch hinzu: „Leider gilt hier für mich ohnehin nur die eine Devise „Vogel friss oder stirb!“ Ich wäre doch schon froh, wenn dabei noch ein paar Mark, pardon Euros, rausspringen würden.“

Auf meine Frage, wer und was denn dieser Cousin Arno wäre, konnte sie nicht viel entgegnen. Sie hätte ihn seit über zehn Jahren nicht mehr gesehen. Damals sei er ein zu bedauernder, von seinem tyrannischen und bigotten Vater unterdrückter junger Mann gewesen. Arno war seinerzeit, zumindest was sie über ihn erfahren hatte, immer sehr gut in der Schule gewesen, ihre Mutter sprach von einem Überflieger. Einer, der noch dazu ein guter Leichtathlet gewesen sei. Seinem Vater hatte dies aber nicht im Geringsten imponiert. Er hatte sich anscheinend stets einen anderen Sohn und „würdigen“ Nachfolger vorgestellt. Sein einziges Kind, und dazu auserkoren einmal die Firma zu leiten, sollte nämlich so ein kernig auftretender Macho sein, so wie er selbst seiner Meinung nach war. Und zwar einer vor dem die Angestellten kuschen würden und kein solch stiller und verträumter „Schwächling“. „Da wir um unseren strengen Onkel, insoweit es eben anging, einen großen Bogen machten, hatten wir dazu allerdings auch keinen näheren Einblick. Und der harten Beschreibung des Onkels trauten wir alle nicht. Nach dem Abitur ist der Arno zum Studium in die USA gegangen, ein Begabten-Stipendium hatte es ihm wohl möglich gemacht. „Was er dort studiert hat, weiß ich jedoch nicht. Cecilia, stell Dich darauf ein, dass Du eher auf einen langweiligen, vielleicht auch farblosen Typen triffst. Eben auf einen wenig attraktiven Mann, einen von der Sorte, von der es hier viele gibt.“

Ihr Cousin Arno bringe hoffentlich einen völlig ausgearbeiteten Vertrag über den Verkauf ihrer Anteile mit. Zuvor hätten zwei Schätzer das Unternehmen geprüft. Einer sei den Familien von ihrer Hausbank empfohlen worden, der andere sei ein Fremder gewesen. Ihn hatte für den potentiellen Übernehmer, die DELAMO-Investment-Gesellschaft aus Singapur entsandt. Unsere Bank hatte sich auf unsere Bitte hin, über diese Gesellschaft informiert. Sie fand heraus, dass es sich um eine große und auch seriöse Firma handelte.

Der zweite dieser Experten kam zu einer Einschätzung, die nahezu deckungsgleich mit der Einschätzung des von der Bank beauftragten Schätzers war. Die Abweichungen waren allenfalls marginal und unerheblich für die Bewertung. „Eines wurde selbst mir als eine dem Betrieb Fernstehende klar, dass wir nicht noch länger mit dem Verkauf zuwarten sollten, denn sonst würden uns die Schulden völlig auffressen. Meine Mutter tat dann den bitteren Ausspruch: „Lieber ein Ende mit Schrecken als ein nicht enden wollendes Siechtum". „So wie es für mich aussieht, hat der Arno seine Anteile auch offeriert. Ich bin gespannt, ob er einen finalen, unterschriftsreifen Vertrag mitbringt. Cecilia, wie schon gesagt, bitte ich Dich sowohl auf den Vertrag, als auch auf die Expertise, einen Blick zu werfen!" Was ich ihr gerne zusagte.

Am nächsten Tag besuchte ich zwei Museen, von denen es ja in München viele gibt, und traf mich am Abend wieder mit der Hedi. Zusammen fuhren wir zu eben diesem vorher genannten italienischen Restaurant, in das sie auch noch andere Gäste zum Vorabend ihres Geburtstages eingeladen hatte. Als wir wegen eines Staus leicht verspätet ankamen, da saßen vier Frauen schon in einer Ecke beieinander, darunter auch Cora. Hedi flüsterte mir zu, dass sie die nicht eingeladen hatte, aber es anscheinend unverfroren als ihr Recht ansah, hier zu erscheinen. Drei dieser jungen Frauen waren ungewöhnlich angezogen und auch auffällig „gestylt". Sie wollten vermutlich schon durch ihr Äußeres klar machen, dass sie sich zur Schwabinger Boheme zählen durften. Diese Frauen als ein buntes Völkchen zu bezeichnen, traf aber nur einen Teil des Bildes. Sie hatten bereits ungeniert zwei besondere Flaschen Wein vor sich stehen, die später Hedi zu bezahlen hatte. Die vier Frauen hatten meinem Eindruck nach, dem Getränk anscheinend auch schon gut zugesprochen.

Ich, in meiner dem Anlass angemessenen Kleidung, fühlte mich auf einmal wie ein grauer Spatz unter lauter bunten Vögeln. Eine der „Damen" hatte sich in einen knallroten Latexanzug gequetscht, die rotgefärbten Haare zum Irokesenkamm gestylt und ihr Gesicht in eine starre Maske aus dem Arsenal der Kosmetik verwandelt. Cora, die zweite „Dame“, führte das Wort und war offenkundig auch schon ein wenig angetrunken. Sie hatte sich in derbe Männerkleidung gehüllt, eine grobe Farmermütze „krönte“ ihre bläulich gefärbten Haare. Ihr dadurch unattraktives, grotesk geschminktes Gesicht gefiel mir nicht sonderlich.

Die erste dieser „Gestylten“ war eine Schauspielern, Cora, die zweite, hingegen eine Künstlerin, was sie wiederholt zum Besten geben musste. Auch die Dritte schien etwas aus der gewohnten Norm zu fallen. Die an und für sich gut aussehende junge Frau hatte sich ein grelles Stirnband umgetan, unter der eine überdimensionale Sonnenbrille die Augen verdeckte. Vermutlich wollte auch sie sich mit diesem Aufzug einen intellektuellen Anstrich geben, was sie durch ihre gedrechselte Sprache zu unterstreichen versuchte. Sie, eine Germanistin, arbeitete derzeit an einem Roman, der ihrer Ansicht nach ein Bestseller werden würde. Lediglich die vierte der Frauen hatte sich dem Anlass gemäß gekleidet, sie war eine Architektin.

Mühsam kam dann ein alle einbeziehendes Gespräch zustande, denn Cora, aber auch die im Latexanzug, taten alles dazu, um zu dominieren. Je mehr die Cora trank, desto fordernder und apodiktischer wurde ihr Ton. Sie verstieg sich sogar zu der Behauptung, dass sie als gestaltende Künstlerin das Zeitgeschehen nun weit besser beurteilen könne, als eine Sekretärin in einem kapitalistischen Ausbeuterbetrieb. Bevor sich daraus noch ein Disput entwickeln konnte, störte oder „erlöste“ Hedis Handy den „Dialog“.

Am Telefon war Arno, der Cousin von Hedi, der schon heute in München angekommen war und sie um einen Termin am nächsten Tag ersuchte. Ich gebe die Wort- und Satzfetzen wieder: „Arno, von wo aus rufst Du denn an? Aus dem Bayrischen Hof! Du bist soeben erst dort eingetroffen? Hast Du denn schon zu Abend gegessen? Noch nicht! Dann könntest Du doch mit mir im „Bella Italia“ essen, jeder Taxifahrer kennt das Lokal. Du kommst, das finde ich gut. Erschrecke bitte nicht über uns vielen Frauen. Wir sitzen nämlich zu Sechsen in einer Ecke des Restaurants, und Du kannst uns daher nicht verfehlen. Ob Du uns denn nicht stören würdest? Aber nein, trau Dich nur her, falls Du Dich vor so viel Frauen nicht fürchtest. Du kommst dennoch, das freut mich. Bis gleich!"

Nun wurde Hedi gefragt, wer denn dieser Anrufer gewesen sei. Und die nicht eingeladene „Künstlerin" monierte, dass Hedi sogar einen Mann dazu gebeten habe, was sie so was von daneben empfinde. Hedis Antwort war deutlich: „Hör mal zu, es ist mein morgiger Geburtstag, zu dem ich einladen kann, wen ich will und nicht Du!!! Dein ewiger Hass auf die Männer frisst Dich noch einmal auf. Arno ist mein Cousin, der Neffe meiner Mutter, also ein ganz naher Verwandter von mir. Außerdem habe ich ihn seit mindestens zehn Jahren nicht mehr gesehen. Was er ist, wie er ist und wie er heute aussieht, das weiß ich auch nicht. Aber ich bin nicht so voreingenommen, ihn nur deswegen nicht einzuladen, weil er den „Makel" aufweist, ein Mann zu sein. Und jetzt bitte ich Dich, die Du nicht die Gastgeberin bist, Dich ab jetzt zurückzuhalten und mir den Geburtstag nicht zu versauen!" Das saß. Merklich verstimmt verstummte die Gescholtene und brummelte zornig vor sich hin.

Nicht lange darauf hielt ein Taxi vor dem Restaurant an, dem ein Herr in dunkelblauem Nadelstreifen-Anzug entstieg. War dieser elegante Mann am Ende gar dieser Arno, der Cousin von Hedi? Er war es, denn gleich darauf betrat er den Gastraum, schaute sich kurz suchend um, und steuerte dann den Tisch mit den sechs Frauen an. Hedi erhob sich und grüßte den Mittdreißiger in seinem edlen Businessgewand herzlich. „Sei gegrüßt, lieber Arno und dafür bedankt, dass Du uns heute Abend die Ehre gibst." „Die Ehre ist ganz auf meiner Seite, liebe Hedi", das sagte er, während er sie mit Wangenküssen begrüßte. Die beiden Verwandten schauten sich dann an und Hedi konstatierte: „Arno, Dich hätte ich nach so langer Zeit, und irgendwo im Fluss der Passanten, auf Anhieb bestimmt nicht wieder erkannt. Aus dem schlaksigen Jungen von einst, ist anscheinend ein feiner Herr geworden." Das kommentierte er mit: „Und aus der feschen Hedi, eine schöne und elegante Dame, mein Kompliment. liebe Cousine!" Dann erst begrüßte er die anderen Frauen am Tisch und entschuldigte sich für sein Hineinplatzen. Er hoffe, dass er die Gespräche nicht zu sehr gestört habe. „Meinen Vornamen haben Sie ja soeben von Hedi vernommen, unsere Nachnamen sind identisch, nur unser Anhängsel lautet anders, mein Zusatz ist di Longhi. Bitte sprechen Sie mich mit Arno an, das macht es einfacher für Sie."

Mein Eindruck von Hedis Cousin war seinerzeit noch geprägt von meinen in gewisser Hinsicht dogmatischen Vorurteilen und sicher auch von Hedis vorab gegebener Beschreibung. Dieser hochgewachsene leptosome Typ Arno war meines Erachtens ein kühler, höflich glatter Geschäftsmann, so schoss es mir durch den Kopf. Er war nicht gerade der Typ nach dem sich eine Frau umdrehen würde. Unangenehm empfand ich ihn allerdings auch nicht. Nachdem er Platz genommen hatte, vermochte ich ihn besser einzuschätzen, denn er saß mir gegenüber. Das schmale, asketische Gesicht, mit einer randlosen, leicht getönten Brille auf der kantigen geraden Nase, verdeckte noch für kurze Zeit seine Augen, Als sich die dunkle Tönung des Tageslichts der Brille wieder verloren hatte, konnte ich seine graublauen Augen besser erkennen. Sie blickten etwas müde drein, wirkten aber weder kalt noch durchdringend. Seine hängenden Augenlider unterstrichen meinen Eindruck, dass er sehr müde sein musste. Dunkle, kurzgeschnittene Haare bedeckten seinen länglichen Kopf, die hohe Stirn mit ihren Falten vermittelten den Eindruck in ihm einen Grübler vor sich zu haben. Seine Mundwinkel endeten nicht in aufwärtsgerichteten Lachfalten, sondern in sich ein wenig nach unten ziehenden Linien. Ihn als streng und abwartend einzustufen, das schien mir jetzt angebracht zu sein. Sein Alter war schwer einzuschätzen, ich hangelte mich daher an Hedis Aussage entlang, sie habe ihren Cousin seit über zehn Jahren nicht mehr gesehen. Danach müsste dieser Arno so Anfang, nein eher Mitte Dreißig alt sein. Sein leicht gebräuntes, hageres Gesicht bedeckten dunkle Bartstoppeln. Es war aber offensichtlich kein Dreitagebart, dem ansonsten die jungen Herren so oft huldigten.

Gerne hätte ich gewusst, was für ein Mensch sich hinter dieser Fassade verbarg. Und darauf musste ich nicht lange warten, denn die zuvor von Hedi so heftig zur Ordnung gerufene „Künstlerin“ Cora konnte ihre Abneigung ihm gegenüber nicht verbergen. Vielleicht galt diese nicht einmal diesem Arno als Person, sondern ihm als Vertreter der Männer, die sie zwanghaft alle über einen Kamm scheren musste.

„Sag mal, Du wie ein Geschäftsmann gekleideter Typ, womit verdienst Du eigentlich Dein Geld!“ Er blieb ihr nichts schuldig und entgegnete überaus kühl: „Ich kann mich nicht erinnern, dass wir per Du sind, und hätte daran auch nicht das geringste Interesse!“ Das saß und es gefiel fast der ganzen Runde nicht, denn eine derart ätzende Bemerkung verstieß gegen die Gepflogenheiten, dieser sich überwiegend spontan duzenden Generation. Und diese eiskalte, irgendwie auch überhebliche Abfuhr, die er der Angetrunkenen erteilte, überschritt die Grenzen der Toleranz. „Ich arbeite in einer Investmentgesellschaft, die…“ weiter kam er nicht, denn nun war die Angetrunkene am Zug! „Also eine dieser üblen Heuschrecken, die den Menschen das Geld rauben, Firmen ausplündern und die Arbeiter um ihren Job bringen: Und diese dann samt ihren Familien ins Elend stürzen. So ein Scheißkerl wagt es sich zu anständigen Menschen an den Tisch zu setzen. Schämen soll er sich, dieser Gangster in Nadelstreifen!“

Was würde er nun entgegnen? „Ich darf Sie höflich an eines erinnern, ich wurde so wie auch Sie eingeladen, und ich ging davon aus, endlich mal einen entspannten Abend verbringen zu können. Hätte ich allerdings geahnt, dass mich hier solch haltlose und unqualifizierte Angriffe erwarten, wäre ich bestimmt nicht gekommen. Sich nun gar noch rechtfertigen zu müssen, das ist höchst unerfreulich. Und das vor Fremden, die in der Regel fast nie eine Ahnung haben, um was es bei meinem Tun tatsächlich geht.“ „Da brennst Du Leuteschinder Dich aber gehörig, ich als bildende Künstlerin, ich habe sehr wohl einen guten Einblick in das Weltgeschehen. Ich durchschaue diese verdammte beschissene Männerwelt, die von solchen

Ausbeutern und Schnöseln wie Du beherrscht wird. Ich kenne mich aus!!“ Letzteres haute sie ihrem Gegenüber laut „um die Ohren“ Und der blieb ihr wieder nichts schuldig: „Frau Cobra, ich respektiere Ihren etwas mitgenommenen Zustand und möchte auch Ihnen, die Sie es wohl gewohnt sind, ständig das Wort an sich zu reißen, eines dringend empfehlen: Setzen Sie sich erst einmal mit der Materie auseinander, die Sie behaupten zu kennen. Und noch eines dazu. Sollten Sie die Absicht haben, eines Ihrer Kunstwerke an normale Menschen verkaufen zu wollen, dann wäre eines höchst angebracht: Wenn Sie solche, nur der sozialen Unterschicht zurechenbaren Kraftausdrücke und Beleidigungen nicht unterlassen wollen, dann müssen Sie damit rechnen, kühl abserviert zu werden!“

Cora Scheifele geiferte zurück: „Du mistige Heuschrecke, ich heiße Cora und nicht Cobra.“ Sein Grinsen, es wirkte auf mich fast wie ein wölfisches Fletschen seiner makellosen Zähne, gefiel mir nicht, und er setzte noch einen drauf. „Frau Schäufelchen, wenn Sie mich schon als Heuschrecke titulieren, dann erlaube ich mir Sie als Spitting-Cobra zu bezeichnen. Außerdem kann ich mich auch nicht erinnern, dass Sie mich eingeladen haben. Sie sind hier ein Gast, so wie auch ich, und wir sollten daher auch die Gepflogenheiten solcher Gastlichkeit einhalten. Es sei denn, dass dies in ihren Künstlerkreisen nicht angesagt ist!“ Diesen Arno möchte ich nicht als Feind erleben müssen, schoss es mir durch den Kopf. Hedis Cousin konnte wahrlich mit Worten so scharf „zuschlagen“, wie andere sonst mit dem Florett. Vielleicht hatte er damit, ohne es zu beabsichtigen, der ungehobelt argumentierenden Cora eine heilsame Lektion erteilt. Ich konnte mir nämlich nicht so recht vorstellen, wie diese vermeintliche Künstlerin mit gehobener Kundschaft umgehen würde. In ihrer so unkultivierten Sprache mit „normalen“ Menschen zu verhandeln, das wäre garantiert jedem Bilderverkauf abträglich.

Endlich klinkte sich Hedi ein, die dem Ganzen bisher hilflos und entsetzt gefolgt war. „Cora, nimm Dich bitte zusammen. Arno, den ich seit vielen Jahren nicht mehr gesehen hatte, habe ich eingeladen und nicht Du! Und nun ist der Abend, auf den ich mich sehr gefreut hatte, völlig entgleist.“ Aber nicht Cora entschuldigte sich daraufhin, sondern ihr Cousin: „Hedi, bitte entschuldige, dass ich mich nicht in der Gewalt hatte und mich leider daneben benommen habe! Mein Erscheinen hat diese Kontroverse ausgelöst. Eigentlich wollte ich hier einen entspannten Abend verbringen, konstatiere aber, dass ich nicht zu dieser Runde passe, was ich bedaure.“

Arno zog einen Briefumschlag aus dem Jackett und übergab ihn an seine Cousine. „Liebe Hedi, hier ist der Vertrag. Passt es Dir, wenn ich morgen bei Dir vorbeikomme. Da ich dann gerne noch nach Italien weiterfahren will, wäre es mir so um 10.00 Uhr sehr recht, aber nur dann, wenn ich Dir damit keine Umstände mache.“ Hedi passte der Zeitpunkt bestens, verschaffte er doch ihr, und auch mir, die Gelegenheit sich in den Vertrag hinein zu vertiefen. Arno ließ sich noch die Gegend nennen in der Hedi wohnte, stand auf, entschuldigte sich für sein Stören, nickte uns Damen zu, und setzte sich an einen freien Tisch etwas abseits von uns.

Ich konnte daher verfolgen, wie er sich dort in die Speisenkarte vertiefte, danach ein stilles Wasser und ein Vitello tonato orderte. Inzwischen nahm er sein i-Pad zur Hand und tippte vermutlich eine Nachricht ein. Dies schien auch die Cora mitbekommen zu haben, die es mit einer bissigen Bemerkung kommentierte: „Dieser aalglatte Kerl lässt sein übles Tun nicht einmal beim Essen sein!“ Nun schaltete sich die gutgekleidete und sich bis dahin zurückhaltende Architektin ein: „Cora, Du weißt doch überhaupt nichts von ihm, und unterstellst nun diesem Arno gleich einmal Übles.“ Die giftete zurück: „Sei bloß Du ruhig, ihr baut doch auch nur für diese Kapitalistenschweine!“ Damit hatte es sich Cora nun bei fast allen verdorben.

Hedi versuchte die Wogen zu glätten. „Es war anscheinend ein Fehler von mir, meinen Cousin zu uns zu bitten. Aber ich hatte ihn schon lange nicht mehr erlebt und konnte ihn daher auch nicht einschätzen. Vielleicht war es aber auch ein Fehler nicht zu beachten, dass Du, Cora, es Dir nicht nehmen lassen wolltest, mit dabei zu sein, und dass Du ja mit Männern jeder Art nichts zu tun haben willst. Um uns jetzt nicht in eine weitere Diskussion zu verstricken, sollten wir die vorherige Szene vergessen und unsere zuvor erörterten Themen wieder aufnehmen.

Ein alter Blumenverkäufer betrat in diesem Moment das Restaurant. Er erlitt überall eine Abfuhr, bis er fast demütig vor Arno stehen blieb. Ihn bat er, ihm doch eine Rose abzukaufen. Als ihm Arno dann sogar acht weiße Rosen abnahm und noch dazu großzügig bezahlte, da strahlte der ältere Pakistani. So wie es ihn sein großzügiger Kunde gebeten hatte, überreichte er danach jeder an unserem Tisch eine Rose, nur Hedi bekam deren drei. „So ein widerlicher Schleimer!“ Cora musste, so wie zu allem, und das war fast schon zwanghaft bei ihr, eine böse Bemerkung einbringen. Dieses Schimpfen erboste nun auch mich, die der „Cobra“ entgegnete, dass ich dies für eine sehr nette Geste hielte! Damit hätte er noch dazu einem bettelarmen Migranten eine kleine Freude gemacht.

Diese sichtlich angetrunkene Cora ging uns allen mehr und mehr auf den „Wecker“. Sie, die doch nur von betuchten Käufern – allesamt bestimmt nicht aus der Künstlergilde – leben konnte, beschimpfte diese Herrschaften so, als wären diese allesamt Verbrecher. „Hör mal zu, Du heuchlerische Schlange, diejenigen zu beschimpfen, die einem die „Kunstwerke“ abkaufen sollen, das ist ja fast so, wie wenn der Hund sein eigenes Frauchen beißen würde.“ Nun war es um die Fassung von Cora vollends geschehen, denn jetzt griff sie die Architektin an, die es gewagt hatte, ihr diese Worte zu sagen. „Du bist doch auch nur eine Kapitalistenmagd, baust diesen Fettsäcken Häuser, in denen sie mit ihren geduckten Mäuschen auf Kosten der Allgemeinheit leben!“ Nun gab ein Wort das andere: „Und wie ist es denn bei Dir? Du hast Dich doch bisher von Hedi aushalten lassen, beziehst nun, zumindest was mir bekannt ist, Sozialhilfe, für die wir alle mit unseren Steuern beitragen müssen. Wir alle arbeiten tagtäglich, auch dann wenn es alles andere als Selbstverwirklichung ist, um unser Dasein selbst finanzieren zu können!“ Damit hatte die Architektin ins Schwarze getroffen, denn Cora stand beleidigt auf, ergriff ihre Felljacke und verließ wortlos das Restaurant. Damit war nun auch der Bruch mit dieser Runde besiegelt, was Hedi nicht nur geschehen ließ. Ich hatte den Eindruck, dass es ihr durchaus gelegen kam. So allmählich kam wieder ein vernünftiges Miteinander zustande. Es sparte sowohl Cora als auch Arno aus; allen schien das Vorherige unangenehm gewesen zu sein.

Hedis Cousin begnügte sich am Nebentisch mit der von ihm georderten Vorspeise, bezahlte bald und verließ mit einem Gruß zu uns das Restaurant. Gleich darauf hielt ein Taxi an, das er zuvor bestellt hatte. Eines war mir zuvor schon aufgefallen, außer Hedi hatte er auch mich wiederholt gemustert, woraus ich schloss, dass ich ihm angenehm aufgefallen war. Eitel wie ich war, schmeichelte es mir, obwohl mir Arno und sein gezeigtes kaltes Verhalten nicht sonderlich gefallen hatte, aber ich schob es auf das unmögliche Verhalten der unkultivierten Cora und die erkennbare Müdigkeit von Hedis Cousin. Aus einem mir unerklärlichen Grund war mir der Eindruck, den Arno von mir gewonnen hatte, wichtig, was mich verwunderte, aber doch auch etwas verwirrte.

Am nächsten Morgen

Schon um 8.00 Uhr hatten wir uns – noch ein wenig schlaftrunken – in den von Arno mitgebrachten Vertrag vertieft. So sehr wir auch danach suchten, wir fanden nicht einen Punkt, an dem uns zumindest Bedenken aufgekommen wären. Nein, ganz im Gegenteil. Selbst ich, die sich als Anwältin mit Verträgen auskannte, empfand diesen Vertrag in jeder Hinsicht als fair und „sauber". Hedi musste immer mehr schlucken, denn diese hatte weder mit einem derartig hohen Kaufpreis gerechnet, noch mit einem solch klaren Vertrag. „Cecilia, das hat mein Cousin ja unglaublich großzügig hingekriegt. Ich bin ihm sehr dankbar, denn damit kann ich nun meine schöne Wohnung behalten und sie vielleicht auch irgendwann mal kaufen!"

Kurz vor 10.00 Uhr parkte ein großes Auto direkt vor Hedis Wohnung, dem tatsächlich deren Cousin Arno entstieg. Er öffnete die Heckklappe und entnahm ihm einen verhüllten Gegenstand, den er kurz auf dem Autodach ablegte. Eine dünne Diplomatentasche klemmte er sich dann noch unter den Arm. Hedi ließ ihn herein und nahm freudestrahlend einen herrlichen Blumenstrauß entgegen. „Liebe Hedi, den Dokumenten entnahm ich, dass Du heute Geburtstag hast und dazu darf ich Dir ganz herzlich gratulieren." Nachdem Hedi den Blumenstrauß schnell abgelegt hatte, schloss sie Arno in die Arme und küsste ihn auf die Wangen. Sie ließ ihn merken, dass er ihr willkommen war. Mir gab er die Hand, und, was mich wunderte, er begrüßte mich sogar mit meinem Namen, allerdings noch mit dem distanzierendem Sie. Heute wirkte er ganz anders auf mich als noch am Abend zuvor. Es lag zwar auch an seinem eleganten Sommeranzug, aber mehr noch an seinen weniger strengen und „ausgeschlafenen" Gesichtszügen. Die das Gesicht pflügenden Längsfalten schienen sich über Nacht ein wenig geglättet zu haben, was ihn nun jünger wirken ließ. Zwar war er damit für mich noch immer kein interessanter Mann, aber sympathischer als gestern empfand ich ihn jetzt schon.

„Hedi und Cecilia, ich bitte noch einmal um Entschuldigung dafür, dass ich mich gestern Abend gegenüber einer der Damen am Tisch so überheblich verhalten habe. Das ist sonst nicht meine Art. Zu meiner Entlastung darf ich einbringen, dass ich zuvor über vierundzwanzig Stunden lang keinen richtigen Schlaf mehr gefunden hatte. Im Flugzeug vermag ich dummerweise nie gut zu schlafen, außerdem musste ich unbedingt noch einiges Geschäftliches erledigen, denn sonst hätte ich mir diese Auszeit nicht genehmigen dürfen. Ausgeschlafen wäre ich mit diesen Anfeindungen vermutlich besser umgegangen. Ich räume jedoch frei weg auch eines ein, ich kann mit derartig ungerechtfertigten, und nicht mit Fakten belegten Anwürfen, nicht ohne Ingrimm umgehen. Aber dabei sollten wir es jetzt bitte belassen, denn wir haben weit Wichtigeres zu besprechen, nämlich den Kaufvertrag über Deinen Anteil an unserem Unternehmen, liebe Hedi."

Arno griff nach seiner Diplomatentasche, entnahm ihr noch ein zweites Exemplar des Vertrags und legte es vor sich auf Hedis Esstisch. „Hedi, ich hoffe, dass Du heute noch einen Blick darauf werfen konntest?" „Arno aber ja, und das habe ich auch schon intensiv getan. Cecilia, die eine Juristin ist, hat mir dabei sehr geholfen!" „Das finde ich gut, denn dann hattest Du ja auch gleich einen anwaltlichen Beistand, was vielleicht dazu beigetragen hat, die Rückfragen ein wenig zu vermindern." „Lieber Arno, hier irrst Du Dich, denn die haben wir nicht. Wir beide haben den Vertrag als sehr großzügig und auch frei von versteckten Klauseln empfunden. Und dann erst der unglaubliche Kaufpreis, der hat mich ja fast umgehauen. Mit einer derart hohen Summe hatte ich nie und nimmer gerechnet. Ich habe den Vertrag bereits unterschrieben, und so wie gewünscht, auch meine Bankverbindung eingefügt." Arno bat uns sein Exemplar auf seine Übereinstimmung mit dem vorliegenden Vertrag hin zu überprüfen, was wir sogleich machten, und Hedi setzte ihre Unterschrift darunter.

„Das ist ja bestens, dann sind wir ja in Blitzeseile durch!" Hedi schüttelte den Kopf und gab ihm zu bedenken, dass sie jetzt doch noch die Unterschrift des Käufers brauchen würden?“ Er lächelte, diesmal tauchte jedoch ein feines Lächeln in seinem schmalen Gesicht auf: „Aber nein, liebe Cousine, dieses Mal irrst Du Dich. Schau, die steht unten rechts, wenn auch in chinesischen Schriftzeichen. Darunter, zugegeben fast nicht zu lesen, ist sie für uns Europäer in lateinischer Schrift hinzugefügt, wenn auch in englischer Sprache. Zu Deiner Absicherung unterschreibe ich, als der Vermittler, auch noch darunter.“

Erstmals sah ich damals seine Unterschrift, lesbar und bescheiden: Arno d. l. M. - di Longhi. „Arno, warum hast Du denn den Namen Deiner Mutter herausgestellt und unseren Familiennamen gerade mal mit Buchstaben angedeutet“. „Hedi, den einen Grund kennst Du, das Zerwürfnis mit meinem Vater, der mit mir doch nie zufrieden war. Mein Vater wollte doch immer einen anderen Sohn haben, einen, der ihm gleichen sollte an Durchsetzungsvermögen und Energie. Bei meinem letzten Besuch in der Heimat, es war vor drei Jahren, hat er mich wieder einmal grundlos heftig beschimpft und als einen Unfähigen hingestellt. Seine Anwürfe gipfelten in der Aussage: „Bei Dir, der Du aus Eigensinn unbeirrt Deinen Irrweg verfolgst, hat es nicht einmal zu einer Frau, geschweige denn zu Kindern gereicht. Keine Enkelkinder zu haben, das ist eine Strafe des Himmels, die allein Du zu verantworten hast! In der Bibel steht, wachset und mehret Euch. Aber Du Atheist hältst Dich ja ohnehin an nichts von dem, was uns allen dieses Heilige Buch auferlegt!“

Diesen Sermon habe ich mir ungerührt angehört, und ihm dann eines ruhig klar gemacht. Vater, ich werde Dich künftig nicht mehr besuchen, um Dir eine so große Aufregung zu ersparen. Seine Antwort darauf war wieder typisch für ihn: „Damit ersparst Du mir nicht nur weitere Aufregungen, sondern auch Deinen Anblick! Und noch etwas, damit Du Dich von vornherein darauf einstellen kannst, von mit hast Du kein Erbe zu erwarten! Schau zu, wie Du Dich in Zukunft durchschlägst.“ Mir gingen seine Bigotterie und das ständige Drohen mit der Strafe des Himmels schon als Heranwachsender gegen den Strich. Ich hatte es bis dahin als nicht zu ändern hingenommen, doch jetzt hatte er es mit mir endgültig verdorben. Grußlos und traurig verließ ich mein Elternhaus. An Stelle einer direkten Antwort bekam er dann von mir bald darauf einen Brief. Dieser enthielt neben einem Zettel, nur noch die Kopie des einst von unserem Großvater festgelegten Erbvertrags, aber eine persönliche Zeile hielt ich nach dem Vorgefallenen für unangebracht.

Um ihm das Lesen zu erleichtern, habe ich die entscheidende Passage per Marker herausgehoben. Hedi, unser beider Opa, seinen Sohn kennend, ahnte wohl, dass wir, Sohn und Enkel, irgendwann über Kreuz kommen könnten. Er vermachte daher seinem Sohn, meinem Vater, wie seiner Tochter, Deiner Mutter, je 30% am Unternehmen. Die restlichen Anteile von je 20% hat er uns, den beiden Enkelkindern vererbt. Bei meinem Passus war der Text noch mit einem Zusatz versehen. Im Falle des Versuchs einer Enterbung durch meinen Vater, würde mir auch dessen Anteil zufallen. Das schien meinen alten Herrn, der doch so stolz auf seinen Namen und seine Geltung ist, heftig getroffen zu haben, vielleicht kam er deshalb noch zur Besinnung. Denn daraufhin folgte einige Zeit später eine wahrlich eigenartige Reaktion. Ich hatte, um ihn noch etwas zu ärgern, auf dem beigelegten Zettel, nicht mit unserem Familiennamen unterzeichnet, sondern mit Arno di Longhi, dem Mädchennamen meiner frühverstorbenen Mutter. Außerdem habe ich ihn im kurzen Anschreiben nicht mehr als Vater, sondern lediglich mit Herrn de la Motte angesprochen. Diese eigentlich blöde Aktion von mir, hatte er vielleicht als Durchsetzungsvermögen bewertet. Oder er wollte mir zeigen, dass er der Herr des Verfahrens war, und ich eben nur ein armer Schlucker, der es zu nichts gebracht hatte. Und damit hatte er sich getäuscht. In seinem, vermutlich von einem Ödipuskomplex eingefärbten Denken, hatte er einen großen Fehler gemacht. Mein Vater, das ist er nun mal, machte mir ein unerwartetes Angebot, das ich nicht ausschlagen wollte. Langer Rede kurzer Sinn: Er bot mir via Notar seinen Anteil zum Kauf an. Und zwar zum damaligen Schätzpreis! Damit bist Du jetzt im Bilde und kennst die Hintergründe. Nur deswegen war es mir, als dem Mehrheitseigentümer, überhaupt möglich unsere Firma zu einem derart hohen Preis zu verkaufen.

Der neue Eigentümer ist ein reicher chinesischer Geschäftsmann aus Singapur. Er will mit seinen Unternehmen in Europa Fuß fassen. Nur aus diesem einen Grund zahlte er diesen hohen und weit über dem Schätzpreis liegenden Kaufpreis. Wie es in einem solchen Fall nicht anders sein kann, ist dieser überhöhte Kaufpreis jedoch mit einem „Pferdefuß“ verbunden, denn ich muss nun „liefern“. Dies sieht so aus: Umstellung der Produktion auf gut im Markt ankommende Produkte und Senken der Kosten. Und das Ganze ist zudem noch belastet mit der Zielvorgabe, dass nach spätestens drei Jahren die Kosten von den sich abzeichnenden Gewinnen überdeckt werden müssen. Scheitert mein Sanierungsansatz, dann muss ich fast meinen ganzen Verkaufspreis wieder zurückzahlen. Wie gesagt, es geht nur um meinen Anteil! Hedi, Du musst also nicht erschrecken, dies ist zwar eine nicht zu unterschätzende Herausforderung, aber deren ungeachtet auch zu machen! Ich habe nämlich bereits zwei gute Leute an der Hand, die das stemmen werden. Dafür geht dann zwar vieles von meinem Anteil am Verkaufspreis wieder weg, dennoch gehe ich dieses Risiko bewusst ein. Ich habe nämlich – und das gilt, wenn auch abgeschwächt, genauso für Dich Hedi – eine leider nur auf fünf Jahre begrenzte Gewinnbeteiligung herausgeholt. Dies bedeutet für uns beide folgendes: Je früher wir in die Gewinnzone kommen, desto mehr wird uns dann zusätzlich zum Verkaufspreis als Gewinnanteil überwiesen!“

Hedi, die ihm interessiert zugehört hatte, aber auf mich auch etwas beunruhigt wirkte, schaltete sich wieder ein. „Arno, und Du bist der Ansicht, dass Du das schaffst?“ „Hedi, aber ja, denn sonst hätte ich es bestimmt nicht gemacht. Dank dieses Passus ergab sich für uns erst der Vorteil, dass wir diesen hohen Verkaufspreis überhaupt erzielen konnten. Und was mir dabei noch überaus wichtig ist, so müssen wir keine Leute entlassen und können unser beider Erbe anständig übergeben! Hedi, zu Deiner Beruhigung, so etwas mache ich nicht zum ersten Mal. Bisher ist es nur einmal schief gegangen, weil uns der Verkäufer gekonnt ausgetrickst hatte. Damals musste ich einen herben Verlust verbuchen. Aber selbst diese Niederlage zeitigte einen Nutzen, denn wir haben dadurch gelernt, auf bestimmte, kritische Punkte noch genauer zu achten. Soweit ein kurzer Einblick in mein Dasein als „Heuschrecke“ und Sanierer.“ Hedi war geplättet! „Arno und davon lebst Du?“ „So ist es, dies ist ein Nervenkitzel und Dauerstress zugleich, und nicht darauf angelegt, es ein Leben lang zu machen. Obwohl, was ich an der Stelle nicht verhehlen will, es mich riesig freut, wenn dir viele Menschen danken, denen du den Arbeitsplatz erhalten hast und ihnen eine gute Zukunft ermöglichst!“

Jetzt habe ich mich eingeschaltet und Arno gefragt, ob er denn davon wirklich gut leben könne? Er lachte leise: „Cecilia, wenn Sie den Begriff Leben nur auf das Einkommen reduzieren, dann schon. Es bringt weit mehr als nur vier Mark fünfzig ein. Wenn Sie jedoch den Begriff Leben auf Lebensqualität ausdehnen, dann kommt diese in meinem Dasein kaum vor. Auf einen Nenner gebracht: Dann hast du zwar viel Geld, aber weder richtige Freizeit noch eine Familie, ja nicht einmal eine Heimat. Weder eine geographische noch eine emotionale, und mit diesem Zustand bin ich immer stärker unzufrieden. Diese Einschränkungen sind ein hoher Preis, einen, den ich nicht länger zu zahlen bereit bin. Das würde mein alter Herr nie verstehen, der kreiste doch immer nur um zwei „Götzen“, um Geld und um Geltung. Er legte großen Wert auf Äußerlichkeiten und würdiges Gehabe. Er muss sich wohl innerlich sehr schwach fühlen, wenn er andere unterdrücken muss, nur um vor sich selbst stark und mächtig zu wirken. All dieses Gehabe kannst du dir im Ausland abschminken. Da geht es – vor allem in Ostasien – um Vertrauen in dich als Person, deine Kompetenz und Integrität!“

Hedi, die auch diesen Hintergrund nicht kannte, schüttelte ein übers andere Mal den Kopf. „Arno, Du musstest in Deinem Leben schon viel schlucken, aber jetzt erst begreife ich euren ständigen Konflikt. Onkel Paul, der im Betrieb wegen seiner ätzenden Art gefürchtet war, hat auch vor Dir nicht halt gemacht. Einen harten Mann wollte er aus Dir machen, und hat damit alles verspielt. Jetzt begreife ich auch die Worte unserer klugen Oma: Meide diejenigen, die sich im Stande der Gewissheit wähnen und dies nicht für sich behalten können. Sie orientieren sich nicht an Fakten und negieren die Realität. Diese Menschen kennen nur sich, machen sich ein weit überhöhtes Bild von sich selbst, auch von dem was sie zu sagen haben, und was sie angeblich können. Und dies auf der Basis ihrer angemaßten „Bildung“. Oder wie in Deinem bedauerlichen Fall, auf dem Fundament der von ihnen selbst interpretierten Bibelstellen.“

Arno nickte und schob noch etwas nach: „Hedi, ihn hat doch mein beruflicher Werdegang nie interessiert. Ich sollte nur das tun, was er sich für mich vorgestellt hatte. Für ihn waren doch ein Studium und gar noch ein Doktortitel nichts als vertane Zeit, eine, die weit besser mit praktischem Tun ausgefüllt sein sollte. Zu meinem Studium gehörte auch Betriebspsychologie. Auf der hier gelernten Analysetechnik, habe ich versucht, unseren Dissens zu ergründen und bin zu folgender Annahme gelangt. Vielleicht wollte mein depressiv gestimmter Vater unbewusst die ihn bedrängenden Ängste bekämpfen, wenn auch meines Erachtens mit den falschen Mitteln. Weit überzeichnet sehe ich es heute so: Er wollte die eigene Schwäche mit markigen Sprüchen übertünchen, und seine eigene Bildungsschwäche mit apodiktisch dargelegten „Weisheiten“ verdecken. Und vor allem die Bibel – laut seiner Aussage die Grundlage allen Seins – in seinem engen Sinn zu instrumentalisieren. Eigentlich ist er ein armer Hund, einer der Hilfe gebraucht hätte, so er sie denn überhaupt hätte annehmen können. Mir tut er heute leid, aber ein auf ihn Zugehen, das schaffe ich nicht mehr. Zu oft hat er mich angegriffen, und auch alle meine beruflichen Erfolge als verdummte Zeit bewertet.“ Arno bat darum diese Beichte beenden zu dürfen, denn sie würde ihn jedes Mal zu sehr aufwühlen.

„Der andere Grund, um wieder auf meinen veränderten Nachnamen zurückzukommen, ist viel simpler. Ich muss in meinem Beruf ständig viele Unterschriften leisten, dabei wäre ich mit meinem vollen

Namen viel zu lange aufgehalten. Ja, und was mir gerade einfällt, es gibt noch einen weiteren Grund. Ich will nicht ständig danach gefragt werden, woher denn der Name stammt und ob ich von Adel wäre." „Aber das sind wir doch, Arno, übrigens auch Cecilia, deren Vater ein Cavaliere ist!" „Das stimmt schon Hedi, aber dort wo ich bisher zuhause war, besser gesagt, gearbeitet habe, ist ein Adelsprädikat eher hinderlich. Für etliche kritische Geschäftsleute ist es manchmal sogar ein Indikator für Protektion, und diesem Verdacht wollte ich mich auf gar keinen Fall aussetzen!" Arno schaute leicht erschrocken auf seine Uhr und entschuldigte sich, dass er die beiden Damen ungebührlich lange mit seinen eigenen Problemen belästigt habe.

„Lieber Arno, im Gegenteil, und sollte es Dir nicht eilen, dann könnten wir doch zusammen noch einen Kaffee trinken. Mich würde es freuen." „Hedi aber gerne, wir sind derart schnell zur Übereinkunft gelangt, dass ich gerne noch etwas bleiben will. Außerdem habe ich in Italien für heute weder ein konkretes Zwischenziel, noch irgendwelchen Termindruck. Ich muss nur heute Abend irgendwann in dem gebuchten Hotel in Bozen ankommen. Ob ich jetzt gleich fahre oder ein paar Stunden später, das ist also ohne Belang. Ich will nur an einem der nächsten Tage bei meiner Mami aufkreuzen."

„Arno, Du hast also doch ein konkretes Ziel. Du willst Tante Cornelia besuchen; bitte grüße sie ganz herzlich von mir, ich denke immer wieder mal an sie." „Das mache ich gerne, darüber wird sie sich bestimmt freuen. Ich kenne bisher nur die Adresse ihres Heimes, das in der Nähe von Padua liegt. Lange haben wir uns nicht mehr direkt gesehen, aber jede Woche miteinander telefoniert, denn die Mami war doch der große Lichtblick meines Kinderlebens. Ihre Herzlichkeit und Zuneigung waren für mich so wie ein schöner Sommertag, heiter und wärmend. Sie wollte mich wie auch unsere Großeltern, vor dem fordernden und strengen Vater schützen. Ein wenig hatte sie das ja auch geschafft. Sollte ich irgendwann wieder in Europa sesshaft werden, was ich übrigens anstrebe, dann möchte ich sie in meine Nähe holen und mich um sie kümmern. Das hat meine „Ersatz-Mutter“ mehr als verdient.“

Als er dies erzählte, erlebte ich einen andern, einen weichen und fürsorglichen Mann, dem ich diese Seite nicht zugetraut hätte. Nun lag sein Fahrtziel noch dazu unweit des meinen. Sollte ich ihn um eine Mitfahrt bitten? Hedi kam mir da zuvor. „Arno, Cecilia hat bei mir in München nur Zwischenstation gemacht. Sie ist auf dem Weg nach Italien, und hat fast den gleichen Weg vor sich wie Du. Denn sie will doch zum siebzigsten Geburtstag ihres Vaters in Sassone dabei sein, das im Veneto liegt. Sie wollte morgen mit dem Zug in ihre Heimat fahren und müsste dabei samt ihrem vielen Gepäck auch noch mehrmals umsteigen. Könntest Du Dir denn vorstellen, meine Freundin Cecilia mitzunehmen.“

Seine Antwort kam ohne Zögern: „Cecilia, wenn Sie sich mir anvertrauen wollen, dann bin ich gerne Ihr Chauffeur. Und ein kleiner Umweg hin zu Ihrem Elternhaus, der ist dann bestimmt auch noch drin.“ Arno muss mir meine Erleichterung und Freude angesehen haben, denn er lächelte mir aufmunternd zu. Ihm schien der Gedanke zu gefallen, eine Unterhaltung auf der weiten Fahrt zu haben. Und so ähnlich drückte er sich nun auch aus: „Cecilia, ich kenne Sie zwar bis jetzt nur vom Sehen, aber ich habe Sie gestern als – Sie verzeihen meine direkte Aussage – „normal“ erlebt.“ „Vielen Dank für dieses Kompliment“ entgegnete ich ihm unter fröhlichem Lachen. Und das sei laut meiner Eltern stets ansteckend. Es trog auch diesmal nicht, denn Arno stimmte in mein Lachen ein. „Cecilia, das passt ja bestens, und soweit trägt meine Menschenkenntnis schon, ich verspreche mir eine angeregte Unterhaltung. Vielleicht können wir uns sogar phasenweise in Ihrer Muttersprache unterhalten, denn so kann ich mein Italienisch wieder etwas auffrischen, und wir haben dann beide etwas davon. Sie ersparen sich die lästige Zugfahrt und ich bekomme einen gratis Sprachunterricht.“

Ich wusste nicht wie mir geschah. Statt einer Zugfahrt mit lästigem Umsteigen, noch dazu mit meiner ganzen Habe belastet, durfte ich nun bequem zum Ziel gelangen. Meinem Vater müssen in diesem Augenblick die Ohren geklingelt haben, denn mein Handy meldete sich. Er wollte mir mitteilen, dass sein Geburtstag nicht daheim in Sassone gefeiert werden würde, sondern morgen Abend in den Monti Berici. Papa, feiern wir am Ende gar im mondänen Hotel Michelangelo? Das können wir uns doch gar nicht leisten! Er lachte und teilte mir vergnügt mit: „Schätzchen, meine lieben Schwestern haben zusammengelegt, sie wollen die Feier und das Übernachten bezahlen."

Wegen des besseren Empfangs telefonierte ich auf Hedis Terrasse, und dort stieg ein kühner Gedanke in mir auf. Ich deutete ihm an, dass ich dieses Mal statt mit einer Freundin mit einem jungen Mann aufkreuzen würde. Dies war mir spontan rausgerutscht, doch ich hätte es besser unterlassen sollen, denn mein lieber Vater stieß einen Freudenschrei aus. Ohne es bewusst zu wollen. hatte ich ihm damit die Illusion vermittelt, dass er vielleicht doch noch Enkel bekommen könnte. „Cecilia, wie heißt denn der junge Mann?" Arno! „Und wie weiter?" De la Motte-di Longhi. „Schätzchen, sag bloß noch, dass Dein Freund ein Adeliger ist." Ja! „Ich werde verrückt vor Freude! Wenn das kein Geburtstagsgeschenk ist!" Papa war außer sich vor Freude, und ich? In meiner Spontanität hatte ich mich in eine ziemlich dumme Situation hineinmanövriert. Und aus dieser konnte mir jetzt nur noch Arno selbst raushelfen. Aber ob der bei dieser „Comedia" mitspielen würde, er, der so ernsthafte und nüchterne Mann?

Was ich nicht wissen konnte, war, dass Arno seine Cousine gefragt hatte, ob ich denn eine ähnliche Veranlagung hätte, wie sie, Hedi. Sie machte ihm klar, dass lesbische Frauen auch mit „normalen" Frauen befreundet sein können. Und Cecilia sei, wie er ja schon treffend festgestellt habe, durchaus „normal", und dies auch in ihrer sexuellen Orientierung. Hedi drehte den Spies um und wollte wissen, ob ihren Cousin Arno dies interessiere, weil ihm Cecilia gefalle, und er antwortete ohne Umschweife. „Hedi, Cecilia mag ja nicht unbedingt als große Schönheit gelten, aber durch ihre herzliche Art gewinnt sie immer mehr. Sie gefällt mir nicht nur als Person, sondern auch als eine mich anziehende Frau. Mal sehen, ob wir uns auf der langen gemeinsamen Fahrt noch näher kennen lernen. So eine Frau habe ich mir nämlich immer vorgestellt, klug, warmherzig und fröhlich. Ich leugne es erst gar nicht, wenn auch sie mich nicht total unattraktiv und langweilig findet, dann will ich mein Glück bei ihr versuchen." Mehr konnten die beiden nicht mehr klären, denn ich betrat nun wieder das Wohnzimmer.

Sollte ich nun mit offenen Karten spielen, oder nicht? Ich musste es wagen, auch auf die Gefahr hin, dass ich den Arno damit verprellte. Also beichtete ich kleinlaut meinen spontanen Lapsus, bat dabei um Nachsicht, weil ich meinem kranken Vater aus dem Bauch heraus eine große Freude gemacht hatte. Und jetzt wieder einen Rückzieher machen, das könne ich ihm doch nicht antun. Was ich nicht erwartet hatte, war ein verständnisvolles Lachen von Arno und eine mich rettende Antwort. „Cecilia, ich bin zwar alles andere als ein Schauspieler, aber ich kann Sie doch jetzt nicht im Stich lassen. Mir kommt gerade ein ähnlicher Gedanke. Meine liebe Tante frägt mich fast jedes Mal wenn wir miteinander telefonieren, wann denn endlich einmal ein weibliches Wesen in meinem Leben erscheinen würde? Cecilia, nicht um den heißen Brei herumgeredet, ich werde Sie zum Geburtstag ihres Vaters begleiten, und Sie besuchen mit mir zusammen meine Tante. Abgemacht?" Mir purzelten Steine vom Herzen, das war die Rettung, und ich sagte es ihm gerne zu. Die Reise konnte beginnen.

Glückliche Reise

Arno ließ es sich nicht nehmen, meine drei schweren Koffer in seinem großen Auto zu verstauen. „Cecilia, ich bin doch jetzt Ihr Chauffeur, und der hat gefälligst seiner Herrschaft abzunehmen, was ihm möglich ist!“ Mehr und mehr kam jetzt bei ihm ein kleiner Schelm zum Vorschein, von wegen langweilig und nüchtern. Ich korrigierte mich gerne, denn Arnos Rettung aus meiner Misere, hatte mich sehr für ihn eingenommen. Und er nahm mir auch noch ein anderes typisch weibliches Problem ab, denn ich wollte eigentlich in München noch einen Friseur aufsuchen, um an meines Vaters Geburtstagsfeier dem Anlass gemäß erscheinen zu können. Ich wusste doch, dass meine Familie den Geburtstag im mondänen Nobelhotel „Michelangelo“ festlich begehen wollte. Ich selbst war letztmals als Kind in diesem edlen Haus gewesen. Wir waren noch nicht losgefahren, als ich ihm diesen Wunsch eingestand. Er lächelte verstehend und meinte: „Cecilia, wenn es weiter nichts ist, dann regele ich das.“ Er griff zum Telefon seines Luxusautos und wählte die Nummer des Hotels, in dem wir am Abend übernachten wollten. So bekam ich am nächsten Morgen einen Termin bei einem der besten Friseure von Bozen reserviert und war darüber höchst erfreut.

Was dieser Arno so alles im Nu regelte, mein Zimmer im Hotel, ein Abendessen für uns in einem guten Restaurant und nun auch noch einen Friseurtermin. Er reservierte zudem noch eine Führerin, die uns auf einem kurzen Rundgang durch Bozen begleiten sollte. Noch in München hatte er an der nach Süden führenden Ausfallstraße, eine Bäckerei erspäht und sogleich davor angehalten. Dort kaufte er für uns, wie er launig bemerkte, eine „Bordverpflegung“. Frische Butterbrezeln und belegte Semmeln orderte er, deren Belag er zuvor mit mir abgeklärt hatte. Derart umsorgt zu werden, das kannte ich nicht, aber ich genoss es. Arno war sehr um mein Wohlbefinden bemüht.

„Cecilia, wie fahren wir? Über die Berge nach Innsbruck, oder aber über die Autobahn?“ Das überlasse ich gerne Ihnen. Er hatte feinfühlig mein Zögern mitbekommen, und hakte deswegen nochmals nach. Ich räumte ein, dass meine Präferenz bei der Fahrt über das Gebirge liegen würde. Das schien ihm ganz recht zu sein, denn er steuerte daraufhin die Garmischer Autobahn an. In diesem Auto, wie ich erfuhr ein großer Lexus, saß ich bestens, und genoss die sanfte Fahrt. Ich wollte wissen, warum er denn dieses japanische Auto gemietet hatte, wo es doch auch adäquate deutsche Autos geben würde. „Cecilia, dieses Auto ist nicht gemietet, es gehört mir. Ich habe es von Singapur aus geordert und es genauso bekommen, wie ich es mir vorgestellt hatte. Sicher sind die drei deutschen Nobelautos gleich gut, vermutlich sogar noch besser als ein Lexus. Aber ich wollte weder die schon gewohnte Marke noch den Typ wechseln. Außerdem bewegte mich noch ein anderes Motiv, das ich Ihnen, der Italienerin, nicht gerne aufdecke: Ein großer Lexus stößt, zumindest laut meiner Recherche, südlich der Alpen bei den Langfingern auf wenig Interesse.“

Arno fuhr zwar zügig, aber keineswegs so wie ein Macho, was für ein Unterschied zu meinem „Verflossenen“. Ich wunderte mich über mich selbst. Was war denn auf einmal in mich gefahren, dass ich so plötzlich auf die Idee kam, den feschen, aber völlig unzuverlässigen Marko, mit Arno zu vergleichen? Und je mehr ich dies in meinen Gedanken so tat, desto ernüchterter wurde ich. Marko, von dem ich mich vor zwei Jahren getrennt hatte, war ein gut aussehender Mann. Aber auch einer, der das Leben locker nahm und es beruflich nicht weit gebracht hatte. Ehrlich eingestanden galt damals eines: Gingen wir miteinander zum Essen, dann bezahlte in der Regel stets ich. An der Miete meiner Wohnung hatte er sich nie beteiligt und meinen VW-Golf nützte er mehr als ich, die jedoch meistens das Benzin bezahlen durfte. All das war für den Charmeur Marko völlig selbstverständlich, so wie auch die finanzielle Unterstützung durch seine Großmutter. Geschenkt hatte er mir nie etwas, nicht einmal Blumen zum Geburtstag. Selbst als ich ihn bei einem, übrigens bei uns gar nicht so seltenen Krach, wütend einen Schmarotzer nannte, da ließ er dies ungerührt an sich abgleiten. Er meinte wohl, dass ich ohne ihn nicht zu leben vermochte, was ja ehrlich gesagt für ganze vier Jahre so stimmte. Bei meiner Mutter kam er ja noch halbwegs an, mein Vater dagegen entwickelte massive Vorbehalte gegen ihn, er konnte diesen „Bruder Leichtfuß“ nur schwer ertragen. Diese leider zutreffende Bezeichnung hatte übrigens er ihm verpasst. Auch bei meinen Tanten, Vaters Schwestern, kam er nicht gerade gut an. Vaters gezielte Nachfragen nach Markos konkreten Zukunftsplänen, bog dieser, noch dazu mit meiner Hilfe, immer wieder gekonnt ab.

Getrennt haben wir uns erst dann, als er ein Verhältnis mit einer Kollegin anzettelte, und davon ausging, dass ich dies nicht bemerken würde. Damit hatte er sich erstmals verrechnet, und ich zog endlich, wenn auch schweren Herzens, einen Schlussstrich. Seitdem war ich Single, litt manchmal unter der Einsamkeit und verbiss mich in meine Arbeit in einer renommierten, aber schlecht zahlenden Kanzlei. Als ich vor einem Monat vorsichtig um eine Gehaltserhöhung bat, beschied mich der Chef, dass diese nicht drin sei. Er „krönte“ seine Ablehnung mit dem zynischen Satz: „Frau Martino, draußen warten Heerscharen von Juristen auf einen frei werdenden Arbeitsplatz.“ Damit ging er jetzt zu weit, denn ich kündigte ihm auf der Stelle. Kein Wort des Bedauerns mir gegenüber, der „feine“ und auch wohlhabende Anwalt sah so wie immer nur seine Interessen. Daheim in meiner kleinen Wohnung angekommen, entschied ich, dass ich diesem kalten Deutschland den Rücken zukehren werde. Nach Ablauf der Kündigungsfrist packte ich meinen Hausrat in zwei meiner drei Koffer, verkaufte zuvor noch mein Auto, um nicht völlig mittellos in der Heimat anzukommen, und begab mich auf den Weg zurück in die Heimat.

Weiter kam ich nicht mit diesem rückwärtsgewandten und nutzlosen Sinnieren, denn ich schreckte auf. Einer dieser verrückten Schnellfahrer musste wegen einer Baustelle abrupt vor uns einscheren, und zwang damit Arno zu einem heftigen Tritt auf die Bremse. Marko hätte sich vor Zorn nicht mehr eingekriegt, den anderen Autofahrer alles geheißen, was so in einem Tierpark kreucht und fleucht. Außerdem hätte er seinem Kontrahenten den Vogel gezeigt. Und wie reagierte Arno? Gelassen bemerkte er: „Wenn dieser verrückte Knabe so weiterfährt, dann kann seine Endstation bald Krankenhaus lauten.“

Zwar wusste ich noch wenig zu und über meinen „Chauffeur“, aber was konnte er gegen Marko ins Feld führen? Arno hatte es offenkundig beruflich weit gebracht. Was er allerdings studiert hatte, das wusste ich zwar noch nicht, aber es musste ein sehr qualifiziertes Studium gewesen sein. Ich fragte ihn daher – zugegeben auch neugierig – unterwegs danach. Er habe in den Vereinigten Staaten in einer Stadt an der Ostküste an einer renommierten Uni studiert. Hier hatte er dann mit dem Master of Business Administration abgeschlossen. Letztlich hatte er dort sogar noch promoviert, obwohl er dies eigentlich nicht vorgehabt hatte. Warum er es dann doch gemacht habe, wollte ich wissen, aus Ehrgeiz oder weil der Titel gesellschaftlichen Status verleihen würde? Er schüttelte den Kopf, mir kam es vor, als hätte ihn meine Frage belustigt. „Weder noch, mein Professor zeigte ein großes Interesse an meiner Masterarbeit, er bat mich nach deren Abgabe darum, diese mit einer Doktorarbeit noch zu vertiefen.“

„Du bist also ein Dottore und hast uns das bisher verschwiegen. Das wird meinem Vater mächtig imponieren!“ „Cecilia, dem Ihren vielleicht schon, aber mein alter Herr hielt dies nur für einen völlig überflüssigen Umweg zur Realität der Berufswelt.“ Als ich mich für das Duzen entschuldigte, da entgegnete er: „Liebe Cecilia, bei Deinem Vater per Sie aufzutreten, wäre ohnehin nicht glaubhaft, also bleiben wir beim Du!“ Was mir auch ganz recht war.

Unsere Fahrt wurde leise begleitet von sanfter Musik, aber es waren keine mir vertrauten Töne. Seine CDs enthielten weder Popmusik noch eine andere, in unserer Generation verbreitete Musik. Nun denn, seine Musik störte mich ja nicht weiter, und was ich nicht erwartet hatte, sie ließ sich sogar hören. Als seine Beifahrerin verkniff ich mir allerdings entsprechende Nachfragen zu seinem Musikgeschmack. Ich musste doch froh sein, mitgenommen zu werden. Unweit von Seefeld nahmen wir auf einem Parkplatz, mit schönem Ausblick auf die alpine Landschaft unsere „Bäckermahlzeit“ ein. Stilles Wasser hatte Arno in München auch noch gekauft, und mir ein Marzipan-Glücksschwein dazu. Woher wusste er denn, dass ich Süßes mochte? Hatte er von meiner nicht gerade gertenschlanken Figur darauf geschlossen? Dieser Arno wurde mir immer rätselhafter, aber auch immer vertrauter. Und diesem Gefühl überließ ich mich nun mehr und mehr.

An der Rezeption des kleinen Hotels in Bozen bekam ich - davon so überrascht wie angetan - mit, dass Arno ein Conte war. Er rückte damit aber erst auf Nachfrage der Frau am Empfang heraus. Unsere Zimmer in dem kleinen aber noblen Bozener Familienhotel lagen nebeneinander. Arno hatte mir generös die Wahl des Zimmers überlassen, wieder zeigte er sich als Gentleman. Erst dabei wurde mir bewusst, dass, so wie ich meinen Vater einschätzte, es für uns im Hotel Michelangelo bestimmt nur zu einem Doppelzimmer reichen würde. Eigenartigerweise beunruhigte mich dies nicht. Ich wollte es erst einmal auf mich zukommen lassen. Unbewusst spielte ich wohl schon damals mit dem Hintergedanken, dass aus uns ein Paar werden könnte. Der schöne Abend in Bozen bestärkte mich in der Annahme noch tiefer. Solch ein tolles dreigängiges Mahl schien für Arno etwas Gewohntes zu sein, für mich aber nicht. Derartige Gaumenfreuden konnte ich mir mit meinem kleinen Salär nicht leisten. Mit Sekt zu starten, von edlem Wein begleitet zu essen, das genoss ich sehr. Und erst dieser köstliche Nachtisch, für mich ein zum Genuss gewordenes kulinarisches „Gedicht“. Wir wurden immer vertrauter miteinander, hatten uns gegenseitig so manches aus unserem bisherigen Leben erzählt, und es durch Fragen weiter zu erhellen vermocht.

Arno, das bekam ich jetzt so verwundert wie erfreut mit, zeigte ein ehrliches Interesse an mir. Ich schien ihm also zu gefallen. Und er mir? Arno entpuppte sich nicht nur als gebildeter Mensch, sondern auch als ein guter Zuhörer. Er hatte etwas zu sagen, sowie beste Manieren und nahm mich immer mehr für sich ein. Seinem Businessanzug hatte er an diesem Abend mit einem Schal und Einstecktuch die vorherige Herbheit genommen, so wie ich ihm mit meiner fröhlichen Art, was er mir so nebenbei spiegelte. Ob ich mich da schon in ihn verliebt hatte? Vermutlich schon, und eines wurde mir bereits in Bozen bewusst, Arno wurde mir immer sympathischer. Mit ihm an der Seite würde ich meinen Eltern eine große Freude bereiten, und ich „Bella Figura", ein erfreulicher Gedanke.

Beim gemächlichen Schlendern durch das belebte und abendlich schön beleuchtete Bozen, hängte ich mich bei ihm ein. Mehr war es noch nicht, aber ich hatte das Empfinden, dass wir es beide als wohlig erlebten. Die Verabredung mit einer Stadtführerin hatte er auf meinen Wunsch hin abgesagt, ihr Honorar bekam sie dennoch von Arno. Ich wollte ihn an diesem Abend nicht mit einer anderen Person teilen müssen, und tat gut daran. So konnten wir das köstliche Essen ohne Termindruck ausdehnen, und danach nach Herzenslust Bozens Innenstadt erkunden. Ich war zuvor noch nie in Bozen gewesen und empfand diese anheimelnde Stadt mit ihren Laubengängen und dem großen Waltherplatz als letzte Bastion des Nordens, aber auch als Ankündigung des Südens.

Vor einem leider schon geschlossenen Textilgeschäft verharrte ich länger, denn in dessen Auslage waren eine sehr schöne Bluse mit Kelchkragen und daneben ein edler Rock aus Rohseide ausgestellt. Deren Preisschilder bestätigten sogleich, dass diese Kombination exquisit sein musste. Mein Bedauern, die hätte ich gerne erworben, nahm er lächelnd zur Kenntnis, sagte dazu aber nichts, auch nicht zu meinem Bemerken, dass ich mir dies ja ohnehin hätte nicht leisten können.

Arno machte bei der Rückkehr ins Hotel keinerlei Anstalten mit mir das Bett teilen zu wollen, wieder ein Beweis seiner edlen Gesinnung. Aber einen Wangenkuss bekam er dennoch von mir, einen herzlichen Dank für den schönen Abend dazu und natürlich für seine großzügige Gastfreundschaft. Meinen, es sei zugegeben, schwachen Versuch, mich am Essen zu beteiligen, wehrte er lächelnd ab. „Cecilia, es ist nur fair, wenn ich die Auslagen übernehme, denn durch Dich darf ich heute alles viel intensiver und schöner erleben als bisher, und das hat mir all die letzten Jahre gefehlt. Solch eine Gemeinsamkeit ist etwas Wunderbares nach dieser meiner langen Zeit als Getriebener. Daher danke auch ich Dir herzlich für diesen besonderen Abend.“ Wir verabredeten uns für 8.00 Uhr zum Frühstück, stellten dabei fest, dass wir beide Frühaufsteher waren.

Das Frühstück, bei mir sonst nur ein schnelles, liebloses Hinunterschlingen, um zur Arbeit zu huschen, verlief heute so ganz anders. Wir waren zu zweit, unterhielten uns vertraut und genossen das so gar nicht italienisch ausfallende üppige Morgenmahl. Könnte das denn in Zukunft vielleicht immer so sein? Diese Frage hatte ich mir schon am Abend davor immer wieder mal gestellt. Arno schienen ähnliche Gedanken zu bewegen, die er nun äußerte: „Cecilia, mit Dir an der Seite fängt mein Tag so völlig anders an als sonst, was ich sehr genieße.“ Dann erinnerte er mich an den Termin beim Friseur, zu dem er mich auch geleitete. Er selbst nahm danach genau den Weg, den wir am Abend zuvor schon gegangen waren. Was er dort wohl suchte? Das würde ich dann ja vielleicht später erfahren.

Ich wunderte mich einmal mehr über mich. Ging mich denn das etwas an, wie es Arno ging und was er unternahm? Verhielt ich mich am Ende schon so, wie es sonst nur eine mitfühlende Ehefrau tun würde? Seit gestern Abend, und noch verstärkt durch das gemeinsame Frühstück, erlebte ich mit Arno einen Mann, der mich mehr und mehr interessierte. Warum war ich denn in eine derartige Gefühlslage geraten? Arno hatte mein bis dahin in ruhigem Fahrwasser dahindümpelndes Dasein durcheinander gebracht. Sein „Eindringen“ in meine bisher, zumindest vordergründig betrachtet, geordnet erscheinende kleine Welt, ließ in mir viele Fragen aufsteigen. Und erreichte dadurch, dass ich mein Dasein plötzlich hinterfragte und mich veranlasst fühlte, meine Zukunft neu zu überdenken.

Da saß ich nun im bequemen Sessel beim Friseur, und konnte und wollte eines nicht mehr ausschließen, ein gemeinsames Leben mit Arno. Warum denn auf einmal diese Wendung? Hatte mich am Ende soeben ein Anflug von Torschlusspanik ereilt? Das vermochte ich noch überzeugt zu verneinen. Aber eines gelang mir nicht, den Gedanken zu verdrängen, mich mit Arno zu verbinden! Ich musste mir jetzt eingestehen, dass mich Arno inzwischen nicht nur interessierte, es war bei mir bereits um einiges weiter gediehen. Ihn mir als meinen künftigen Mann vorzustellen, das war für mich auf einmal kein abwegiger Gedanke mehr. Hatte ich mir denn in früheren Jahren nicht einen kultivierten und gebildeten Herrn als Ehemann vorgestellt? Aber so einen, wie den optisch mäßig attraktiven Arno? Ihm konnte ich jedoch inzwischen die vorgenannten Attribute zubilligen. In meinen Jugendträumen sah ich mich einst als Prinzessin und meinen Liebsten natürlich als einen feschen Prinzen. Aber war ich denn heute für die Männerwelt dann so etwas wie eine Prinzessin, oder wenigstens eine sehr attraktive Frau?

Als ich mir diese Frage stellte, da erblickte ich mich im Spiegel und versuchte, mich kritisch anzuschauen: Cecilia, was wäre denn, wenn Du Dir als eine Fremde begegnen würdest? Welcher Eindruck von dieser fremden Cecilia hätte sich Dir aufgedrängt? Wenn Du es schaffen könntest, Dich selbst einmal völlig neutral zu betrachten, wie würdest Du Dich dann einstufen? Du bist sicher nett, aber leider keine optisch attraktive, noch dazu auch eine wenig begüterte und nicht mehr taufrische Frau über den Dreißig. Eine arbeitslose Juristin noch dazu. Durfte ich auf dieser Basis dann derart hohe Maßstäbe anlegen, wie ich sie zuvor in mir gewälzt hatte? Arno war zweifellos ein gepflegter, erfolgreicher und lebenserfahrener Mann, und er zählte nicht zu den Armen. Sah ich mal von seinem Aussehen ab, dann entsprach er doch weitgehend meiner einstigen Vorstellung von einem gutsituierten erfolgreichen Herrn.

Und warum war ich dann vor Jahren bei einem leichtlebigen Sunnyboy hängengeblieben, der keineswegs diesem reduzierten Idealbild entsprach? Hatte mich mit einem „Mann“ eingelassen, der unzuverlässig, launisch und wenig erfolgreich war? Suchte ich damals nur einen Gegenpol zu mir, die als Juristin gewohnt war Sachverhalte nüchtern zu analysieren. So nach dem psychologischen Motto „Gegensätze ziehen sich an“? Oder ging es mir in dieser Beziehung vielleicht unbewusst darum Macht auszuüben, um selbst stärker zu wirken, als ich es in Wirklichkeit war? Als ich mich mit diesem Gedanken etwas eingehender beschäftigte, da erhärtete sich dieser Verdacht. Echte Männer abzulehnen oder nicht zur Kenntnis nehmen zu wollen, das war dann also nichts anderes als ein Schutzzaun um meinen kleinen Machtbereich! In diesem mondänen Friseursalon fiel dieses mein inneres Kartenhaus so in sich zusammen, wie eine morsche Hütte beim ersten Herbststurm. Mir wurde jetzt eines klar, was ich wirklich suchte, das war eine Schulter, an die ich mich anlehnen konnte, so wie an einen kräftigen Baum! Und der Mann, den ich unbewusst gesucht hatte, der trat nun in den Salon.

Arno verhandelte kurz mit der Dame am Tresen, zückte seine Börse und gab ihr einen Schein. Hörte ich es vielleicht nur falsch? Hatte Arno nicht von seiner Frau gesprochen, deren Rechnung er begleichen wolle? Wie hätte mich diese „Aneignung“ vor kurzem noch empört. Und jetzt? Sollte ich mich nicht verhört haben, dann, und das gestand ich mir jetzt ein, gefiel mir seine Aussage, meine Frau. „Mein Mann“ Arno ging wieder hinaus und ich wusste, dass er draußen auf mich warten würde. Und dies nicht nur heute, was für ein befreiender Gedanke, dem ich mich jetzt nur allzu gerne überlassen wollte. So wie früher als Kind meinem geliebten Vater. Und dem würde ich heute Abend seinen künftigen Schwiegersohn vorstellen können, dessen war ich nun gewiss.

Als ich aus der Türe trat, da pöbelte mich ein Betrunkener an und versuchte mich zu küssen. Mich ergriff ein lähmender Schrecken, in meiner Angst vergaß ich völlig, dass ich ja nicht alleine war. Denn nun erlebte ich Arno als meinen Retter und Beschützer. Dieser versuchte Übergriff bekam dem betrunkenen Kerl nicht gut. Arno herrschte den üblen Typen mit eiskalter Stimme an: „Lass sofort meine Frau los!“ Das tat der Betrunkene zwar, griff aber jetzt zu seinem Spring-Messer, und machte Anstalten sich damit auf Arno zu stürzen, was er besser unterlassen hätte. Ehe der ekelhafte Kerl sich nämlich noch versah, hatte ihm Arno mit dem rechten Bein das Messer aus der Hand geschlagen und ihn mit einem Hieb der rechten Faust auf das Kinn außer Gefecht gesetzt. Alles geschah blitzschnell, es lief ab in einer einzigen flüssigen Bewegung. Der widerliche Betrunkene sank zu Boden, krümmte sich vor Schmerz und lallte vor sich hin.

Ich war meiner Erstarrung wieder entronnen und sank in Arnos Arme. Erstmals küsste ich ihn innig und dankbar auf den Mund. Und er? Er war weder überrascht noch pikiert, denn er erwiderte meinen Kuss nicht minder innig. Mir rutschte dann noch raus: Arno Caro, jetzt bist Du auch noch zu meinem Beschützer geworden, was für ein erhebendes Gefühl! Dann wurde ich mutig: Arno, Du hast nun zum zweiten Mal gegenüber Fremden von mir als Deiner Frau gesprochen. Was hat Dich denn dazu bewogen? Wolltest Du nur Deinem Handeln einen anderen, einen seriöseren Anstrich geben? Arno lachte verschmitzt: „Aber nein, es ist mir zwar so herausgerutscht, aber ich habe deswegen überhaupt kein schlechtes Gefühl. Ich gestehe Dir nun eines ein, ich habe mich in Dich verliebt und hoffe inständig, dass Du mir dies nicht übel nimmst.“ Meine, angesichts der vielen Menschen rundum, zwar leise, aber mit verhaltenem Jubel eingefärbte Antwort, war eindeutig: Caro, ich freue mich riesig darüber, denn auch ich habe mich in Dich verliebt, und wie! Der Kuss den wir uns dann gaben, war für uns das glühende Testat der Liebe, die uns nun verband.

Eng umschlungen setzten wir unseren Weg zurück zum Hotel fort, denn wir hatten ja zugesagt, unsere Koffer in einen Raum neben der Rezeption zu bringen. Kaum dass wir in unseren Zimmern angekommen waren, überraschte mich mein!!! Arno erneut. Er stellte mir die bis heute unvergessliche Frage: „Cara, willst Du meine Frau werden?“ Dieses Mal musste ich meinen Jubel nicht zurückhalten, und sagte mit Freuden ja! Später lachten wir über unsere Spontanität, fanden, wir hätten uns wie Pennäler verhalten und bestimmt nicht wie ein erwachsenes Paar. Das ließ Arno zwar gelten, brachte aber noch eine andere Sicht ein: „Wenn das Herz spricht und der Verstand dem freudig zustimmt, Cara, dann ist es richtig. Liebe ist wahrlich eine Himmelsmacht, eine, die einen überwältigt und den richtigen Weg weist; davon bin ich völlig überzeugt!“ Von da an gehörten wir zusammen, waren auf einmal ein Herz und eine Seele. Wieder hatte ich zuvor eine neue Seite an meinem Arno kennen gelernt, diejenige eines Judoka, was er bis dahin nicht offenbart hatte. Obwohl wir uns schon über vieles unterhalten hatten, kamen immer wieder überraschende Seiten an Arno zum Vorschein.

Ob er denn in Asien auch mit dem Buddhismus in Berührung gekommen sei, wollte ich von ihm wissen? Zuerst kam von ihm eine Gegenfrage: „Cecilia, was bewegt Dich zu dieser Frage?“ Mich habe seine ruhige Art darauf gebracht, erhielt er zur Antwort. „Du hast gut beobachtet. In den spärlichen Ferien, die ich mir gegönnt habe, bin ich einige Male zum Meditieren in ein Buddhistisches Kloster gegangen. Von dort habe ich viel mitnehmen können. Sowohl einen freien Kopf, als auch einen gelasseneren Umgang mit schwierigen Menschen und Situationen. Der Rückfall, den ich mir in diesem Münchener Lokal geleistet habe, war so unnötig wie ärgerlich für mich, eben weil ich mich übermüdet nicht im Griff hatte.“

Überhaupt lernte ich ihn immer mehr kennen und lieben. Trunken vor Glück war ich, und wurde innerlich ergriffen von einer Ruhe, die mir so lange gefehlt hatte. Nicht nur mein Schatz hatte seine seelische Heimat gefunden, ich nämlich auch. Ich, eine Frau von einunddreißig Jahren, fühlte mich damals wie ein Backfisch, den die erste Liebe derart aus dem Gleichgewicht gebracht hatte, dass ihr vor lauter Glückseligkeit der Verstand abhandengekommen war. Na ja, zu denken vermochte ich schon noch. Ich befand mich in einer wunderbaren Lage, in einer, die ich auch als eine einmalige Chance bewertete. Unbewusst – was mir jetzt immer mehr klar wurde –

wollte ich immer wegen meiner Art geliebt werden, mich bei dem geliebten Mann anlehnen können und seine Partnerin sein. Ja, und noch etwas war mir wichtig, die gleiche Augenhöhe. Und da hatte ich zwar leise Bedenken, aber ich verdrängte sie alsbald. Arno bemächtigte sich meiner nicht, Liebe und Fürsorglichkeit war es, die ich wahrnahm. Außerdem war ich es von zu Hause her gewohnt, dass mein Vater die Linien zog, meine Mutter und mich, aber auch stets einbezogen hatte. Ob es Arno auch so halten würde? Das ließ ich in meiner Verliebtheit erst einmal auf mich zukommen.

Eine Frage beschäftigte mich jetzt noch, und die musste ich unbedingt loswerden: Caro, warum hast Du Dich ausgerechnet in mich verliebt? Ich halte mich nicht für sonderlich attraktiv, und bin auch noch eine arme Frau. Was würde er mir nun entgegnen? „Cara, die äußere Attraktivität ist für mich wie eine schöne Verpackung eines Geschenks, aber für mich auch nicht mehr. Oft genug begnügen sich die sich selbst als schön empfindenden Menschen damit. Irrigerweise nehmen sie an, dass dieses eine Merkmal genügen würde, um eine dauerhafte Beziehung zu begründen. Du bist für mich durchaus hübsch, aber was mich zuerst an Dir angezogen hat, ist vor allem Deine Herzenswärme und Deine Fröhlichkeit. Aber je mehr ich Dich nun kennen gelernt habe, umso mehr erkenne ich bei Dir auch noch andere für mich positive Züge. Du kannst Dich gut ausdrücken, wägst Deine Worte gut ab und lässt Deine Klugheit immer mal wieder aufblitzen."

Wieder hatten wir zu Mittag vergnügt miteinander gegessen und unterhalten. Wissend um das abendliche, höchst wahrscheinlich ziemlich opulente Mahl, aßen wir diesmal allerdings zwar exquisit und begnügten uns mit zwei Gängen. Mit einer Frage wollte ich einen mir nun wichtigen Punkt klären: Arno, werden wir auch in Zukunft öfters miteinander essen, oder frisst Dich Dein Beruf auf? Was würde er nun antworten, das fragte ich mich bang. „Ich werde Dich so wenig wie irgend möglich alleine lassen. Deswegen etabliere ich meine Firma auch dort, wo wir beide miteinander leben werden. Zufrieden meine künftige Ehefrau?!" Und wie, mein „Gebieter"! Das rutschte mir zwar leicht ironisch raus, aber es war schon einiges dran, denn Arno würde künftig liebevoll bestimmen. Damit würde ich gut zu Rande kommen, denn ich erlebte ihn um so viel lebenserfahrener als mich. Entsprechend erleichtert antwortete ich ihm: Mein Schatz, davon habe ich immer mal wieder geträumt und nun ist es tatsächlich eingetreten.

Den zweiten Teil unserer Reise erlebte ich nun unter völlig veränderten Vorzeichen. In München war ich als Gast in Arnos Auto gestiegen und jetzt in Bozen? Nun setzte ich mich nicht mehr als eine Fremde in Arnos luxuriöses Gefährt, nun war ich, wenn auch noch nicht formal verbunden, seine Frau. Dieses Mal nahmen wir nicht den Weg durch die Berge, sondern bevorzugten die längere aber bequemere Route über die Autobahn. Nachdem wir auf der Höhe von Verona die längs durch die Poebene führende breite Autobahn erreicht hatten, wollte ich von Arno wissen, ob er denn schon einmal liiert gewesen sei? Ohne Umschweife gab er mir zur Antwort: „In Amerika hatte ich eine Beziehung zu einer Mitstudentin, diese war, was ich jedoch erst später realisierte, die Tochter eines reichen Industriellen. Diese Freundschaft zerschlug sich, als Pamela den Sohn eines Bankiers kennen lernte und diesen vom Fleck weg heiratete. Glücklich ist sie mit ihm nicht geworden, aber sie konnte so ihren gewohnten Lebensstil aufrechterhalten. Sie war zuvor zwar stolz darauf gewesen mit einem echten Grafen befreundet zu sein, aber das genügte ihr nicht. Sie musste ja davon ausgehen, es mit einem armen Studenten tun zu haben. Ob ich darunter gelitten habe? Ein wenig schon, aber der Bruch tat meinem Studium gut. Diese erste Erfahrung in der Liebe vergisst man zwar nicht, aber ich tröstete mich mit meinen Studienerfolgen. Außerdem hatte ich weder die Absicht in solch jungen Jahren zu heiraten, noch den Wunsch in Amerika zu bleiben. Erschwerend kam noch hinzu, dass Pamelas Vater von den Deutschen nicht viel hielt, und von „hungerleidenden“ Adeligen schon gar nichts.

In Singapur blieb ich lange ein Single, bis sich eine bildschöne Asiatin meiner „erbarmte“. Ich habe sie als Sekretärin eines großen

Bosses kennen gelernt, dessen Unternehmen sowohl in Singapur als auch in China tätig war. Liebe war es weder von ihrer noch meiner Seite, und an eine Ehe dachten wir beide überhaupt nie. Dennoch hielt diese Beziehung vier Jahre. Im Nachhinein würde ich diese Verbindung als ein Zweckbündnis ansehen. Ich war nicht mehr allein, und sie durfte am gehobenen Lebensstil teilhaben, den ich mir inzwischen angewöhnt hatte. Eines Tages reiste sie zu ihrer Mutter nach Hongkong, um dann dort zu bleiben. Übrigens noch eines zu ihr, ihr Vater war ein hoher englischer Beamter, der es dann vorzog, wieder in sein Heimatland zurückzukehren. Ob sie dort einen gemäßen Mann gefunden hat? Ich weiß es nicht, sie wechselte ihr Handy aus, und eine Adresse hinterließ sie auch nicht. Ob ich diesbezüglich erfahren bin? Na ja, ein heuriger Hase bin ich nicht, aber ein Frauenheld schon gar nicht. Bist Du nun im Bilde mein Schatz?“

Nun stellte er mir seinerseits eine gewichtige Frage. „Wie waren denn bisher die Pläne in Deiner Heimat?“ Eigentlich wollte ich mich im heimischen Sassone als Anwältin niederlassen, allerdings eher, um nicht auf der faulen Haut zu liegen. Außerdem hätte ich dabei auch einige Euro an Honoraren eingenommen. In unserem weitgehend friedfertigen Tal wäre dies vermutlich über eine Halbtagesarbeit nicht hinausgewachsen. Was mir jedoch auch ganz recht wäre. Denn ich als einziges Kind wollte mich in der Heimat mehr um meine Eltern kümmern. Mein Vater ist leider krank, er der passionierte Jäger ist seit Kurzem auf einen Rollstuhl angewiesen. Deswegen will ich auch meiner Mutter zur Hand gehen. Aber wie wird das jetzt?

Zu einer Antwort reichte es in diesem Augenblick nicht, denn Arno war zum zweiten Mal auf unserer Reise gezwungen abrupt zu bremsen. Ein unachtsamer Autofahrer wollte scharf nach rechts abbiegen, wohl um seine Ausfahrt nicht zu verpassen. Noch dazu verließ der Fahrer dabei die ganz linke Spur. Ich erschreckte mich heftig. Diesen so gefährlich Abbiegenden hätte selbst mein sonst so gelassener Vater alles nur nichts rechtes geheißen. Aber mein Arno blieb bei seiner asiatisch anmutenden Gelassenheit, er merkte lediglich an: „Wenn diese junge Dame weiterhin so verschlafen fährt, dann möchte ich ihr nicht noch einmal begegnen.“ Obwohl er doch so heftig bremsen musste, hielt er mich fest in seinem rechten Arm geborgen.

Nach diesem Schreckmoment griff er meine vorherige Frage wieder auf: „Mein Schatz, jetzt wirst Du zur Ehefrau und vielleicht auch noch zur Mutter. Du willst doch Kinder.“ So setzte er nach. Aber ja, das ist zwar eine andere Welt als meine bisherige, aber eine, die ich mir noch viel schöner vorstellen kann. Zufrieden, mein Schatz? „Und wie“, kam es zurück. „Es ist schon ein wenig verrückt gelaufen mit uns beiden, aber so was von wundervoll. Sich derart schnell zu verlieben und miteinander so vertraut zu werden, das erscheint mir fast wie ein Wunder. Dabei wollte ich doch erst einmal nur meine Tante in Italien besuchen und hier auch einige Tage ausspannen. Danach wollte ich meine weitere Zukunft in Europa gemächlich auf mich zukommen lassen. Vorrangig hatte ich nur eines vor, nämlich meiner Cousine Hedi beim Verkauf unter die Arme zu greifen. Von meiner Tante Cornelia wusste ich ja, wenn auch nur bruchstückhaft, dass Hedis Eltern sie immer unterstützt hatten, aber dies immer weniger vermochten. Und nun überschüttet mich ein gütiges Schicksal mit unerwarteten Geschenken. Cecilia Cara, mir geht es ja dermaßen gut, dass ich es noch immer nicht so richtig fassen kann.“

Nahezu auf der ganzen restlichen Fahrt von Bozen bis nach Vicenza ruhte mein Kopf an seiner Schulter, nur unterbrochen von den Küssen, die wir uns immer wieder geben mussten. Mich erfasste ein wohliges Gefühl, in dem ich mich so geborgen wusste, wie einst als kleines Kind bei meinem Vater. Immer mal wieder glaubte ich zu träumen. Arnos sanfter Fahrstil ließ dieses nicht so ganz verkehrsgerechte Verhalten zu. Ich wurde immer schläfriger, genoss die Fahrt, für mich die ins Glück. Auch für mich war es ein Geschenk des Schicksals, so wie es Arno gesagt hatte. Dabei kannten wir uns geradenal einige Tage, nein eigentlich alles in allem nur wenige

Stunden. Und in denen hatte sich mein Dasein von Grund auf verändert.

Auf der jetzt nur noch kurzen Fahrt hinauf in die Monti Berici kam Arno ein guter Gedanke, den er mir nahe brachte. „Mein Schatz, könntest Du Dir denn vorstellen, künftig in meiner Firma die juristischen Belange zu übernehmen. Dieses Metier überlassen wir bisher externen Kanzleien, womit ich nicht immer zufrieden bin, denn deren Erledigung dauert mir oft zu lange. Diese Kanzleien haben ja auch noch anderes zu tun, als sich um unsere Verträge zu kümmern. Außerdem ziehen deren Ausarbeitungen oft noch Klärungsbedarf nach sich. Das hält auf und verschwendet wertvolle Zeit."

Tagelang hatte ich mir bis dahin den Kopf zerbrochen, wie ich meinen Beruf in der Heimat so ausüben könnte, dass ich mich nebenbei auch noch um meine Eltern kümmern kann. Eine gute Idee war mir allerdings bis dahin noch nicht gekommen. In meinem Spezialgebiet, dem Vertragsrecht, davon musste ich ausgehen, würde es in unserem Tal wahrscheinlich nicht viel zu tun geben. Und nun dieses tolle, wie aus dem blauen Himmel fallende Angebot meines Mannes. Dieses kam mir fast so vor wie ein Hauptgewinn in der Lotterie des Lebens. Damit durfte ich künftig teilhaben an Arnos Berufswelt, und dies auch noch auf einem Gebiet, in dem ich profunde Erfahrungen hatte! Mit meiner freudigen Zusage wurde ich zu Arnos erster Italienischen Mitarbeiterin.

Wie er denn als Chef so wäre, wollte ich von ihm wissen. Wie ein Lausbub grinsend sagte er: „Stell Dich schon mal darauf ein, ich bin ein schrecklicher Tyrann und Leuteschinder! Aber jetzt im Ernst. Mit solch einem Verhalten, das mein Vater als Führungsstärke interpretiert, kommst du heute nicht mehr weit. Dieser Führungsstil raubt den Mitarbeitern die Motivation und ruiniert auf Dauer das Unternehmen. Einige der Firmen, die uns angeboten wurden, sind genau wegen solch unfähiger oder narzisstischer „Häuptlinge" an die Wand gefahren. Ich vereinbare hingegen herausfordernde aber erreichbare Ziele mit den Mitarbeitern, ob die nun fest angestellt sind, oder uns als freie Mitarbeiter helfen, spielt dabei keine Rolle. Ich lasse ansonsten jedem gemäß seiner Fähigkeiten jenen Freiraum, den es zum Erfolg braucht. Ich, der sich eher als Generalist versteht, bilde mir nicht ein, deren Kompetenzfeld im Detail zu verstehen. Daher bin ich gut beraten, wenn ich mich in deren tägliches Tun nicht einmische. Ich fasse an zuvor miteinander abgestimmten Meilensteinen nach, biete, insoweit es nötig ist, Unterstützung an und verlasse mich ansonsten voll auf meine Spezialisten. Was ich jedoch überhaupt nicht mag, ist, wenn sie versuchen, ihr eigenes Süppchen zu kochen und mich zu hintergehen. Dann ist ganz schnell Feierabend bei mir. Vertrauen gegen Vertrauen, das ist meine Devise. Alles andere, mein Schatz, ergibt sich beim gemeinsamen Tun.“ Damit war ich es zufrieden, denn als seine künftige Ehefrau war ich ohnehin in einer völlig anderen Position. Nach diesem kurzen Einblick in die Zukunft, beachteten wir auch wieder die schöne Gegend, durch die wir auf der schmalen kurvenreichen Strecke fuhren.

Umfangen von der Familie

Was für ein Kontrast zur eher unattraktiven Ebene bot sich uns nun dar. Keine Industriebauten säumten hier die manchmal so öde und in diesem Abschnitt auch dicht befahrene Autobahn, und keine Reklamewände verdeckten nun mehr die Aussicht. Die kleine, uns zum Ziel führende Straße wand sich schmal und kurvenreich in die Höhe. Üppig grünende Bäume wechselten sich ab mit sattgrünen Weiden, ließen uns eintauchen in eine liebliche Landschaft, geformt aus sanftem Hügelland. Diese Monti Berici hatte ich in Kindertagen erlebt, genoss damals an der Seite meiner Eltern einen mir noch immer unvergesslichen Ausflug. Die Schönheit dieser Berge hatte ich jedoch nicht abgespeichert, wohl aber das vornehme Hotel Michelangelo. Aber wie es aussah und sich im Innern präsentierte, das hatte ich vergessen, nicht aber das herrliche Essen und das edle Ambiente dieses Anwesens. Ganz klein fühlte ich mich damals angesichts dieses großartigen Hauses, und vor allem wegen der vornehmen Gäste. Was war dies für ein Gegensatz zu unserem bescheidenen, auch seinerzeit schon in die Jahre gekommenen Palazzo. Und nun?

Heute kam ich mit meinem Mann! Kam wieder als eine Frau, die manches schon erlebt hatte und freute mich riesig auf meine Eltern und Tanten. Heute war ich allerdings nicht mehr die kleine Cecilia, sondern eine glückliche Braut. Als ich diesen Begriff Braut realisierte, da begriff ich erneut, welch ein großer Umbruch sich in meinem Dasein ergeben hatte. Endlich konnte ich meinen Eltern und unserer größeren Familie, den von allen so sehr herbeigewünschten Schwiegersohn präsentieren. Dankbar und stolz war ich, ja, und sehr glücklich.

Arcugnano, das schmucke Dorf, trat nun in unser Blickfeld und bald darauf auch unser Hotel. Unübersehbar lag dieses eher einem Schloss mit einer Kette von Nebengebäuden gleichende Nobelhotel vor uns. Eingebettet wie in einem grünen See zeigte es sich in seinem großen Park. Meine Vorfreude stieg nun noch an, aber auch wieder eine seltsame Befangenheit, denn in einem derartig vornehmen Haus hatte ich mich seitdem nicht mehr bewegt. Direkt vor dem Eingang hielt Arno an, zwei livrierte Diener kamen heraus und übernahmen unser Gepäck. Arno hatte lediglich zwei Gepäckstücke selbst an sich genommen, eine prall gefüllte Einkaufstüte und natürlich seine Reisetasche. Diese abgegriffene Ledertasche enthielt, was ich inzwischen schon wusste, seinen für die Arbeit so unentbehrlichen Computer und sonstige wichtige Geschäftsunterlagen. Nicht er fuhr den Wagen zum Parkplatz, sondern der Portier, dem er den Schlüssel übergeben hatte. Arno, das sah ich ihm an, gefiel zwar das Hotel, aber im Gegensatz zu mir war er nicht sonderlich beeindruckt, anscheinend schien ihm dergleichen gewohnt zu sein. Das konnte ich schon daraus entnehmen, wie selbstverständlich er mit dem Personal umging, gewiss nicht von oben herab, sondern so wie es ihm von seinem Beruf her vertraut war. Das gab auch mir meine Sicherheit wieder, obwohl mich das uns nun aufnehmende vornehme Ambiente mächtig beeindruckte.

Das Gefühl, sich in einem edlen und gekonnt gestalteten Luxus zu bewegen, steigerte sich noch als wir unsere Zimmer betraten. Es war alles andere als ein einfaches Zimmer, das uns nun aufgeschlossen wurde, eine wahrlich luxuriöse Suite harrte auf uns. Die großen Fenster, die von der Decke bis hinunter zum Boden reichten, ließen uns hinaus in diesen Traum von Park blicken. Dahinter zeigten sich die Hügel der Monti Berici und gaben uns das Gefühl hier mit der Natur zu verschmelzen. Ein antiker Schreibtisch, eine kleine Liege am Ende des Doppelbettes und zwei bequeme Sessel mit hoher Rückenlehne gaben dem Raum sein besonderes Flair. Wie schade, dass wir hier nur eine Nacht bleiben durften! Und diesen Luxus soll mein Vater gebucht haben? Das war für mich nicht vorstellbar, das konnte er mit seinem schmalen Einkommen doch niemals stemmen. Und auch meine Tanten, die dazu beitragen wollten, so ohne weiteres sicher auch nicht. Was es damit auf sich hatte, das würde ich ja in zwei Stunden erfahren, nämlich dann, wenn meine Eltern und die Tanten eingetroffen waren. Wie ich sie einschätzte, würden sie sich spätestens in einer Stunde hier einfinden, um ihre Zimmer zu beziehen.

Wir bezogen unsere Suite, ich nahm das eher gelassen, legte meine Sachen so wie „gewohnt“ locker aufeinander. Das was ich im Moment nicht brauchen würde, blieb eben im Koffer. Dessen Inhalt sah zwar nicht aus wie Kraut und Rüben, aber so ganz ordentlich auch nicht. Arno hatte sich nur einen seiner dicken Koffer aufs Zimmer bringen lassen, die anderen blieben im Kofferraum seines Autos. Er richtete seine Anzüge, die Wäsche und die Utensilien fürs Badezimmer akkurat aus. Sollte sich hinter ihm vielleicht ein deutscher Pedant verstecken? Und wenn schon, ein paar weniger gute Seiten würden bei ihm sicher noch zum Vorschein kommen; so wie auch bei mir. Lediglich diese Einkaufstüte stand noch nicht entleert in einem der mit rotem Samt bezogenen Sessel. Sie erregte, warum auch immer, meine Neugierde. Nun ja, deren Inhalt würde ich ja noch später kennen lernen.

Wir hatten eigentlich vor, uns noch ein wenig hinzulegen, woraus allerdings nichts wurde. Warum denn das? Es lag allein an mir und meinem Verlangen. Ich wollte ihn verführen, wollte ihn haben und mich ihm schenken! Es wurde zu einem unvergesslichen Erleben, zu einem, wie ich es noch nie zuvor erfahren hatte. So viel Zärtlichkeit und liebevolles Eingehen auf mich, das kannte ich so nicht, aber ich erlebte es mit allen Sinnen. Davon geträumt hatte ich zwar schon mal, aber es als unrealistische Fantasterei abgetan. Nun gehörten wir uns ganz, waren nicht nur vom Gefühl her ein Paar, sondern auch eines, das sich in körperlicher Liebe verbunden wusste. Ich hätte ihn auffressen können vor lauter Liebe und Seligkeit. Was für eine unglaubliche Vertrautheit verband uns, gab mir nun die Gewissheit, mit meinem Arno eine in jeder Hinsicht glückliche Ehe führen zu dürfen.

Das geräumige Badezimmer bot uns beiden Platz, als wir uns für das bald anstehende Fest herrichteten. Interessiert verfolgte ich Arnos Zurichtungen, denn davon wusste ich doch nichts. Er hatte sich ausgiebig geduscht, rasiert und ein gut riechendes Deo genommen. Nebenan schlüpfte er dann in seinen Smoking, zog zuvor das dazu passende Hemd an, doch wo hatte er denn seine dazu gehörende Fliege gelassen? Er wirkte wie verwandelt, vor mir stand ein eleganter Herr, einer vor dem ich mich sonst ein wenig klein vorgekommen wäre. Aber jetzt war ich nur noch stolz auf meinen Arno. Schatz, Du siehst vielleicht toll aus, ganz ein Bild von einem vornehmen Herrn. Arno lachte und frotzelte mich ein wenig: „Als Tochter des Cavaliere kannst Du doch nicht mit einem schlecht gekleideten Mann auftreten! Ich will Dir doch keine Schande bereiten."

Mein Mann ging jetzt zum Sessel und ergriff die geheimnisvolle, noch nicht ausgepackte Einkaufstüte. Was war denn alles drin in diesem dicken Monstrum von Behältnis? Arno machte es nun spannend, er entnahm zuerst eine kleine Tüte, in der sich tatsächlich eine schöne dunkelrote Fliege befand. Ich realisierte dies mit Genugtuung. Mein Mann hatte Stil, er wusste sehr wohl, wie er sich zu diesem Anlass zu kleiden hatte. Das hatte Marko, mein Verflossener, nie gekonnt und auch nicht gewollt. „Eigenständig" wie er sich gebärdete, sah er es als eine unnötige Anpassung an, wenn nicht gar als Unterwerfung, welche die aus seiner Sicht überholten Konventionen forderten. Also unterließ er dies zu meinem steten Ärger. Aber solche in die Vergangenheit zurückschweifende Gedanken, die waren heute wahrlich nicht angebracht, sie waren längst Schnee von gestern. Oder wie wir zu sagen pflegten: Tempi passati!

Aus diesem unerwünschten Nachdenken holte mich mein Arno sofort wieder heraus, denn nun zog er eine weitere Tüte aus der von ihrem Inhalt geblähten papierenen Einkaufstasche heraus. Mir verschlug es kurz den Atem, denn dieser liebe, unberechenbare Mann überraschte mich schon wieder. Mein Arno hatte am gestrigen Abend also sehr wohl mitbekommen, wie ich versonnen und leicht wehmütig, vor der Auslage eines mondänen Geschäfts in Bozen stehen geblieben war. Entgangen war ihm weder mein Staunen über das dort ausgestellte exquisite Gewand, noch mein Bedauern. Er musste es mir angesehen haben, wie schade ich es fand, mir dies nicht einmal entfernt leisten zu können. So ganz nebenbei hatte er dabei meine mich entlasten sollende Aussage aufgenommen. Ich äußerte nämlich leise und resignierend, dass es diese so schöne Kombination von Bluse und Rock ganz bestimmt nicht in meiner Größe geben würde. Fast ein wenig uninteressiert wirkend, erfragte er auch meine Kleidergröße.

Und nun lag dieses teure Meisterstück der Textilindustrie vor mir auf dem Bett. Diese weiße, wunderschöne seidene Bluse mit Kelchkragen passte mir bestens und der lange edle Wickelrock aus Rohseide nicht minder. Dieser unerwartete Liebesbeweis rührte mich und ich küsste ihn impulsiv in meiner überschäumenden Freude. Als ich mich, fast ein wenig selbstverliebt in diesen Anblick, in diesem vornehmen Gewand im Spiegel betrachtete, folgte die nächste Überraschung. Arno „befahl“ mir nämlich: „Augen zumachen!“ Ich tat es und spürte wie er mir eine Kette um den Hals legte. „Schatz, jetzt darfst Du Deine schönen Augen wieder öffnen.“ Ich musste heftig gegen die mich jetzt ergreifende Rührung ankämpfen, denn mich zierte nun eine wunderschöne goldene Kette, an der ein kostbarer, dunkelrot funkelnder Stein hing. Ich ging davon aus, dass diese Kette lediglich vergoldet war und der dunkelrote Stein ein gut geschliffener Granat. Hierin täuschte ich mich gewaltig, beides war echt, die schwere Goldkette und der herrliche Rubin. „Meine geliebte Cecilia, das ist der Familienschmuck der de la Mottes, ihn trugen schon meine Großmutter und kurz auch meine Mutter. Diese Preziose, die ich in meine neue/alte Heimat mitgenommen habe, sollst nun Du tragen, die meiner geliebten Großmutter so viel bedeutet hatte.“ Nun war es um meine Beherrschung geschehen, ich vergoss Freudentränen und ruinierte dabei fast mein Makeup. Ich umschlang ihn und schluchzte an seiner Schulter, erneut überwältigt von so viel Liebesbeweis.

* * *

Hand in Hand schritten wir bald darauf durch einen langen Gang, der zu jenem Raum führte, in dem, laut der Dame am Empfang, meine Familie schon auf uns wartete. Zuvor nahm Arno hier noch einen wunderschönen, großen Rosenstrauß samt einer schönen Vase entgegen, die er gestern noch von Bozen aus bestellt hatte. Nichts hatte er vergessen, er dachte an so vieles, was mich erneut für ihn einnahm. Wenig bekamen wir dabei mit von dem gediegenen Ambiente, das uns auf jedem Schritt begleitete. Beide waren wir zu sehr gespannt auf den Empfang durch die Eltern und Tanten. Ich, weil ich ihnen meinen Mann vorstellen konnte, er allerdings eher wegen seines Ankommens bei meinen Eltern. Lange suchen mussten wir nicht, lebhafte Stimmen, führten uns geradewegs dorthin.

Als wir den kleinen, aber festlich geschmückten Raum betraten, da drehten sich alle Köpfe hin zur offenen Türe. Wie auf Kommando klatschten die dort Wartenden begeistert in die Hände, gefolgt von freudigen Ausrufen. Meine Patentante Cecilia rief gar entzückt mit ihrer tiefen rauchigen Stimme: „Solch ein schönes Paar, und was für ein eleganter Auftritt.“ Wir hatten „Bella Figura“ gemacht, so wie ich es mir gewünscht hatte, und schon dadurch bei meiner Familie einen Großteil ihrer latenten Befürchtungen vertrieben. Ich hatte bei ihnen allerdings auch einiges wieder gut zu machen, denn Marko gegenüber verhielten sie sich stets reserviert, er passte einfach nicht zu ihnen.

Aber wie begegneten sie nun meinem Arno? Das bekamen wir auch augenblicklich mit, wir verspürten den Anflug dieses freudigen Willkommens, so wie einen linden Frühlingshauch. Ganz selbstverständlich wurde Arno geduzt und von allen herzlich umarmt. Meine Mutter wollte ihn gar nicht mehr loslassen, küsste ihn auf beide Wangen, was er auch so erwiderte. Arno war nicht nur willkommen, es war weit mehr, instinktiv verspürten alle eine übereinstimmende Wellenlänge. Er stieß auf keinerlei Vorbehalte und wurde von allen spontan akzeptiert, fast so wie ein lange vermisstes Familienmitglied.

Erleichtert waren nicht nur wir Liebesleute, sondern auch alle anderen im Raum. Ich brachte ihnen also keinen zweiten Charmeur ins

Haus, einen mit schlechten Manieren, sondern einen echten Herrn! Mich erdrückten sie fast in ihrer Freude, und was war mit Arno, der die Tanten mit altmodischem Handkuss begrüßt hatte? Er wurde von ihnen zwar mit Staunen, aber auch mit unverhohlenem Wohlwollen in die Familie aufgenommen. Als ich ihnen dann, in meinem nicht zu bremsenden Überschwang, noch eröffnete, dass ihnen mit Arno mein künftiger Mann gegenüber trat, brandete die Freude auf wie eine kräftige Welle in der nahen Adria. Ich verstärkte dies noch mit meiner Aussage, dass wir bald heiraten wollten. Nun steigerte sich die Freude noch und erfüllte den Raum mit Jubel. Dabei wollte doch mein Arno in der gebührenden Form bei meinen Eltern um meine Hand anhalten. Ich jedoch fand dies viel zu altmodisch, schließlich war ich ja eine selbständige und nicht mehr ganz so junge Frau.

Aber nun war Arno am Zug. Mama bekam von ihm den üppigen Rosenstrauß überreicht, und mein Vater erhielt als Geschenk zu seinem Geburtstag ein schön verpacktes Etui, das ein edles Schreibset enthielt. Beide Gaben trafen ins Schwarze, wieder hatte Arno seinen gekonnten Stil bewiesen. Bis zum Eintritt der Ober glich unser Raum jetzt einem Schwarm von aufgescheuchten Bienen. Alle redeten nun durcheinander, und das mit dem uns eigenen, typisch italienischen Temperament. Die „verrückte“ Cecilia hatte ihr Leben wieder im Griff und einen in jeder Hinsicht gemäßen Mann gefunden. Dies war auch der Tenor in den Zweiergesprächen, die sich später ergaben.

Zuerst einmal wollte sich meine Familie einen tieferen Eindruck von Arno verschaffen. Sie bemühte ihre spärlichen Deutschkenntnisse und vermischte diese ab und an mit ihrem noch schlechteren Englisch. Ihre Deutschkenntnisse stammten noch aus ihrer Kindheit, denn da wurden mein Vater und seine Schwestern von einem lieben deutschen Kindermädchen betreut. Dieser Tradition waren meine Eltern auch bei mir gefolgt. Meine Lisa stammte allerdings nicht aus Deutschland, sondern aus dem nahen Österreich, was sich auch in der Färbung meines Deutschs niedergeschlagen hatte. Und mein Arno, dieser Schelm? Er folgte diesem Kauderwelsch eine Zeitlang ungerührt, vielleicht amüsierte es ihn sogar. Doch dann setzte er dem lauten Treiben selbst ein Ende.

Arno erhob seine sonore Stimme: „Ihr, meine lieben neuen Verwandten, ich danke Euch ganz herzlich dafür, dass ich Euch so willkommen bin. Meine zuvor noch gehegten Bedenken haben sich fast im Nu in Wohlgefallen aufgelöst. Und nun wollt Ihr mich noch näher kennen lernen, was ich nicht nur verstehen kann, sondern auch begrüße.“ Mein Mann konnte also doch recht gut Italienisch, was bisher, da wir uns zumeist auf Deutsch unterhalten hatten, nicht so deutlich zum Vorschein gekommen war.

Daraus entwickelte sich nun zwangsläufig die erste Frage. „Arno, weshalb sprichst Du denn unsere Sprache?“ Darauf er: „Meine früh verstorbene Mutter stammte aus Eurer Gegend, so wie auch ihre Schwester, meine geliebte Tante, die mich nach dem Tod meiner Mutter so liebevoll umsorgt hatte.“ „Lebt denn Deine Tante noch“, wollte mein Vater wissen. „Letzte Woche schon noch“, sagte Arno verschmitzt lachend, und steckte die ganze Runde damit an. „Sie lebt in einem Altersheim hier in der Nähe, in einem Ort namens Montegrotto Terme. Ich habe fest vor, sie in den nächsten Tagen aufzusuchen. Lange Jahre konnten wir uns leider nur per Telefon oder im Video austauschen.“ „Arno, wie heißt denn Deine Tante?“ „Cornelia di Longhi, sie ist die ältere Schwester meiner Mutter.“

Meine Tante Cecilia schüttelte überrascht ihren weißhaarigen Kopf: „Das ist doch fast nicht zu glauben! Arno, die Welt erinnert mich manchmal durchaus an ein großes Dorf, eines das voller Zufälle zu sein scheint. Halte Dich fest, mit Deiner Tante spiele ich nämlich jeden Freitag Bridge. Sie ist eine ganz besondere, überaus liebenswürdige Frau, die ich sehr schätze. Und nun kommt heraus, dass ausgerechnet Du, der einstige kleine Graf, jener von ihr so geliebte Ziehsohn bist. Immer mal wieder hat sie von Dir erzählt, vermag Deinen angekündigten Besuch kaum mehr zu erwarten. Und sie hatte noch dazu insgeheim gehofft, dass Du vielleicht mit einer jungen Frau erscheinen würdest.“ Nun platzte ich hinein in den Dialog: Tante Cecilia, jetzt werde ich „verrückt“, ausgerechnet Du kennst seine Tante, und ich werde jene junge Frau sein, auf die sie so sehr hofft. Darauf müssen wir doch gleich noch einmal einen Schluck trinken.

Arno wurde ungeniert geduzt, was bei uns bisher alles andere als selbstverständlich war. Sie hatten sich ihm auch nur mit ihren Vornamen vorgestellt, allerdings mit dem Zusatz Tante. Von den Schwestern meines Vaters kannte er jetzt deren Lebensumstände, und wusste, was sie umtrieb und wo sie derzeit lebten. Mein Vater bat seinen Schwiegersohn in spe, ihn doch bitte Federico zu nennen. Meine Mutter schloss sich ihm an und wollte von Arno künftig Carlotta genannt werden. Sie setzte allerdings fröhlich lachend hinzu, dies jedoch nur vorübergehend, bis zu Eurer Hochzeit.

Das besondere Essen, das uns serviert wurde, ausgewählt von Tante Elena, der Gutsbesitzerin und Genießerin aus dem Umland von Mantua, wurde beinahe zur Nebensache. Das galt noch mehr für den begleitenden Wein, den lediglich Arno zu rühmen wusste. Damit hatte er bei meinem Vater noch weitere Pluspunkte gesammelt, der einem guten Wein stets viel abgewinnen konnte. Und nun erlebte er in Arno einen Schwiegersohn, der gleich ihm einen besonderen Wein zu schätzen wusste. Doch in eine Diskussion darüber durften sie sich noch nicht vertiefen. Die beiden Weinfreunde mussten sich damit noch gedulden, denn eine alle brennend interessierende Frage unterbrach die beiden.

„Arno, was treibst Du denn so beruflich?“ Diese Frage kam von meiner Patentante, die als angesehene Antiquitätenhändlerin noch immer berufstätig war. Arno, der eine solche Frage längst erwartet hatte, blieb ihr die Antwort nicht schuldig und wich auch nicht aus: „Tante Cecilia, ich übe einen, dem Deinen verwandten Beruf aus. Wie ich nun weiß, kaufst Du besondere alte Möbel ein, vermutlich auch solche in einem wenig vorzeigbarem Zustand. Denen siehst Du mit kundigen Augen an, dass sich daraus noch etwas machen lässt. Also auch Möbel und Gegenstände, die Du noch restaurieren lassen musst, und die Du dann guten Gewissens mit Gewinn verkaufen kannst.

Ich hingegen kaufe marode, aber noch zu „rettende" Unternehmen auf, saniere sie mit meinen Leuten und verkaufe sie dann in einem guten, das bedeutet hier auch überlebensfähigen Zustand. Allerdings nicht an jene Haie, die nach dem Kauf die Filetstücke herausreißen, und die damit dem eigentlich lebensfähigen Unternehmen das Leben rauben! Dieses sogenannte Private Equity sammelt in der Regel Geld von reichen Anlegern ein. Deren Managern geht es viel zu oft nur um das vorhandene Tafelsilber, also um Grundstücke, Beteiligungen und verwertbare Gebäude. Das ist nicht meine Welt, denn ich will ja das Überleben der erworbenen Unternehmen sicherstellen."

Neugierig, aber auch zustimmend, fasste sie nach: „Arno, da fließen dann aber doch sehr hohe Summen, oder täusche ich mich?" Arno lachte hellauf: „Tante Cecilia, Du täuscht Dich nicht, hier geht es tatsächlich um Millionen." Sichtlich zufrieden mit der Antwort setzte sie hinzu: „Mein neuer Neffe, da bleibt ja für Dich doch auch einiges hängen, schon weit mehr als bei mir?" „Aber ja, Tante, das gebe ich gerne zu, dieses stets mit Risiko und Bangen verfolgte Tun ist durchaus einträglich!"

Tante Elena, die sich bis dahin zurückgehalten hatte, schaltete sich nun ein: „Arno warum behältst Du diese dann gut laufenden Unternehmen nicht in Deiner Hand?" Diese Frage schien Arno dann doch zu tiefgehend zu sein. Würde er nun offenlegen, was in seiner Unternehmensgruppe alles ablief; und vor allem, was dort verdient wurde, dann konnte es durchaus sein, dass er vor Cecilias Verwandten als Angeber dastehen würde, woran ihm nicht gelegen war. Doch wie kam er aus diesem Dilemma wieder heraus, ohne als unfreundlich angesehen zu werden? „Tante Elena, das ist eine sehr gute Frage, die mir zeigt, dass auch Du als Unternehmerin tätig bist!

Ich habe vorher das Tun meiner Unternehmensgruppe bewusst etwas verkürzt dargestellt. Sie gliedert sich tatsächlich in vier eng miteinander verknüpfte Bereiche. Ich werde dies Dir und Euch allen gerne dann offenlegen, wenn wir uns noch vertrauter sind.“ Dafür zeigten alle Verständnis und wendeten sich anderen Themen zu.

* * *

Da aber ich künftig in der DELAMO-Unternehmensgruppe tätig sein würde, quetschte ich am Abend meinen Arno aus. Ich gebe daher an dieser Stelle das wieder, was ich mir davon eingeprägt und mit der Zeit vertiefter erfahren habe. Neben dem schon genannten Schwerpunktbereich Kauf, Sanierung und Verwertung von Unternehmen, führt die DELAMO-Holding in einem zweiten Bereich einige langfristig interessante Unternehmen selbst. In dem dritten Bereich, wird das Geschäftsvermögen verwaltet, also die Beteiligungen an Unternehmen und die Aktien. Doch damit hatte es sich noch nicht. Da ständig große Summen bewegt wurden, agierte DELAMO in dessen viertem Bereich quasi wie eine Bank und finanzierte darüber die meisten Unternehmenskäufe. Nur bei gewichtigen Käufen größerer Unternehmen wurde die Hausbank, eine weltweit tätige Großbank mit anglo-asiatischen Wurzeln herangezogen. Es hatte sich im Laufe der Zeit so ergeben, dass die DELAMO-Gruppe auch um Kredite angegangen wurde. Damit ergaben sich neben den Erlösen aus den Verkäufen, durch die dafür fälligen moderaten Zinsen auch noch weitere, allerdings wesentlich geringere Einnahmen. Letzteres setzte stets ein aufwendiges Prüfen voraus, wies aber den Vorteil auf, dass DELAMO darüber auch an interessante Objekte gelangen konnte. Daraus ergab sich oft zwangsläufig, dass das miterworbene, aber für den Geschäftszweck nicht erforderliche „Tafelsilber“ verwertet werden musste. Meistens handelte es sich um Liegenschaften, die, aus welchen Gründen auch immer, zum Vermögen der erworbenen Unternehmen gehörten, aber mit deren eigentlichem Geschäftszweck nichts zu tun hatten!

Ich staunte erst einmal über diese mir absolut unvertraute Geschäftswelt. „Arno, und dieses für mich unübersehbare Konglomerat an Unternehmen und Vermögen kannst Du noch genau überblicken?“ Mein Arno schüttelte den Kopf: „Lieber Schatz, könnte ich mich da jeweils im Detail auskennen, dann würde ich mich im Wald verlaufen und meine Leitungsfunktion unzureichend wahrnehmen. Ich kümmere mich nur um die wesentlichen Sachverhalte, und dies anhand klarer Prioritäten. Meine Führungskräfte sind exzellente und sehr gut bezahlte Leute, sie berichten mir regelmäßig über alles Wesentliche, sodass ich den Überblick behalten kann. Sie agieren dabei wie selbständige Unternehmer, verfügen allerdings nie über den Besitz, denn das ist ausschließlich meine Domäne. Damit kein falscher Eindruck entsteht und Du davon ausgehst, es mit einem Multimillionär zu tun zu haben, noch eines dazu. Meine Tätigkeit und auch mein Einkommen lässt sich in etwa mit dem eines mittelständischen Unternehmers vergleichen, aber nicht mit dem eines Vorstands in einem kapitalstarken Konzern.“

Mir schwindelte es damals fast ein wenig. Hätte ich zuvor auch nur entfernt geahnt, um was für einen Unternehmer es sich bei Arno handelte, wäre ich dann mit fliegenden Fahnen zu ihm übergelaufen? Besser formuliert müsste es lauten: Ich wäre ihm gegenüber dann völlig gehemmt, vermutlich auch verschüchtert gewesen. Jetzt erst konnte ich ermessen, was mein Mann beruflich tat, und welch ein unglaubliches Glück ich mit ihm hatte. Dabei verhielt sich Arno so gelassen, als wäre sein Tun nicht viel anders als das des Krämers von Sassone. Kein Aufheben und keine wie auch immer geartete Spur von Arroganz konnte ich wahrnehmen. Er war nun mal ein lieber Mensch und für mich ein Glücksfall sondergleichen. Aber eines will ich nicht verhehlen, ich war riesig stolz auf ihn.

* * *

Doch wieder zurück ins Hotel Michelangelo. Im schön dekorierten Hauptgang, der nun serviert wurde, gingen dann die weiteren Nachfragen unter. Was Arno sehr recht war, der heute einen unbeschwerten Abend bevorzugte. Und ein solcher ist es auch geworden. Arno hatte sich immer wieder mal zu meinen Tanten gesellt, was diese zu schätzen wussten. Instinktiv hatte mein Mann unsere Familienstruktur erfasst. Die enge Bindung meiner Eltern an ihre nähere Verwandtschaft schien ihn nicht zu verwundern, ja sie gefiel ihm sogar. Dabei hatte er an diesem Abend nur die nächsten Verwandten kennen gelernt. Deren Kinder und Kindeskinder nahmen ja nicht teil an Vaters siebzigstem Geburtstag. Denn dafür hätte das Budget meiner Eltern keineswegs ausgereicht. Arno lernte so meine Tanten kennen, wusste mit wem er es zu tun hatte, und wie dieses di Martino-Familiengeschlecht beschaffen war

Mein Vater bestätigte mich: „Schätzchen, dass Du diesen Mann festhalten konntest ist auch für uns, der nicht mehr erwartete Glücksfall. Dein so liebenswürdiger Arno ist tatsächlich der Richtige für Dich, er ist ein echter Mann und kein Knabe, der vorgibt ein Mann zu sein. Mit ihm wirst Du glücklich werden! Außerdem ist er noch sehr tüchtig und, was auch nicht zu unterschätzen ist, vermögend. Was Euer Dasein von den uns ein Leben lang quälenden finanziellen Sorgen befreit sein lässt. Er ist auch in der Lage unseren Familienbesitz gut zu verwalten. Ja, ich traue ihm instinktiv sogar zu, ihn zu mehren. Dein Arno kann etwas, er ist kein Schwätzer, sondern ein Herr mit klaren Vorstellungen und Zielen." Damit hatte er auch meiner Mutter Meinung wiedergegeben, die ihren künftigen Schwiegersohn sofort ins Herz geschlossen hatte. Sie setzte den vorläufigen Schlusspunkt indem sie einbrachte: „Schätzchen, mit Deiner Wahl nimmst Du uns eine große Bürde von den Schultern und lässt in unseren Lebensabend endlich Zuversicht einkehren!"

Was wir alle nicht so richtig mitbekommen hatten, war, dass Tante Elena den Raum verließ, um mit ihrem Schwiegersohn Cesare zu telefonieren. Obwohl auch sie von Arno höchst angetan war, wollte sie doch noch etwas Genaueres zu ihm und seinem Unternehmen erfahren. Mein Cousin Cesare war Vorstand in einer regionalen Bankengruppe und von daher gut vernetzt. Das was er seiner

Schwiegermutter am nächsten Morgen berichtete, bestätigte Arnos Aussagen in vollem Umfang. Kurz zusammengefasst: Die DELAMO-Holding, so erfuhr er, sei ein solides und von stetem Erfolg gekennzeichnetes Unternehmen. Zu Arno, dem Inhaber dieses Unternehmens, fand er heraus: Der tüchtige Herr Longhi sei der Garant des Erfolges und ein so angesehener wie honoriger Geschäftsmann. Es würde in Bankenkreisen davon gesprochen, dass dieser geheimnisvolle Unternehmer, dessen Unternehmen in Singapur seinen Sitz habe, weder ein Amerikaner noch ein Italiener sei, sondern ein deutscher Graf. „Mama, Du kannst Onkel Federico und Cecilia sagen, dass Arno absolut vertrauenswürdig ist. Ich gratuliere der Cousine von Herzen zu diesem Glücksgriff."

Diese erfreuliche Nachricht wollte sie natürlich ihrem Bruder nicht vorenthalten. „Federico, falls Du Deinem künftigen Schwiegersohn gegenüber eine Spur von Misstrauen gehegt hattest, dann kann ich Dich beruhigen. Ich war zwar sofort von Arno angetan, aber ich bin es gewohnt mich abzusichern. Ich habe deswegen noch gestern Cesare angerufen. Er konnte heute Morgen alles Wesentliche zu Arno und seinem Unternehmen recherchieren. Was er hierzu herausfinden konnte, das ist sehr erfreulich. Er gratuliert Dir und Cecilia zu diesem Glücksgriff, und ich, lieber Bruder, Euch allen auch."

Die Absprache

Mama, wo ist denn der Papa? Meine Mutter lächelte vergnügt und bat mich ans Fenster. „Schätzchen, schau doch mal hinaus in den Park. Da hinten in einem der Pavillons siehst Du unsere Männer, und sie scheinen sich auch heute wieder bestens zu verstehen.“ Die Rückenlehne von Vaters Rollstuhl erkannte ich unter dem nahen weißen Stoffdachzelt, in dem mein Vater und Arno Platz genommen hatten. Allein aus den Gesten der beiden konnte ich entnehmen, wie gut die zwei Herren miteinander zu Rande kamen. Schon gestern Abend erlebte ich sie so, als würden sie sich schon lange und gut kennen. Solch einen Schwiegersohn hatte sich mein Vater stets gewünscht, und nun schien diesem Wunsch nichts mehr im Wege zu stehen? Von meiner Seite gab es ohnehin keine Hindernisse, ich hatte mich in Arno verliebt, heftig und fast schon ein wenig besitzergreifend. Ich konnte mir jetzt überhaupt nicht mehr vorstellen, ohne ihn zu sein.

Nur zu gerne hätte ich jetzt bei den beiden Männern ein neugieriges Mäuschen gespielt, was meine Mama aber nicht gut fand. „Cecilia, gehe mal davon aus, dass die beiden auch Deine Zukunft im Auge haben. Papa ist, was er mir gestern vor dem Einschlafen noch anvertraut hat, betrübt, dass er Dir nur eine spärliche Mitgift bieten kann.“ Ach, liebe Mama, das hat doch für meinen Arno keinerlei Bedeutung. Er hat in seinem beruflichen Dasein schon viel Geld verdient, und es wird uns auch weiterhin gut gehen.

Arno hat eine feste Heimat gesucht und sie nun gefunden. Er weiß, dass ich nicht mehr nach Deutschland zurückkehren will, sondern hier in meiner Heimat wieder Fuß fassen möchte. Und er hat mir gestern noch gesagt, dass er von Euch Eltern und auch von den Tanten überaus angetan ist. Du darfst also davon ausgehen, dass wir künftig hier im Veneto leben werden. „Cecilia, Du gehst wirklich davon aus, dass Ihr beide von nun an in unserer Nähe bleiben werdet? Das wäre ja so was von schön und für Papa ein großer Trost.“

Mama, so ist es! Meine Mutter strahlte über diese nie erwartete Botschaft, die ich mit Arno zwar noch nicht im Detail besprochen hatte. Aber ich kannte doch sein Sehnen nach Frau, Familie und bleibender Heimat.

***

Nachdem sich Arno und Federico über das vergangene Familientreffen ausgetauscht hatten, kam der alte Cavaliere auf das ihn belastende Thema zu sprechen. „Lieber Arno, ich bin leider kein vermögender Mann, wir lebten bisher mehr schlecht als recht von der kargen Landwirtschaft, haben aber inzwischen die meisten Felder verpachtet. Pacht bekomme ich auch vom Hotel Bella Vista nebenan, denn das Hotel gehört von alters her zum Palazzo. Diese Pacht ist allerdings eher eine symbolische, noch dazu ist der Hotelier Francesco Piatti ein guter Freund von mir. Außerdem beziehen wir noch Miete von einem Objekt in Padua, aber mehr ist es zu meinem Bedauern nicht, oder besser gesagt nicht mehr. Unser Palazzo ist in die Jahre gekommen und harrt dringend einer generellen Renovierung, was ich mir aber auch nicht mehr leisten kann. Zu meiner Beschämung kann ich daher meinem einzigen Kind, meiner geliebten Cecilia, leider nur eine karge Mitgift zukommen lassen.“ Arno lächelte fast ein wenig verschmitzt: „Aber Federico, wenn das Dein ganzer Kummer ist, dann darf ich Dich beruhigen. Was gestern vielleicht nicht so deutlich wurde und Dir Dein so unnötig belastetes Gewissen erleichtern soll, ich bin ein vermögender Mann. Mein Beruf hat mir viel eingebracht, meine Beteiligungen, Aktien und Anleihen erbringen darüber hinaus noch ein nicht zu unterschätzendes Zusatzeinkommen. Allein von diesen Anlagen könnten wir schon gut leben, müssten uns nichts versagen und beruhigt in die Zukunft sehen.“ Ein Ober brachte den beiden Gästen je einen Campari-Orange, den Arno, nun Vaters Vorliebe kennend, bestellt hatte.

Nach einem genüsslichen Nippen am Glas, griff Arno das Gespräch wieder auf. „Federico, ich wollte nach den Jahren in Ostasien unbedingt wieder zurück nach Europa, entweder nach Deutschland oder nach Italien, ich habe es darauf ankommen lassen. Nun hat das Schicksal mir jenen Ort gewiesen, an dem ich Wurzeln schlagen kann. Meiner Mutter Heimatland hat mich schon immer in seinen Bann gezogen, und nun sieht es ganz danach aus, als würde es auch zu dem meinen werden.“ Ganz vorsichtig fasste der Cavaliere nach. „Arno, allein diese Aussicht, Tochter und Schwiegersohn, und vielleicht auch noch Enkel wenigstens in Italien zu wissen, belebt mich.“ Arno lächelte zufrieden. „Noch kenne ich Sassone nicht, aber wenn es nach Cecilia geht, dann wollen wir uns sogar ganz in Eurer Nähe niederlassen. Cecilia zieht es zurück in ihre Heimat.“ „Sag bloß, Ihr habt tatsächlich vor, nach Sassone zu ziehen, ich werde verrückt vor Freude?!“ Wieder nickte Arno zustimmend und bestätigte des Schwiegervaters freudigen Ausruf. „Cecilia, ist es ein großes Anliegen in Eurer Nähe zu sein, um Euch in jeder Hinsicht unterstützen zu können, was mir sehr recht ist. Ihr, die Eltern, habt mir auf Anhieb gut gefallen, und mein Bauchgefühl sagt mir, dass wir gut miteinander auskommen werden. Sollte es also in Eurem Palazzo noch Zimmer für uns geben, dann ziehen wir nicht nur in Eure Nähe, sondern auch unter ein Dach mit Euch.“

Den Cavaliere Federico di Martino ergriff Rührung, er konnte nur noch stammeln. Nach einigen Sekunden war er wieder bei Stimme. „So viel Freude in diesen wenigen Stunden, was ist dies nur für ein herrlicher Geburtstag. Arno, bei uns gibt es mehr als genug Wohnraum, der zwar nicht mehr in bestem Zustand ist. Mit dem modernen Komfort ist er natürlich auch nicht ausgestattet, aber alle unsere Räume, mit Ausnahme derer unter dem Dach, sind nach wie vor bewohnbar.“ Arno setzte noch eines drauf: „Wenn Du nichts dagegen hast, dann würde ich Euren Palazzo bald in jenen Zustand versetzen lassen, den Ihr Eltern Euch vorstellt. Ist das ein akzeptables Angebot, lieber Schwiegervater?“ Der konnte nun wieder lachen und entgegnete: „Arno, das ist weit mehr als das, es wäre für mich ein erfüllter Traum!“ „Nun denn, dann nehmen wir den bald in Angriff!“ Dies war für meinen Vater ein erster Vorgeschmack auf all das, was mein Mann noch bewegen würde.

Mama und ich unternahmen einen Spaziergang durch den schönen Park. Schweigend und in Gedanken versunken gingen wir nebeneinander her. Mir ist dabei vieles durch den Kopf gegangen in diesen wahrlich rauschhaften Stunden. Ich konnte mein bisheriges Leben hinterfragen, und vor allem mich selbst. Wer war ich, das Einzelkind Cecilia di Martino, denn wirklich? Eine selbstbewusste, manchmal etwas „verrückte" Frau? Oder eine, die sich an einen „starken" Mann anlehnen wollte? An jenen Mann, der mich um meiner selbst willen liebte, der hinter die über Jahre mühsam aufgebaute, mich schützen sollende Fassade blicken konnte und mich annahm so wie ich war?

Alles hatte sich für mich geklärt! All mein Suchen hatte ein Ende, ich hatte zu mir gefunden und mein Lebensglück noch dazu! Wenn das nicht im wahrsten Sinne des Wortes verrückt war. Ich erlebte mich in einem Zustand, so als hätte ich Drogen genommen, nicht einmal wissend, was solche überhaupt bewirkten. Meine Droge war das Glück und Zuversicht mein Nektar, ich war angekommen und hatte den einzig für mich richtigen Mann gefunden. Mit Arno wollte ich mein künftiges Leben teilen, und mit ihm an der Seite konnte ich beruhigt alt werden. Dabei war Arno zuvor doch alles andere als mein Idealmann. Um ihn hätte ich bis vor kurzem noch einen Bogen gemacht, war blind in meiner Versessenheit, einen Traumprinzen erringen zu können. Doch wie ein solcher aussehen sollte, das glaubte ich zu wissen, fesch und attraktiv, ja und charmant sollte er auch noch sein. Aber über seine Lebensart und Werthaltung hatte ich mir keine tiefgründigen Gedanken gemacht, vergessend, dass es im Leben primär darauf ankommt. Ich hatte mich in Ansichten „verbissen", wie sie falscher, nein dümmer, nicht sein konnten. Blender hatten mich angezogen, die sich alsbald als eitle Schwächlinge und selbstverliebte Narzissten entpuppten.

Dieses, mein postpubertäres Kartenhaus aus Träumen, Wunschbildern und Fantasien, war verbrannt worden in wenigen Stunden, war verwandelt worden in Asche und Rauch. Es verflüchtigte sich in der Realität und verdampfte nun an dem Echten, das erst jetzt in mein

Bewusstsein eindringen konnte. Das Glück hatte nun für mich eine ganz andere Gestalt angenommen, eine, die ich zuvor weder sehen, geschweige denn annehmen wollte. Was ich für Selbstverwirklichung gehalten hatte, war nichts als Selbsttäuschung gewesen. Und meine vermeintliche Macht über Marko? Sie war damit auch nichts anderes, als uneingestandene Ohnmacht gewesen. Seit ich Arno kannte, entlarvten sich meine damalige Fürsorge und mein Bemühen, Marko zu mehr Verantwortung für sich selbst zu bewegen, als missglückter Probelauf für die Betreuung eigener Kinder. Daraus hatte ich gelernt, nun wusste ich einen Partner an meiner Seite, der mir Halt und Hilfe geben würde.

Meine Mutter riss mich aus der Nachdenklichkeit. „Du bist auf einmal so still geworden, was ich so nicht an Dir kenne. Dir geht es doch wirklich gut?“ Aber ja, meine liebe Mama, mehr als das, mein Zusammensein mit Arno ist für mich so was wie ein Wunder. Ich konnte mir zuvor nicht vorstellen, wie die wahre Liebe ist, und die hat mich nun mit jeder Faser meines Seins erfasst. „Cecilia, die echte Liebe ist wahrlich eine Himmelsmacht, eine, die viele Facetten aufweist, und einen gerade deswegen ergreift, weil sie zwei Menschen auf immer verbindet. Wenn Du dies so empfindest, dann hast Du Dein Glück gefunden und bist nicht einem Trugbild erlegen, das einem der Zeitgeist, oder was sonst auch immer, vorgaukelt.“

Unbemerkt waren unsere beiden Männer zu uns getreten, um uns etwas mitzuteilen. „Cecilia Cara, Arno hat mir soeben eröffnet, dass wir, so wir es wollen, noch eine weitere Nacht hier im Hotel bleiben können. Er hat mir auch eingestanden, dass er für uns, wie für meine Schwestern, gestern eine Höherstufung im Hotel gebucht und bezahlt hatte. Dabei hatte ich mich schon gewundert, weshalb ausgerechnet wir diese schönen Zimmer bekommen hatten. „Was haltet Ihr denn davon, noch über Nacht hier zu bleiben?“ Meine Mutter fasste nach: „Arno, wirklich nur wir vier?“ Er nickte: „Wenn Ihr Lieben allerdings Wert darauf legt, auch heute Abend die Tanten um Euch zu wissen, dann gilt das gerne auch für diese. Mein eigentliches Motiv liegt jedoch darin, dass wir Vier noch etwas vertrauter miteinander werden. Zumal wir ja ab Übermorgen miteinander unter einem Dach leben werden. Was in der großen Runde etwas schwieriger möglich ist."

Tante Cecilia hatte unsere letzten Worte noch mitbekommen und bekräftigte Arnos Überlegungen. „Rico und Lotta, nicht nur das Leben meines Patenkinds wird sich von Grund auf verändern. Bei all dem Glück, das Cecilia erfährt, wird ihr neues Dasein Umstellungen im gewohnten Lebensrhythmus nach sich ziehen. Aber auch für Euch Eltern werden sich Veränderungen ergeben, wenngleich es Eure gewohnten Abläufe wahrscheinlich weniger betreffen wird. Doch ein junges Ehepaar im Palazzo wird Euch künftig mehr Leben bringen."

Die Antwort ihrer Schwägerin Carlotta entkräftete ihre möglichen Befürchtungen: „Ach Celi, darauf freue ich mich doch schon so lange. Unsere Tochter und den uns so willkommenen Schwiegersohn ganz nahe bei uns zu wissen, das ist doch auch für uns ein Glücksfall sondergleichen." Mein Vater setzte noch hinzu: „Celi, gehe mal davon aus, dass wir uns bestens aneinander gewöhnen werden. Dennoch, und da gebe ich Dir recht, Arno, finde ich es eine gute Idee, heute noch eine kleine Übergangszeit in einem anderen Rahmen zu nehmen. Dabei ergibt sich für uns jetzt ein kleines Problem, denn wir sind ja ohne Auto hier, weil Du Celi uns ja in Sassone abgeholt hattest."

Ohne mich mit Arno abzustimmen, schob ich mich dazwischen. Papa, das müsste sich doch regeln lassen, allerdings nur dann, wenn Ihr nicht allzu viel Gepäck dabei habt, was jedoch auch nicht der Fall war. Ich verfügte ohne es zu realisieren so über Arno und sein Auto, als wären beide schon mein. Marko hätte sich jetzt übergangen gefühlt und mächtig aufgeregt, mein Mann fand hingegen gelassen, dass das schon irgendwie gehen müsse, was dann auch zutraf.

Wir verabschiedeten bald darauf die Tanten und merkten dabei an, dass wir sie bald schon wiedersehen würden, nämlich zu unserer Hochzeit. Natürlich wollten sie jetzt wissen, wann genau wir diesen großen Schritt vorhätten. „Liebe Tanten, sobald wir alle Formalitäten geklärt haben, wird unsere Hochzeit sein. Wo und wie das sein wird, das lassen wir noch offen. Aber stellt Euch darauf ein, dass wir beiden Liebesleute nicht mehr lange zuwarten wollen." So mein Arno, der ganz in meinem Namen sprach.

Der Unternehmer

Nach der Abreise meiner Tanten ließen wir uns wieder im Park nieder, um dort ungestört miteinander reden zu können. Mein Vater interessierte sich erst einmal für Arnos Werdegang nach seinem Studium in den USA. Er wollte von ihm wissen, weshalb er denn danach nicht wieder heim nach Europa gekommen sei? Arno deckte uns die missliche Situation im Elternhaus auf, die ihn primär von einer Rückkehr abgehalten hatte. Ihn interessierte aber auch das boomende Singapur, das Arnos Studienfreund Henry Chang ihm als die Chance zum schnellen Aufbau einer guten Existenz anpries. Diese Aussage und das Wissen um Henrys Beziehungen ermutigte Arno dann auf dessen Anerbieten einzusteigen.

Dort vertrieben die beiden Freunde erst einmal importierte Produkte aus Hongkong, woher die Familie seines Studienfreundes Henry Chang stammte. Diese Importfirma hatte sich von Anfang an gut entwickelt und beiden Partnern ein auskömmliches Dasein ermöglicht. Arno gelang es darüber hinaus, in Singapur begehrte Waren aus Deutschland zu importieren und im Gegenzug Produkte aus China, Taiwan und Singapur nach Europa zu exportieren. In erster Linie hatte es sich dabei um elektronische Produkte gehandelt. Schon damals wurde ihm jedoch bewusst, dass diese Tätigkeit nicht sein Lebensziel sein konnte. Dafür hatte Arno nicht so lange studiert, so seine Begründung. Der Handel sei für ihn zwar ein einträgliches Geschäft, aber auch ein ihn zu wenig herausforderndes Gewerbe.

Was denn aus diesem Unternehmen geworden sei, dafür interessierte ich mich. Es sei nach wie vor in seinem Besitz, denn er konnte Henrys Anteil günstig übernehmen, nachdem dieser die Tochter eines einheimischen Unternehmers geheiratet hatte. Henrys Schwiegervater führte eine große Unternehmensgruppe und sah in seinem Schwiegersohn seinen Stellvertreter und designierten Nachfolger. Gegenüber dessen Geschäften sei ihre gemeinsame Firma nun mal ein Winzling gewesen. Mittlerweile sei Henry der Chef in dem großen Unternehmen. „Wir sind nach wie vor eng befreundet und telefonieren oft miteinander. Ihr müsst dazu eines wissen, wer eines Chinesen Vertrauen gewonnen hat, der hat damit auch eine feste Basis für das Leben gewonnen, wie auch für gemeinsame Geschäfte. Das sieht bei uns so aus: Wenn ich ein großes Unternehmen erwerben kann und meine Mittel dafür nicht ausreichen, dann muss ich nur meinen Freund anrufen und bekomme von ihm jede gewünschte Summe geliehen. Außerdem habe ich meine ersten Mitarbeiter durch Henry kennen gelernt und durfte seiner Einschätzung blind vertrauen. Eines will ich aber auch nicht verhehlen, was mir zudem oft geholfen hat. Als Deutscher genießt man in Ostasien einen großen Bonus. Wir gelten in dieser Region – ob nun zutreffend oder nicht – als tüchtig, anständig und verlässlich."

Dazu wollte ich schon noch Näheres wissen. Arno Caro, wie kam es denn zu dieser aus meiner Sicht eher ungewöhnlichen Freundschaft mit Henry Chang. „Schatz, mit dieser Einschätzung hast Du völlig Recht, denn sowohl unsere Kulturen als auch unsere Lebensweisen sind doch sehr verschieden. Einschränkend muss ich allerdings zwei Gesichtspunkte ins Feld führen. Die Auslandschinesen leben längst in einer anderen Welt, als dies im heutigen China möglich wäre. Selbst in ihre ziemlich abgeschirmte private Sphäre sind längst Spuren westlicher Zivilisation eingedrungen. Der zweite Aspekt in diesem Zusammenhang war allerdings noch bedeutender. Sowohl Henry als auch ich waren Studenten in einem uns fremden Land. Der Osten der USA ist weder mit dem Leben in Hongkong, noch dem in Singapur auch nur entfernt vergleichbar. Nicht einmal Deutschland weist ähnliche Verhältnisse auf wie sie dort gegeben sind. Auch ich musste meine ursprünglich positivere Einschätzung korrigieren. Dieses Land blieb mir immer ein wenig fremd.

Doch nun zurück zum Kern Deiner Frage. Henry und ich hatten dasselbe Studium gewählt und waren uns daher schon gelegentlich über den Weg gelaufen. Nach einem klassischen Konzert trafen wir uns zufällig in der Lobby des Konzerthauses, erkannten uns als Kommilitonen und kamen so erstmals miteinander ins Gespräch. Wir setzten unseren angeregten Gedankenaustausch anschließend in einem kleinen italienischen Restaurant fort. Weder diese Art einer europäischen Gaststätte, geschweige denn die dort aufgetischten mediterranen Genüsse kannte er bis dahin, aber das Henry ungewohnte Essen mundete ihm dennoch. Verwundert hatte er mitbekommen, dass ich mit dem Wirt in dessen Muttersprache umging." „Arno, Du bist vermutlich doch kein echter Amerikaner, wie ich angenommen hatte, sondern ein Italiener." „Henry, damit liegst Du zwar nicht so ganz schief, denn meine Mutter war eine Italienerin. In meinem Reisepass steht allerdings bei der Angabe der Nationalität Deutsch." Meine Nationalität wirkte wohl wie ein Zauberwort auf ihn, denn Henry taute immer mehr auf. Zwei Fremde hatten sich in einem ihnen fremden Land kennen gelernt und sich näher „berochen". Seit diesem Abend setzte er sich in den Vorlesungen und Übungen zu mir, wir bildeten eine Lerngemeinschaft und profitierten voneinander. Über ihn lernte ich zwei exquisite chinesische Lokale kennen, und außerdem ein wenig Chinesisch, und durch mich wurde er – wenigstens oberflächlich – mit europäischem Denken vertraut.

Noch waren wir lediglich Studienkollegen, aber noch keine Freunde. Das änderte sich eines Tages, an dem er mir eingestand, dass er leider nicht mit mir Essen gehen könne. Ich setzte nach und erfuhr, dass sein üblicher Monatswechsel aus unerfindlichem Grund ausgeblieben war. „Henry, Du kannst doch nicht hungern, komm wir gehen miteinander, und Du bist mein Gast!" Zuerst wollte er meine Einladung nicht annehmen, sagte dann aber doch zu. Im Verlauf des Abends gestand er mir, dass er wegen des ausbleibenden Schecks in Geldnöten stecke und daher seine Miete nicht bezahlen könne. Ich hatte eisern gespart und konnte ihm das Geld im Vertrauen auf seine Integrität leihen. Von da an waren wir gute Freunde, halfen uns gegenseitig und machten beide ein gutes Examen."

Mein Vater wollte von Arno wissen, wie er denn mit den Amerikanern zu Rande gekommen sei? Arno runzelte ein wenig seine hohe

Stirn und antwortete zögerlich. „Federico, ich bin leider keiner, der spontan auf Leute zugeht und schnell mit Menschen ins Gespräch kommt. Meine Kontakte beschränkten sich von daher primär auf die Mitstudenten, mit wenigen Ausnahmen waren sie fast alle Amerikaner aus den Oststaaten der USA. Natürlich hatte ich Kontakt zu den Amerikanern, auf die ich bei meinen Einkäufen und sonstigen Dienstleistungen traf. Aber abgesehen von wenigen Ausnahmen, kam ich in Boston leider kaum einmal enger mit Amerikanern zusammen. Nahezu alle waren sie zwar sehr nett, aber auch unverbindlich höflich, und sehr stolz darauf Amerikaner zu sein. Dieser überzogene Nationalstolz wirkte befremdlich auf mich. Manchmal wurde ich nämlich nicht nur mit der Standardfrage konfrontiert, wie ich denn Amerika finden würde? Diese verfängliche Frage mündete fast zwangsläufig in eine weitere und von mir nicht ehrlich zu beantwortende Frage ein, die lautete, ob ich denn nicht in Amerika bleiben wolle? Doch das wollte ich keineswegs, und verstand es mein „nein", höchst vage zu verklausulieren.

Henry wurde diese Frage, zumindest was ich weiß, aber nie gestellt. Er hatte, obwohl er ein offener und netter Mensch ist, praktisch keine Kontakte zu Amerikanern. Ich erkläre mir dies so, räume aber ein, dass ich damit auch schief liegen kann: Es ist eben schon ein großer Unterschied, sich im Gespräch mit Dritten die eigene Einstellung gegenüber Ausländern aus anderen Welten und anderer Hautfarbe als liberal und tolerant zu bezeichnen, und diese bei einer direkten Begegnung dann auch zu untermauern. Ich wurde gelegentlich den Eindruck nicht los, dass selbst einige der gebildeten US-Studenten einem gut verhohlenen Rassismus zuneigten. Speziell die Asiaten, gleich welcher Herkunft, erfuhren allein aufgrund ihres Aussehens, von vornherein zumeist offene Ablehnung. Einige unserer Mitstudenten verspotteten Henry als Schlitzauge, und mich, der sich vehement dagegen verwahrt hatte, beschimpften sie ab und an sogar als Nazi. Von wegen weltoffen und liberal, diese Minderheit, zumeist religiös-national eingestellten Studenten aus den Staaten des Mississippi-Beckens, waren oft erstaunlich schlicht und unkultiviert. Mit denen wollten wir wirklich nichts zu tun haben, was diese „Herrschaften“ dann gerne als amerikafeindlich zu interpretieren versuchten.

Zweimal versuchten einige von ihnen, uns, sowie auch andere ausländische Studenten, zu provozieren, um uns in eine Schlägerei zu verwickeln. Darum wissend, dass wir dann von der Universität verwiesen worden wären, aber die amerikanischen Provokateure eben nicht, verdrückten wir uns lieber. Die, wie üblich schweigende oder auch lediglich feige Mehrheit, wehrte diesen Anpöbelungen auf dem Campus fast nie oder allenfalls nur halbherzig. Damit hier jetzt kein falsches Bild entsteht, ich habe noch heute einen guten Draht zu ehemaligen Kommilitonen, was ihnen und mir beruflich nützt. Diese Netzwerke werden an den Universitäten der Staaten gezielt geknüpft, was anscheinend in Deutschland, wie ich von einigen deutschen Akademikern erfahren habe, nur in Ausnahmefällen so sein soll.“

Caro, wie muss ich mir denn Deinen Freund Henry Chang rein optisch vorstellen? Arno zog sein Handy und zeigte mir ein Bild von ihm. Schatz, der ist ja fast so lang wie Du, sagte ich verwundert. Und er hat feine Gesichtszüge und seine Augen sind ja fast wie die von Europäern. Arno lachte: „Ich weiß schon welches Bild von den Chinesen sich bei uns verfestigt hat. Klein, wuselig, mit lackschwarzen Haaren und gelber Haut seien sie, und würden noch dazu, so wie die Ameisen, nur in großen Gruppen auftreten. Das trifft hier bestimmt nicht zu. Henry stammt von vornehmen Han-Chinesen ab, die sich als Elite Chinas verstehen und leider oft auch eine entsprechende Arroganz zeigen. Diese höher gewachsenen Han-Chinesen, die ich kennen gelernt habe, sind kultiviert und wenn sie dir vertrauen können, durchaus offen. Außerdem sind sie dann, was sie geschickt zu verbergen versuchen, auch recht neugierig.“ Wird Dein Freund Henry denn zu unserer Hochzeit kommen? „Cara, davon darfst Du ausgehen und er wird seine reizende Frau Olivia mitbringen. Ob auch mein Gönner Herr Chu oder jemand aus seiner Familie kommen wird, ist schwer vorauszusagen. Einladen werde ich ihn, wie auch seinen Sohn und meinen Schützling, seinen Enkel. Freuen würde ich mich darüber schon sehr, denn sie alle sind mir ans Herz gewachsen.“

Arno setzte seinen beruflichen Werdegang nach dieser Unterbrechung wieder fort. „Jetzt habe ich einen großen Umweg gemacht und bin vom eigentlichen Pfad abgeirrt. Was ich heute noch immer als den Glücksfall schlechthin bezeichnen darf, ist folgendes: Ich kam in Singapur auf einmal auch mit einem ganz anderen und mir völlig fremdem Industriebereich in Kontakt, dem Hochbau. Wir Freunde nahmen nämlich so nebenbei ein Geschäft auf, das wir etwas zu voreilig als eine schnelle und vorübergehende Aktivität einstuften. Dieses „Nebengeschäft“ erwies sich dann wider Erwarten als ein sehr einträglicher Geschäftszweig, denn wir schafften es jenen knapp gewordenen Sand zu besorgen, der zum Bauen in der schnell wachsenden Metropole so dringend gebraucht wurde. Der Glücksfall, der dem zu Grunde lag, war folgender: Ich hatte nach längerem bis dahin erfolglosen Suchen in Malaysia eine ergiebige Sandgrube entdeckt und konnte sie sogar erwerben.“

Im Verlauf unseres Gespräches erfuhren wir so auch von Mr. Chu, einem sehr einflussreichen Bauunternehmer aus Singapur. Dieser kaufte den beiden Freunden den Sand zum üblichen Marktpreis ab. Dieses, sein erstes eigenes Unternehmen, hatte Arno wie er sagte, in kurzer Zeit ein kleines Vermögen eingebracht. Was Arno dabei noch wertvoller erschien, war folgendes: Es trug ihm vor allem ein erstes Knowhow ein, was das Procedere bei Unternehmenskäufen anging. Generös hatte sein Freund Henry ihm das Geschäft alleine überlassen, denn mit so etwas wollte er, der sich mit Elektronik aller Art beschäftigte, nicht auch noch zu tun haben. Dieser Geschäftszweig erweiterte sich dann alsbald auf Baustoffe, wozu Baustahl aus Indien und Zement aus Thailand hinzukam. Allein mit diesem einträglichen Geschäftszweig hätte Arno eigentlich zufrieden sein können, doch damit fühlte er sich noch immer unterfordert.

Seit dem Kauf der Sandgrube und dessen Förderbetrieb reizte ihn das Makeln mit und das Sanieren von Unternehmen. Mit dem Restrukturieren von Unternehmen hatte er sich – zumindest wie das in der Theorie ablaufen sollte – schon im Studium beschäftigt. Ihn reizte damals das analytische Vorgehen bei der Einschätzung des jeweils vorhandenen, aber vor allem des nicht ausgeloteten Potentials. Erweitert um die Einschätzung der Marktfähigkeit und der sich extern bietenden Innovationsmöglichkeiten des zu erwerbenden Unternehmens, ergab dies eine interessante Herausforderung. Doch nun, beruflich angekommen in der realen Praxis, standen der Umsetzung der gelernten Theorie dann doch einige Hindernisse im Wege. Das Kapital, das er hierfür aufbringen konnte, wie auch die schmale Basis für eine Kreditaufnahme, sie reichten für wirklich interessante Objekte bei weitem nicht aus. Durch einen reinen Zufall änderte sich dieses dann doch noch.

Arno war an einem schönen Frühlingstag der Einladung seines chinesischen Geschäftspartners Mr. Chu gefolgt. Der hatte ihn, zusammen mit seinem Freund Henry, eingeladen, um mit ihm und seiner Familie, auf dessen Yacht einen geruhsamen Ferientag zu verbringen. Da er Herrn Chu als einen ehrlichen Geschäftsmann kennen gelernt hatte, freute sich Arno über diese für einen Chinesen ziemlich ungewöhnliche Einladung. Wie er von Henry wusste, blieben diese in der Regel unter sich und mieden im privaten Bereich die Angehörigen fremder Kulturen. Doch hören wir nun Arno selbst dazu. „Henry hatte mich vorher mit den wichtigsten Regeln im Umgang mit einer chinesischen Familie vertraut gemacht. Bei aller Anpassung an die Gepflogenheiten der Engländer, die viele der hier lebenden und zumeist aus Hongkong stammenden Chinesen übernommen hatten, seien noch immer auch traditionelle chinesische Umgangsformen üblich.

Wir trafen uns am Liegeplatz der großen Yacht. Drei Generationen der Familie Chu, der Hongkong-Chinese Henry und der Deutsche Graf. Mein Freund hatte mich so vorgestellt. Vermutlich wollte er damit eine gleiche Augenhöhe herstellen, nach dem Motto, hier wir, die reich gewordenen Auslandschinesen, und auf der anderen Seite der begabte aber arme Deutsche aus adeliger Familie. Drei kleine Kinder, zwei Mädchen und ein Junge komplettierten die Runde. Kaum waren wir an Bord, da spielten die drei Kleinen, entgegen den Ermahnungen durch die Eltern, fang mich doch. Die Yacht hatte den Hafen noch nicht verlassen, da war es schon geschehen: Der kleine Junge rutschte aus, rollte unter der Reling hindurch und stürzte über die hohe Bordwand hinab ins Hafenbecken. Ich handelte instinktiv und sprang dem Jungen nach, rief noch laut „Motor ausmachen und werft einen Rettungsring", was alsbald geschah. Der Junge trieb wieder an die Oberfläche und klammerte sich an mir fest. So konnte ich ihn auf meinem Rücken über Wasser halten und den Rettungsring ergreifen. Henry, noch der Besonnenste an Deck, ließ das Fallreep hinunter, zu dem ich mit dem Jungen hinschwimmen konnte. Die Yacht hatte sich zwar ein Stück entfernt, aber ich erreichte nach einigen kräftigen Zügen deren Heck. Zum Glück drehte sich die Schiffsschraube nicht mehr, denn diese hätte uns in große Gefahr gebracht. Mit vereinten Kräften zogen die Männer an Bord das Reep mit uns nach oben, und ich übergab den Jungen an seinen Vater. Warum mir kein anderer Erwachsener geholfen hatte? Das hatte zwei Gründe: Keiner von ihnen konnte schwimmen und angeblich sollten sich im Hafenbecken auch Haie tummeln. In diesem trüben Gewässer erschien mir die Anwesenheit von Haien eher abwegig, was ich jedoch für mich behielt.

Henry überschüttete mich mit sauberem Wasser, um das schmutzige Hafengebräu abzuspülen. Die praktische Frau Chu reichte mir ein Handtuch, mit dem ich mich abtrocknete und Hemd und Hose abtupfte. Kaum war ich damit fertig, da umarmte mich Herr Chu, der Großvater des geretteten Kindes. Eine alles andere als übliche Geste. Alle anderen Familienmitglieder schlossen sich ihm voller Erleichterung an. Durch diese aus ihrer Sicht mutige Rettungstat war ich jetzt kein Gast mehr, sondern ein enger Freund des Clans. Was das bedeutete, erschloss sich mir erst später. Nach diesem Zwischenfall kam es noch zu einer schönen Fahrt hinaus aufs offene Meer, das die manchmal schon recht stickige Tropenluft wegwehte.

Seit diesem Ausflug wurde ich wiederholt in den luxuriösen Bungalow der Chus eingeladen und stets fürstlich bewirtet. Darüber vermochte ich auch mein mir mühsam angeeignetes und sehr holpriges Chinesisch zu verbessern. Für den kleinen Jungen war ich seitdem sein Onkel, den er stets freudig begrüßte. Der Kleine war nämlich als einziger männlicher Enkel der Augapfel des ganzen Clans. Eines Tages suchten mich Henry und sein Onkel Chu in meiner bescheidenen Behausung auf. Einmal davon abgesehen, dass Herr Chu mein Domizil als seines Freundes Arno nicht würdig befand, kamen sie mit einem interessanten Angebot auf mich zu. Dieses sah so aus?

Ein guter Bekannter der beiden war vor einem Jahr überraschend verstorben. Der tüchtige Geschäftsmann hatte mehrere Unternehmen hinterlassen, darunter einen gut laufenden Betrieb der Autoteile für den europäischen Markt produzierte. Die überforderten Erben wollten dieses Unternehmen verkaufen, und Herr Chu sah in mir einen potentiellen Erwerber. Er nannte mir den von ihm schon heruntergehandelten Kaufpreis und auch andere Schlüsseldaten. Der Kauf schien eine lohnende Herausforderung zu sein, aber leider auch eine für mich nicht machbare Sache. Ich bedankte mich für das Angebot, musste ihm aber bedeuten, dass ich nicht in der Lage sei, eine derartig große Summe aufzubringen. Lächelnd beschied er mich: „Aber Arno, das weiß ich doch, diesen für mich leicht zu stemmenden Betrag kannst Du von mir haben, ohne Zins und auf fünf Jahre vorgestreckt. Dann hast Du den Betrag garantiert längst wieder eingespielt."

Das war mein erstes Geschäft, und ein überaus lohnendes noch dazu. Damit hatte es angefangen und ich konnte weitere Unternehmen erwerben, sie sanieren und wieder mit gutem Gewinn weiter verkaufen. Zwei behielt ich ganz, bei einem anderen Unternehmen halte ich Anteile. Ich hatte dabei so gut verdient, dass ich sogar einen herben Verlust wegstecken konnte".

***

An dieser Stelle hatte Cecilia anscheinend in späterer Zeit in ihren Aufzeichnungen zwei Seiten hinzugefügt. Sie begründete es damit, dass dies einem späteren Leser einen besseren Überblick verschaffen würde. Arno fand nämlich damals, dass er das Weitere gerne irgendwann später erzählen würde, was alle verstehen konnten. Es war nun mal für uns eine fremde Welt, aber auch eine Geschichte, aus der sich das Entstehen des modernen Kapitalismus gut ableiten ließ. Cecilia setzte dabei wieder an Arnos erstem Verlust an und wollte Näheres dazu erfahren. Sie arbeitete ja inzwischen in Arnos Unternehmen mit und hatte dort einen tiefen Einblick bekommen. Von daher konnte sie es nur schwer fassen, dass es einem Verkäufer möglich gewesen war, ihren so akribisch wie vorsichtig prüfenden Mann reinzulegen.

Dies entlockte sie ihrem Arno: Ein gewiefter Betrüger, noch dazu ein Engländer, hatte es seinerzeit geschickt verstanden, den wahren Zustand des von ihm angebotenen Unternehmens zu verschleiern. Er hatte die Bilanzen gefälscht, fingierte Rechnungen beschafft und nicht existente Abnehmer erfunden. Die Schlüsseldaten „korrigierte" er zu seinen Gunsten. Dieses „Unternehmen" konnte von Arno danach weder verkauft noch saniert werden und musste liquidiert werden. Dieser Gauner hatte ihn, den damals noch nicht so erfahrenen Käufer Arno, übel reingelegt und sich auf Nimmerwiedersehen abgesetzt. Aber aus Schaden wurde er klug. Seitdem prüfte er bestimmte Daten akribisch nach, recherchierte bei Kunden wie Lieferanten, und setzte sich mit den Banken des Verkäufers an einen Tisch. In den Fällen wo er nicht ganz sicher war und ein gewisses Risiko drohte, floss der Rest des Kaufpreises erst dann, wenn er sich versichert hatte, dass alles mit rechten Dingen zugegangen war. Ein zweites Mal wollte er nicht getäuscht werden! Einmal sei es ihm gelungen, anhand des Wasser- und Stromverbrauchs eine ihn stutzig machende Diskrepanz zu dem angegebenen Ausstoß aufzudecken. Ohne weitere Prüfung nahm er daher vom Kauf Abstand.

***

Arno fuhr fort in seinem Bericht: „Dieses Tun als Unternehmensmakler und Sanierer zog dann ein stressiges, aber auch spannendes und lohnendes Dasein nach sich. Kein Unternehmen glich dem anderen, deren Schieflagen hatten meistens auch verschiedene Ursachen. Mit der Zeit konnte ich mir bereits nach einem ersten Rundgang und dem Kennenlernen der Verantwortlichen ein grobes Bild verschaffen. Meine Finanziers waren bei großen Transaktionen Herr Chu, sein Sohn Simon und später auch Henry, die dabei auch auf ihre Rechnung kamen. Mit ihrer Hilfe kam ich an interessante Unternehmen, und mit meiner Unterstützung gelangten sie an interessante Geschäftspartner in Europa und USA. Mein im Studium geknüpftes Netzwerk trug dazu maßgeblich bei.

Keine zwei Tage nach seinem Besuch bei mir, rief mich Herr Chu an und sagte: „Arno, mein guter Freund, ich habe eine große und schöne Wohnung für Dich, und im selben Haus auch ein geeignetes Büro. Beides gehört mir und über die Miete werden wir uns bestimmt einig." Bald darauf wohnte ich in einer so schönen wie geräumigen Luxuswohnung mit guter Aussicht ins Grüne und sah in der Ferne noch das Meer. Die Miete war angemessen und gut für mich erschwinglich. Da es im Tiefgeschoß sogar zwei Parkplätze für mich gab, konnte ich mir ein günstiges Zweitauto zulegen. Gebraucht zwar, aber mit wenigen Kilometern auf dem Tacho, und was in den Tropen nicht zu verachten ist, mit einem Faltdach ausgestattet." „Warum braucht man denn in den warmen Tropen ein faltbares Autodach", das wollte ich von ihm wissen. „Cecilia, du bist dort vor einem plötzlichen Regenguss nicht sicher, vor allem gegen Spätnachmittag musst du immer damit rechnen. Daher habe ich mir ein Cabrio mit schneller elektrischer Verstellung des Daches erworben."

***

Damit wieder zurück in den Park des Hotels „Michelangelo". Arno fand jetzt, dass er vorläufig genug von sich preisgegeben hatte. Es sei nun eher angebracht sich dem schönen Hotel, und dem, was es alles zu bieten hatte, zuzuwenden. Dies war ein guter Rat, denn wir hatten bisher zwar unsere Zimmer kennen gelernt, die Räume in denen Frühstück und Mittagessen serviert wurden auch, aber alles andere allenfalls flüchtig gesehen. Arno schob Vaters Rollstuhl hinaus in den Park, wo uns nahe der Begrenzungsmauer eine Bank zum Verweilen einlud. Alte hohe Bäume setzten gekonnte Akzente zu den niederen Hecken, die das Anwesen an einigen Stellen einrahmten, wie auch einige wenige Mauern. Zuvor hatten wir uns an dem schönen Ausblick auf die grünen Hügel der Monti Berici erfreut. Von unserer Bank aus genossen, lag jetzt jenseits der sattgrünen gut gepflegten Rasenflächen, einer Dorfsilhouette gleichend, die fast im rechten Winkel geknickte Häuserkette des Hotels vor uns. Die Fassade des Haupthauses glich hier von der Gartenseite aus betrachtet, eher einem Schloss.

Aber nicht nur diese besondere und ruhige Lage zeichnete das Haus aus, es war noch etwas anderes, uns Umschmeichelndes. Nämlich das überall erlebbare vornehme, dennoch einnehmende Ambiente. Wir tauschten uns darüber aus und fanden dafür eine Erklärung. Arno fasste seine Eindrücke zusammen: „Du bewegst dich hier ständig fern des sich einem ansonsten öfters aufdrängenden, vom Zeitgeist und von sich „verwirklichenden“ Architekten, wie sich modern oder puristisch gebärdenden Designern, geprägten Umfelds. Doch damit treffen wir das hiesige Erleben noch nicht zur Gänze, es geht darüber hinaus. Sicher ist auch hier etliches einheitlich gehalten, nicht nur die überwiegenden hellen Farbtöne. Dennoch atmet dieses Haus, im Kernbereich wohl erbaut vor drei Jahrhunderten, auf Schritt und Tritt Eleganz, Gediegenheit und Stil aus. Was noch für dieses Hotel Michelangelo spricht, ist seine unaufdringliche und einen einnehmende Gastlichkeit. Ich, der schon in vielen Luxushotels genächtigt hatte, fühlte mich vom ersten Augenblick an hier sehr wohl. Ich gehe zuversichtlich davon aus, dass dies auch meine oft sehr anspruchsvollen Kunden genauso erleben werden. Hier kommst du zur Ruhe, findest dich ein in eine wohltuende italienische Gelassenheit. In diesem Hotel, meine Lieben, werde ich mich sicher noch häufiger einfinden! Aber nicht ohne Dich, mein Schatz!" Arnos Analyse stimmten wir anderen vorbehaltlos zu.

Danach erkundeten wir noch weitere Bereiche des Parks und des Hauses. Die Frühstücksterrasse, das heimelige Kaminzimmer mit seinem Konzertflügel und den im Licht badenden Speisesaal, die kannten wir bereits, empfanden sie jeweils als Erlebnis. Neu für uns war ein von Palmen umstandener, unregelmäßig angelegter kleiner Pool. Auch hier konnte sich der Gast auf bequemen Liegen niederlassen, so wie am eigentlichen Schwimmbad. In diesem seinem großen klassischen Pendant hatten wir uns schon vor dem Frühstück im angewärmten Wasser getummelt. Dessen sich sanft im morgendlichen Wind blähenden lichten Vorhänge, muteten an wie blendendweiße Segel auf einem See. Wobei das Tummeln für meinen Arno nicht zutraf, denn der flog anfangs fast durch das Wasser, er kam mir so vor wie ein menschgewordener Delphin. Wo wollte mein Mann denn bei uns dem Schwimmen frönen? In unserem Tal gab es gerademal einen kleinen Weiher, an dem sich an schönen Tagen fast alle der jüngeren Bewohner einfanden. Diesen Gedanken hing ich auf der Liegeterrasse unterhalb des Schwimmbads nach, blickte von dort auf einen nahen Olivenhain.

Ja, und noch etwas kam mir jetzt in den Sinn, wo wollte er, den ich als Feinschmecker geortet hatte, denn in unserem Tal gut speisen? In unserem „Hotel Bella Vista" oder der einfachen Trattoria „La Piazza?" Diese konnten ihm nur einheimische Gerichte offerieren, aber bestimmt keine solchen Genüsse, wie wir sie hier zu uns genommen hatten. Nun, das würde sich morgen klären, doch davor war mir jetzt schon ein wenig bange.

Zurück in der Heimat

Nur ungern verließ ich das Hotel Michelangelo. Wir hatten noch einmal dem reichhaltigen, so gar nicht italienischen Frühstück gut zugesprochen. Danach gelang Arno das „Kunststück" alles Gepäck zu verstauen, und sogar Vaters zusammenlegbaren Rollstuhl unterzubringen. Ich hütete die schöne Blumenvase, die Arno mit den Blumen für meine Mutter gekauft hatte. Als wir zu viert in Arnos an sich sehr komfortablem Auto saßen, da fühlten wir uns dann doch ziemlich eingeengt. Aber angesichts des kurzen Heimwegs spielte dies für uns keine Rolle. Mit leiser Wehmut verließen wir das Hotel Michelangelo. Die schönen Tage, das Zusammensein mit der erweiterten Familie und das Schwelgen im Luxus, würde für uns vermutlich etwas Unwiederbringliches bleiben. Dies, was jetzt auf mich wartete, das war damit in nichts zu vergleichen. Meine Heimat, unser betagter Palazzo und das heimatliche Dorf Sassone, konnten meiner Ansicht nach mit nichts Besonderem aufwarten. Unsere Gegend und unser Dorf waren zwar in meinen, aber nicht gerade objektiven Augen schön, aber zugegeben eben auch nicht außergewöhnlich.

Wie würde es mein Arno erleben, der, was ich sehr wohl mitbekommen habe, schon viel erlebt und viel kennen gelernt hatte? Aber kannte ich ihn denn schon so gut, um seine Reaktion überhaupt richtig einschätzen zu können? Daran klammerte ich mich nun hoffnungsvoll. Oder hatte er etwa zu voreilig von unserem Haus, als von seinem neuen Domizil gesprochen. Ging er vielleicht davon aus, dass wir unsere Welt im direkten Vergleich zum Hotel Michelangelo ein wenig zu abwertend geschildert hatten? Fragen konnte und wollte ich ihn nicht. Wir saßen ja zu viert im Auto, Vater neben Arno und ich direkt hinter ihm, meine Mutter war durch das Gepäck meiner Eltern von mir „getrennt", was eine direkte Kommunikation erschwerte. Nun denn, ich musste es halt so nehmen, wie es kommen würde.

Aber alle meine Bedenken lösten sich mit jedem Kilometer den wir uns Sassone näherten mehr und mehr auf. Arno empfand unser Tal als lieblich und anheimelnd, und unsere grüne Hügellandschaft als sanft und wohltuend. Zu unseren maroden Straßen merkte er nur an: „An der Infrastruktur lässt sich noch einiges verbessern, aber das ist ja nichts Unüberwindbares, auch nicht in Italien.“ Zu den beiden Dörfern, die wir passierten gab er zum Besten. Die seien zwar romantisch, und auch mit einem gehörigen Schuss Morbidezza versehen. Da sei er aber durchaus zuversichtlich, ein guter Maurer und viel neue Farbe würden hier schon einiges bewirken können. Ich wunderte mich über meinen Mann, der sah anscheinend nicht nur das, was er gerade wahrnahm, sondern weit mehr bereits jenes, was sich aus seiner Sicht positiv verändern ließ. Das Sanieren schien ihm in Fleisch und Blut übergegangen zu sein. Hatte ich dies bis dahin nur mit dem von maroden Unternehmen verbunden, so erleichterte mich jetzt seine ganz andere Sichtweise. Was ich noch nicht wusste, mein Arno hatte nämlich ursprünglich vor, in Europa als Regionalplaner zu arbeiten. Das Schicksal, oder was es auch immer war, hatte ihm jedoch einen anderen Weg gewiesen.

Als wir in die schmale und seit Jahren holprige Straße einbogen, die sich kurvenreich hinauf nach Sassone schlängelte, ergriffen mich die bangen Gefühle erneut. Denn nun wurde es ja ernst! Arnos Mimik konnte ich leider nur ab und an im Rückspiegel beobachten. „Ihr Lieben, Euer Sassone liegt ja richtig malerisch hoch oben auf einem sanften Hügel, das gefällt mir! Gekrönt wird diese Szenerie anscheinend von einer Burg, die sich leider ein wenig hinter hohen Bäumen versteckt.“ „Arno, dies ist unser altes Castello, die einstige Wohnstätte der Vorbesitzer unseres Palazzo. Es gehört leider auch mit zu unserem Besitz, denn es ist für uns ein großer Klotz am Bein und verfällt zunehmend!“ So erklärte es ihm mein Vater mit Bedauern. „Federico, das alte Gemäuer werde ich mir auch bald ansehen, vielleicht fällt mir dann irgendeine Nutzung dafür ein, die seine Renovierung rechtfertigen würde.“

Als wir kurz darauf in unseren großen Platz hineinfuhren, den Stolz unseres Sassone, da stieg aller Spannung an. Was würde Arno dazu jetzt anmerken? Zuerst einmal gar nichts, aber er fuhr nun betont langsam, so als wolle er all das, was er nun zu Gesicht bekam förmlich einsaugen. Dann kam der erlösende Satz: „So schön hatte ich mir den Platz schon gar nicht vorgestellt, der ist ja ein wahres Kleinod. Der fordert ja geradewegs dazu auf, ihn ins Rampenlicht zu stellen." Was er denn damit meine, wollte mein Vater wissen. „Federico, ich stelle mir gerade in meiner Fantasie vor, hier eine Opernaufführung oder ein Konzert zu erleben. Ja, und daran anschließend noch auf dem Platz den Abend bei Kerzenlicht, gutem Essen und feinem Wein genüsslich ausklingen zu lassen. Manches muss einfach angepackt werden, und man muss die Menschen hier oben und in den Touristenzentren unten in der Ebene dafür interessieren!" Vater hakte nach: „Arno, wie soll das denn gehen?" „Das habe ich im Studium gelernt, es muss allerdings zu der hier gegebenen Mentalität passen. Marketing war ein wesentliches Studienfach, und darin sind die Amerikaner nun mal nicht zu übertreffen. Darüber sollten wir aber erst später einmal reden, nämlich dann, wenn ich noch mehr gesehen habe, denn ich muss meine Vision ja auf einem tragfähigen Fundament aufbauen können!"

Mein Mann ist durch und durch ein Macher, das erfasste ich jetzt. Noch dazu einer, der unsere behäbige Ruhe gehörig durcheinander bringen würde. Doch je mehr ich es jetzt bedachte, eines war nicht von der Hand zu weisen: Es würde uns nämlich gut tun und unser Dorf beleben. Dabei wollte ich meinen Arno gerne unterstützen und versuchen wollen, mögliche Härten abzumildern. Außerdem kannte ich die Empfindlichkeiten einzelner „Honoratioren" und könnte sie von vorneherein mit einbeziehen. Arno war außerdem ein Deutscher, weswegen er bei uns schon von daher auf Vorbehalte stoßen konnte. Noch dazu hatte er „nur" in den USA studiert, und in Fernost seine beruflichen Erfahrungen gemacht. Ob das alles zu uns und unserer Mentalität passen würde? Wohl eher nicht! Andererseits war er ja auch ein halber Italiener, ob er jedoch in seinen Genen auch etwas von unserer eher gelasseneren Mentalität mitbekommen hatte? Diese Fragen bedrängten mich auf unserem, in dieser Mittagszeit wie gewohnt menschenleeren Platz.

Arno ließ den Motor wieder an, umfuhr den ausladenden in Kreuzform angelegten Brunnen, auf dem eine Marienstatue thronte. Dieser Brunnen war der primäre Anziehungspunkt des Dorfes und der beliebte Tummelplatz der Kinder. Aber weder den Brunnen noch die Marienstatue hatte Arno so richtig wahrgenommen, und schon gar nicht das einstige neubarocke Rathaus. Selbst unsere schmucken Häuser, die den Platz umrahmten, würdigte er vorerst keines Blickes. Warum machte er dies? Er erblickte jetzt nämlich unseren Palazzo und hielt wieder an. Ich sprach ihn an: Arno wir sind da. Hier werden wir künftig miteinander wohnen. Gefällt Dir der Anblick unseres Hauses? „Und wie, das ist ja ein nie erwarteter Anblick. Der Architekt Eures Palazzos muss ein großer Könner gewesen sein!“

Hier fühlte sich nun meine an Architektur und Kunst so interessierte Mutter aufgerufen: „Mein lieber Schwiegersohn, vermutlich wird Dir der Name Andrea Palladio wenig sagen. Aber in Venedig und vor allem in Vicenza sind seine Bauten allgegenwärtig. Seine Villen, allen voran die berühmte Villa Rotonda, gelten als Meilensteine der Bau- und Kunstgeschichte. Für uns ist Palladio nun mal der bekannteste Architekt unserer Gegend, wenn nicht gar der Italiens. Mit seinem Stil hat er viele Baumeister geprägt, vermutlich hat einer seiner Schüler unseren Palazzo erbaut.“ Arno räumte ein, dass er von diesem berühmten Andrea Palladio noch nie etwas gehört habe, aber sich gerne mit ihm beschäftigen wolle.

Damals konnten wir noch rechts an unserer Kapelle vorbei in unser Anwesen hineinfahren, und dort die Autos dahinter im Wirtschaftshof abstellen. Eine richtige Garage hatten wir seinerzeit noch nicht. Unser Hinterhof, zu unserer Beruhigung vom Platz her nicht einsehbar, war alles andere als eine gute Visitenkarte, was Arno anscheinend nicht weiter kümmerte. Unsere guten Seelen, Maddalena und Antonio kamen eilends herbei und wehrten Arno, der sich der Koffer annehmen wollte. „Signore Conte, seien Sie herzlich willkommen. Diese Arbeit übernehmen wir doch gerne.“ Arno zog die Brauen hoch, die Ansprache Conte hatte ihm nicht gefallen. Bevor er sich dazu noch äußern konnte, schaltete ich mich leise sprechend ein: Caro, mein Vater konnte seine überfließende Freude über Dich, den ihm so willkommenen Schwiegersohn, nicht zurückhalten. In seinem gestrigen Telefongespräch mit unserer vertrauten Maddalena hatte er wohl auch Deinen Adelstitel mit einfließen lassen. Sehe es ihm bitte nach. Aber eines müssen wir schon noch bedenken, Du wirst ja in unserem Dorf, in dem praktisch alles herumkommt, dann auch so angesprochen werden. Sicherlich sind auch unsere von Maddalena koordinierten Helferinnen, die aus unserem Dorf kommen, längst informiert über Dich. Was wäre Dir denn statt Deinem Geburtstitel als gemäße Ansprache recht?

Mein Vater hatte, entgegen meiner Erwartung, meine leise Frage sehr wohl mitbekommen und unterbreitete Arno nun seinerseits einen Vorschlag. „Lieber Arno, sieh es mir bitte nach, dass ich in meinem Überschwang und Stolz auf Dich auch Deinen Adelstitel eingebracht habe. Deine Bescheidenheit ehrt Dich, Du willst nicht als Conte angesprochen zu werden. Du wirst aber als mein Schwiegersohn in Sassone und im ganzen Tal, künftig eine herausgehobene Position einnehmen, daher müssen die Leute wissen, wie sie Dich ansprechen dürfen. Ich hatte Dich ja gestern gebeten, mir die Last des Kümmerers abzunehmen, was Du nicht abgelehnt hast. Ich werde hier von allen als Cavaliere angesprochen, von einigen aber auch als Padrone. Wie wäre es denn, wenn Du von mir die Benennung Padrone übernehmen würdest?“

Damit konnte sich Arno anfreunden, und seitdem war er für alle im Tal der Padrone. Stillschweigend hatte mein Vater damit auch die Verantwortung für unsere Liegenschaften auf Arno übertragen. Diese Übergabe zeigte mir, welches Vertrauen mein Vater in Arno gewonnen hatte, und das in diesen wenigen Stunden, worüber ich mich riesig freute. Dabei kannte Arno bisher weder unsere verstreuten Grundstücke und Häuser, so wenig wie unseren Palazzo, den

Park und das Areal darum. Dieses fast blinde Vertrauen in Arnos Können und Wollen, bestärkte mich einmal mehr in meiner Wahl. Arno war also nicht nur für mich ein riesiger Glücksfall, sondern auch für meinen Vater, dem die Verwaltung unseres Besitzes längst über den Kopf gewachsen war. Diesen Aspekt hatte ich bis dahin überhaupt noch nicht einbezogen gehabt. Mein lieber Vater brauchte doch auch einen Nachfolger, dem er vertrauen konnte. Diese so bedeutende Übergabe hatte sich nicht in unserem Haus zugetragen, sondern draußen am Eingang zu unserer Kapelle.

Hand in Hand betraten wir den beeindruckenden Garteneingang des Palazzo. Meine Eltern folgten uns auf dem Weg durch den Laubengang der Gartenseite. Durch den für uns üblichen Eingang über die Terrasse betraten wir unser künftiges Domizil und hielten erst wieder im Empfangssaal an. Dieser hohe und mit schönen Fresken ausgemalte Raum, der hatte noch jeden Besucher beeindruckt, so auch meinen Mann. „Wunderschön ist es hier, ein Kleinod sondergleichen ist das Eure. Hier erkenne ich überhaupt keine Spuren des Verfalls.“ Wieder griff mein Vater ein: „Mein lieber Schwiegersohn, es ist doch jetzt nicht nur das Unsere, es ist auch Deines. Wenn wir unseren Gang durch die Räume fortsetzen, dann wirst Du feststellen, dass der Zahn der Zeit leider an Vielem schon kräftig genagt hat. Noch ist zum Glück alles nicht so sehr heruntergekommen, dass es nicht mehr zu retten wäre. Aber nun solltest Du Dir selbst einen Eindruck Deines künftigen Wohnsitzes verschaffen.“ Aber dazu kam es noch nicht sofort, denn meine Mutter wollte diesen uns allen so bedeutsamen Einzug des Schwiegersohnes, unbedingt mit einem Glas Sekt würdigen.

Da saßen wir nun zu viert auf der Gartenterrasse, ich wohlig an meinen Mann angelehnt, und neben uns meine Eltern, die sich an meinem unverhohlenen Glück erfreuten. So hatten sie ihre Tochter noch nie erlebt, glücklich und verbunden mit einem Mann, der auch ihnen gefiel. Das hatten sie so nicht mehr zu erwarten gewagt. Sie mussten doch einige Jahre lang davon ausgehen, dass ihre Cecilia bei dem ihnen überhaupt nicht genehmen Marko hängenbleiben würde. Dieser wäre aus ihrer Sicht in keinem Fall in der Lage gewesen die Liegenschaften der Familie di Martino zufriedenstellend zu verwalten. Ich sah es meinen lieben Eltern an, welch gewaltiger Stein ihnen vom Herzen gerollt war. Papa hatte in Arno einen Schwiegersohn bekommen, der ihn den Kranken, nun endlich ablösen konnte. Und meine Mama? So herzlich wie sie mit Arno umging, und wie liebevoll sie ihn bemutterte, erübrigte sich diese Frage.

Arno genoss dieses Beisammensein, was er auch nicht für sich behielt: „Meine Lieben, hier bei Euch fühle ich mich so wohl, wie eigentlich noch nie in meinem Leben. Ich bin nun endlich angekommen, fühle mich willkommen, habe eine neue Familie gefunden und meine große Liebe. Und all dies erlebe ich nun in einer nie erwarteten Welle des Glücks. Davon habe ich bisher nicht einmal zu träumen gewagt, und bin dafür sehr dankbar. Möge dies so bleiben und uns allen eine gute und heitere Zukunft bescheren.“ Damit hatte er nicht nur mir aus dem Herzen gesprochen, sondern auch unser aller Gefühl wiedergegeben.

Meine Eltern schauten uns zu, wie wir wieder Hand in Hand durch den Garten schritten, und an dessen Ende in den leicht verwilderten Weinberg hinabblickten. „Ich verstehe zwar nichts vom Weinbau, aber mir deucht es so, als ließe sich aus diesem Weinberg noch mehr machen. Vielleicht können wir einen guten Winzer aus dem nahen Valpolicella-Gebiet hierher locken, damit er sich den Hang anschaut und uns Vorschläge unterbreitet, wie wir diesen gegen Südwesten ausgerichteten Weinberg noch verbessern können. Dann hätten wir in einigen Jahren unseren speziellen Hauswein, mit dem wir uns verwöhnen und unsere Freunde erfreuen könnten.“

Den Rückweg nahmen wir nicht durch den Garten, denn mein Arno wollte sich auch noch einen schnellen Eindruck des Nutzbereichs verschaffen. Der war allerdings noch weniger vorzeigbar, als unser ohnehin schon wenig gepflegter Garten. Dieser Bereich lag unweit des Fußes unseres dahinter steil aufsteigenden und nur schütter mit

Laubbäumen bestandenen Burgberges. Auf dessen oberem Plateau befanden sich das morbide Castello und seine zwei mächtigen Nebengebäude. Diese wollte Arno erst später erkunden, was mir sehr recht war. Die nun in Augenschein genommenen Wirtschaftsgebäude befanden sich zwar in einem etwas besseren Zustand, wenngleich auch sie schon bessere Zeiten gesehen hatten. Noch dazu waren sie seit einiger Zeit gefährdet durch abgehende Felsbrocken, abbrechende und oft schwere Äste und sogar schon zweimal durch umstürzende Bäume des steilen Abhangs.

In das Weingut, so die hochtrabende Bezeichnung von Kellerei und Weinlager, warfen wir einen Blick, der nicht unkommentiert bleiben konnte. „Schatz, selbst in diesem, so wie es sich für mich darstellt, immer noch genutzten Gebäude müssen wir einiges renovieren. Miteinander werden wir eine Liste anlegen und darauf all das festhalten, was wir nach und nach in Angriff nehmen wollen. Allerdings gemäß der Priorität, des Aufwands und der Dringlichkeit. Undichte Dächer haben allerdings immer Vorrang, denn sonst sind die Schäden eines Tages derart heftig, dass ein Abbruch sinnvoller erscheint, als eine aufwendige Renovierung.“

Unsere nächste Station war der „Bauernhof“, der eigentlich nicht mehr als solcher diente. Wir hatten unsere Viehwirtschaft vor einigen Jahren aufgegeben, und die Bewirtschaftung unserer Felder, Wiesen und Wälder in andere Hände gegeben. Das ehemalige Wohnhaus der Landwirtschaft interessierte meinen Mann dann etwas näher. Er fragte mich: „Cara, kannst Du Dir vorstellen, dass wir dieses Haus in unser Büro verwandeln?“ Caro, das kommt darauf an, wie viele Räume wir brauchen werden, und ob sich diese überhaupt in ein Büro umbauen lassen. Er nickte zustimmend: „Du hast recht, bevor wir dies nicht zu Ende gedacht haben, sollten wir erst einmal kleinere Brötchen backen, und uns nicht in Träumereien verlieren.“ Entgegen seiner Einschränkung stellte er mir dann doch noch eine Frage: „Sag mal, lässt sich denn das hinter dem Bauernhaus zu erkennende Gebäude kaufen?“ Mich überkam das Lachen: Schatz, Du kannst Deiner Veränderungswut anscheinend doch keine Zügel anlegen, da muss ich Dich in Zukunft wohl bremsen? Damit Deine Fantasie noch weiteres zu tun bekommt, das Haus gehört zum Palazzo und das gegenüber unserer Zugangsgasse auch.

Arno ging in unsern privaten Friedhof hinein, der im schattigen Winkel zwischen der Rückseite des Laubengangs und dem überdachten Zugang zum Wirtschaftshof lag. Hier ruhen meine Ahnen, Seite an Seite im ewigen Schlaf, darunter meine Großeltern und zwei meiner Großtanten. Diese vier mir lieben Verstorbenen hatte ich noch gekannt und an ihren Gräbern immer mal wieder Blumen niedergelegt. Ansonsten war der Friedhof ein Bereich dessen Stille wir Kinder nicht stören wollten. Die düsteren Zypressen hinter der Mauer zum Wirtschaftshof hin, kamen mir damals so vor wie die Kerzen des Todes, und Hüter der Totenruhe.

Den Nutzgärten schenkten wir vorerst keine Beachtung mehr. Wir hatten doch auch so schon genug „erobert“. Ich im Wissen, dass ich hier in meiner Heimat bleiben durfte, und mein Arno, der hier Wurzeln schlagen würde. Im parkähnlichen Garten würden vielleicht einmal unsere Kinder herumtollen, und so wie einst ich, auch immer wieder den Nutzbereich erkunden wollen. Entweder würden wir ihnen von der Gartenterrasse des Palazzo aus zusehen, oder uns vom schattigen Laubengang aus an ihren Spielen erfreuen. Sie würden, so wie ich selbst, in Sassone eine glückliche Kindheit erleben, so mein Wachtraum. Kinder von Arno wollte ich empfangen und zur Mutter werden, das wurde mir immer mehr zur Gewissheit. Mein Mann, soweit kannte ich ihn schon, hegte vermutlich soeben ganz andere Gedanken. Vor seinem inneren Auge erstanden bestimmt unsere Gebäude, Anlagen und Gärten in ihrem alten Glanz, manches gar in dessen künftigem Zustand.

Als ich ihm diese Vermutung dann spiegelte, da lachte er fröhlich auf: „Cara, Du hast mich durchschaut. Ich habe tatsächlich darüber nachgedacht, wie wir dieses einst so schöne Anwesen wieder in seiner ursprünglichen Gestalt erstehen lassen werden. Und natürlich auch, wie wir dies vor allem in den inneren Räumen so halten sollten, mit einer behutsamen Renovierung. Diese Zimmer will ich mir ja auch noch genauer ansehen, und daraufhin überprüfen, ob und wie wir ihnen all jenen Komfort verschaffen können, der gut tut. Aber als eine unserer ersten Maßnahmen gilt es für Vater einen Aufzug einzubauen, damit er wieder ein wenig mehr Freiheit erleben darf. Keine Angst mein Schatz, ich werde alles eng mit Dir und den Eltern abstimmen. Das sehe ich als wichtige Voraussetzung an, damit alles einvernehmlich geschehen kann.“ Das musste mit einem innigen Kuss besiegelt werden, der allerdings nicht unbeachtet blieb, denn drei Mädchen, die am Zaun zum Platz standen, hatten es mitbekommen. Das würde schnell die Runde machen, die Cecilia hat den Padrone lange geküsst. Mir war es nicht einmal unangenehm, alle sollten mitbekommen welche liebevolle Beziehung uns beide verband! Und wie hätte mich dies vor einiger Zeit noch verunsichert, aber jetzt?

Mich an Arno wendend brachte ich einen Einwand ein: Aber geliebter Schatz, das verschlingt doch sehr viel Geld, brauchst Du diese Mittel denn nicht primär dazu, um Dein Unternehmen voranzubringen? Wieder lachte er und ließ mit seiner entlastenden Aussage meine Bedenken versinken. „Meine Einkommensströme sind gut getrennt, und unsere privaten Mittel geben es her. Ich werde Dir bald unser Vermögen offenlegen, und Dich auch mit der DELAMO-Unternehmens-Gruppe vertraut machen. Gedulde Dich damit bitte noch ein wenig, denn ich möchte erst einmal unser gemeinsames Heim näher kennen lernen. Eines solltest Du Dir einprägen: Wir müssen uns zum Glück nichts versagen und können sorgenfrei in unsere gemeinsame Zukunft schauen.“

Wir kehrten zurück auf die Gartenterrasse, um den Eltern den gewonnenen ersten Eindruck zu spiegeln. Übersprudelnd drang es aus mir: Mama und Papa, es wird hier bald einige Veränderungen geben, aber keine, die Euch nicht genehm sein werden. Lieber Papa, stell Dir vor, mein Arno will für Dich als eine der ersten Veränderungen einen Aufzug einbauen lassen! Vater brauchte nichts zu sagen, wir konnten es schon seinem glücklichen Strahlen entnehmen, sein lang gehegter, aber bislang leider unerfüllbarer Wunsch, der würde sich doch noch erfüllen lassen. Mama küsste Arno dankbar und voller Freude auf die Wange.

Nach einem letzten Schluck Sekt machten wir Liebesleute uns auf, um nun auch noch die Innenräume zu inspizieren. Bedingt durch Vaters Behinderung hatten sich meine Eltern wohl oder übel im Piano Nobile eingerichtet. Mein Vater konnte zwar im Erdgeschoß mit dem Rollstuhl auf die Gartenterrasse hinausfahren und dort seinen geliebten Park einsehen. Aber dennoch vermissten meine Eltern schmerzlich ihren lauschigen Platz auf dem Gartenbalkon, wo sie stets ausgiebig zu frühstücken pflegten. Mit dem Einbau des Aufzugs würden sie also wieder in ihre gewohnten Räume zurückkehren können, die sie doch seit ihrer Hochzeit bewohnt hatten. Aber diesem Wunsch standen erst einmal die baulichen Gegebenheiten des Palazzo entgegen. In dessen Innenbereich konnte, zumindest so wie es sich auf den ersten Blick darstellte, leider kein Aufzug geführt werden. Denn diese ziemlich aufwendige technische Installation würde sowohl dem eleganten Eingangsbereich, als auch dem schönen Treppenhaus, jeweils eine hässliche Wunde schlagen.

Nach einigem Hin und Her fanden wir dann doch noch eine Idee, die wir weiter verfolgen wollten. Ein gläserner Aufzug, angebracht an der nördlichen Außenwand, müsste unserer Ansicht nach zu machen sein. Dank eines Durchbruchs unterhalb der Gangfenster in den Etagen würde der Aufzug dann vom Inneren her gut zugänglich sein. Mit einem Eingang von außen und ein auf ihn zuführender Weg wären dann sowohl die Garagen, als auch die Kapelle schnell erreichbar. Arno fand, dass dann dieses Wegstück mit einem Glasdach, überdeckt werden sollte. Alle weiteren Überlegungen wollten wir jedoch den Fachleuten überlassen. Wir wollten dabei möglichst eines vermeiden, der Aufzug sollte vom Platz her nicht einsehbar sein. Ob hier eine bauliche oder eine gärtnerische Lösung das Bessere sein würde, das wollten wir offen lassen. Arnos Bedenken, das hier das Denkmalamt einzuschalten wäre, konnte ich überzeugt verneinen. Angesichts der unzähligen Denkmäler und schützenswerten

Altertümer Italiens, könnten die sich um solche Gebäude wie das unsere, nicht auch noch kümmern.

Danach bezogen wir meine beiden Zimmer und auch das große Gästezimmer daneben. Gelegen waren diese Räume an der sonnigen Südwestseite. Vom Wohnzimmer, einem Eckzimmer, konnten wir sowohl in den Garten, als auch über das Hotel Bella Vista hinweg, ins Tal hinunter blicken. Meine Wohnung gefiel Arno, er fand nur, dass sich beim kargen Interieur noch einiges machen ließe. Ich erklärte ihm, dass noch vor einigen Jahren alle Räume des Palazzo mit schönem antikem Mobiliar bestückt gewesen seien. Leider waren wir, um eine schwierige finanzielle Lage zu überbrücken, vor fünf Jahren gezwungen gewesen, unsere kostbaren alten Möbel zu verkaufen. Viele davon hat Tante Cecilia in ihr Lager übernommen, denn auch sie hatte es nicht übers Herz gebracht, diese auch ihr von ihren Kindheitstagen an so ans Herz gewachsenen Möbel zu verkaufen. „Schatz, das ist eine gute Botschaft, dann werden wir diese allesamt bei der Tante wieder auslösen.“ So mein Arno, der mir damit eine große Freude machte.

Die beiden kleinen Bäder wollten wir zusammenlegen, um den dann vergrößerten Raum, in den von uns gewünschten modernen Zustand zu versetzen. Die Zimmer unserer Wohnung gegenüber hatten wir als Kinderzimmer vorgesehen, denen auch ein Badezimmer zugeordnet werden sollte. In einem dieser drei Zimmer wollte sich Arno vorübergehend auch seinen Arbeitsplatz einrichten. Das Bad meiner Eltern sollte in dieser ersten Bauphase ebenfalls modernisiert werden, denn dies war uns beiden ein Anliegen. Alle anderen Räume würden danach sukzessive renoviert werden, was uns allen recht war.

Recht war es Arno auch, dass wir heute die weitere Besichtigung des Palazzo auf die nächsten Tage verschieben wollten. Mein Mann wollte unser Anwesen lieber noch intensiver erkunden, als sich jetzt nur einen, wie er sagte zwangsläufig flüchtigen Eindruck zu verschaffen. Der morgige Tag würde dabei allerdings nicht zur Verfügung stehen, denn da hatten wir vor, Arnos Tante Cornelia in ihrem

Heim in Montegrotto Terme zu besuchen. Arnos heutiger Telefonanruf hatte die Schwester seiner Mutter in freudige Erwartung gestürzt.

Inzwischen war es Zeit für das Abendessen geworden, für das uns meine Mutter telefonisch im Restaurant des Hotels Bella Vista angemeldet hatte. Mein Vater instruierte zuvor noch seinen Schwiegersohn: „Arno, ich werde Dich nachher dem vertrauten Hotelier und unserem guten Nachbarn Francesco Piatti vorstellen. Francesco ist außerdem mein guter Schulkamerad. Damit stillen wir seine begreifliche Neugierde und verhindern von vorneherein andere Interpretationen und irreführende Vermutungen. Du bist ab jetzt für alle im Tal nicht nur mein Schwiegersohn, sondern auch ihr neuer Padrone. Damit weiß dann ganz Sassone, wer Du bist und was Du künftig für sie sein wirst! Ist das so auch in Deinem Sinn? Du musst nämlich von einem ausgehen, Francesco, der allseits beliebte Hotelier und Ortssprecher, hat einen großen Einfluss in Sassone. Außerdem ist Deine Existenz als Cecilias Partner längst durchgesickert, und hat wie üblich seine Kreise gezogen. Du musst davon ausgehen, dass sich hier bei uns ohnehin fast nichts geheim halten lässt."

Arno nickte zustimmend: „Federico, Du kennst die hiesigen Gepflogenheiten, da verlasse ich mich gerne voll auf Dich. Ich will doch hier meine bleibende Heimat finden und von daher auch von Eurem Umfeld angenommen werden." Arno ging kurz hinaus, besprach noch etwas mit unserem Antonio und kam mit einem verschmitzten Lächeln auf den Lippen wieder zurück. Was er wohl da wieder ausgeheckt hatte?

Etwas später half er dann Vater in dessen Rollstuhl die kleine provisorische Rampe hinab. Dank der schmalen Pforte in der südlichen Gartenmauer, die direkt in den Nachbargarten führte, konnte so mein Vater die Treppen vermeiden. Direkt durch einen Nebeneingang konnten wir nun in das Hotel Bella Vista gelangen. Nun war auch ich gespannt, wie mein Arno von Francesco empfangen werden würde.

Abb.5 Das Anwesen der Familien de la Motte und di Martino.

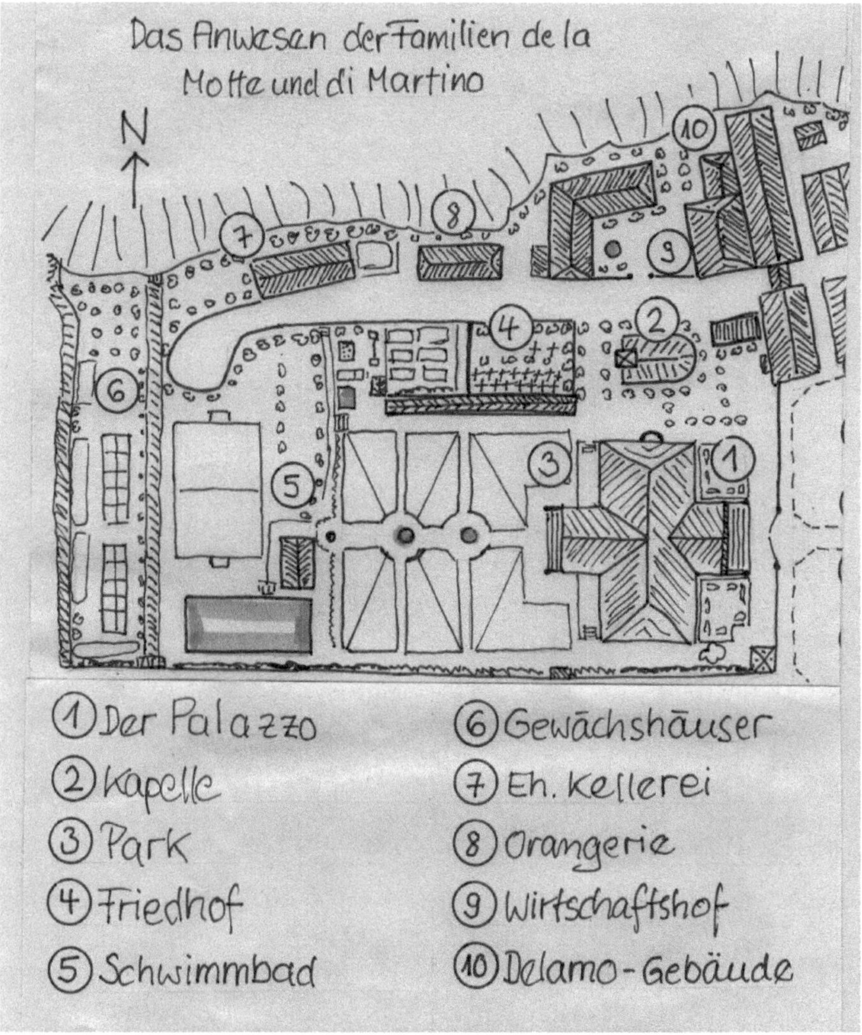

Arnos erster Auftritt

Im hinteren Gang des Restaurants empfing uns ein mächtiges Stimmengewirr, das von vielen Gästen kündete. Und so war es dann auch. Der große Speisesaal war bis auf den letzten Platz gefüllt, Francesco hatte zu etlichen Tischen sogar noch Stühle hinzustellen lassen. Was sonst nur an hohen Feiertagen der Fall war, selbst im Nebenzimmer, das meist nur bei Familienfeiern genützt wurde, schien es nur wenige freie Plätze zu geben. Neugierde und Erwartung hatte fast alle Bewohner des Dorfes ins „Bella Vista" gelockt. Und nicht nur diese, denn ich erkannte auch die Bürgermeister/Ortssprecher der anderen Orte im Tal. Die „stille Post" hatte wieder einmal bestens funktioniert.

Wir grüßten in die Runde und nahmen dann unsere üblichen Plätze ein. Als wir saßen, da erhoben sich die Gäste wie ein Mann und spendeten uns einen stürmischen Applaus. Warum denn das, fragte ich mich, darüber so überrascht wie verwirrt. Dies konnte ich nicht begreifen. Ich hatte zudem weit weniger Gäste erwartet und vor allem eher skeptische Mienen, in denen sich zumeist Abwarten und eine gewisse Zurückhaltung ausdrücken würde. Und nun dieser geradezu überschwängliche Empfang. Dann erst dämmerte es mir, denn alle hatten ihr Weinglas erhoben und riefen – so wie vermutlich vorher miteinander abgestimmt – „Grazie e Benvenuto, caro Padrone".

Mittlerweile hatte Francesco meinem Arno ein gefülltes Weinglas gereicht und ihm etwas zugeflüstert. Arno erhob sich in all seiner Länge und dankte den Anwesenden für das herzliche Willkommen. „Seid gegrüßt und bedankt meine lieben neuen Nachbarn, so herzlich empfangen zu werden, das ist ja wie ein kleines Wunder und eine große Freude für mich. Salute!" Er hatte so wie alle anderen Erwachsenen einen Schluck aus dem Rotweinglas getrunken. Danach ergriff mein Vater das Wort, und das, was er nun sagte, bedeutete für Sassone und unser Tal eine ziemliche Zäsur. Wie groß diese dann noch werden würde, das erschloss sich noch keinem, nicht einmal mir.

„Meine lieben Nachbarn, Ihr habt meinen Schwiegersohn derart herzlich begrüßt, dass es mich fast zu Tränen gerührt hat. Aber er hat dieses Willkommen auch verdient. Unsere Tochter Cecilia hat uns mit ihrem, der ganzen Familie Martino so genehmen Mann, eine riesige Freude bereitet. Dadurch hat mir meine Cecilia auch eine große Last von den Schultern genommen, die mich als Kranken zunehmend überfordert hat. Ihr sollt nun eines erfahren: Ich habe alles, was ich bisher zu betreuen hatte, auf meinen Schwiegersohn übertragen. Es betrifft alle unsere Liegenschaften, mitsamt dem Palazzo, und ich ziehe mich mit großer Zuversicht auf das Altenteil zurück. Alles was ich bisher verwaltet und getan habe, das wird künftig mein Schwiegersohn Arno übernehmen. Er als nachgewiesen erfolgreicher Unternehmer, wird mich, dessen bin ich mir gewiss, bestens vertreten. Dottore Arno de la Motte-di Longhi ist damit für Euch ab jetzt der Padrone, an den Ihr alle mit Euren Anliegen herantreten könnt. Aber lasst ihm dafür noch etwas Zeit, denn er muss sich zuerst einmal mit allem vertraut machen und sich einarbeiten. Hebt nun noch einmal das Glas auf den neuen Padrone!“

Überraschend für alle ergriff Arno noch einmal das Wort und stellte sich den Anwesenden vor. In seinem eleganten hellblauen Sommeranzug, und mit dem Foulardtuch um den Hals, machte er wirklich „Bella Figura“. „Liebe neue Nachbarn, ich darf, schon um mögliche Befürchtungen zu dämpfen, eines voranstellen. Ich bin zwar ein gebürtiger Deutscher, aber einer, der im Ausland studiert hat und dort bisher auch wirtschaftlich tätig geworden ist. Aber nun zu dem, worauf ich großen Wert lege. Ich bin nicht nur ein Deutscher, sondern auch ein halber Italiener. Meine leider schon lange verstorbene Mutter war eine echte Italienerin. Sie stammte sogar aus Eurem heimischen Veneto.“ Von einer gewissen Erleichterung überlagertes Staunen machte sich breit, einer rief voller Freude: „Darauf müssen wir noch einmal anstoßen“, was alle erneut zum Glas greifen ließ. Arno setzte seine Ansprache fort: „Es werden sich im Palazzo und im Garten Veränderungen ergeben, die wir aber als Familie generell unter das Primat des Erhalts stellen wollen. Doch damit wird es nicht getan sein, denn ich werde auch die Zentrale meiner Unternehmensgruppe hier in Sassone ansiedeln. Dies wird zum einen etliche Steuern in den Gemeindeetat einbringen und zum anderen auch einige Menschen in Brot und Arbeit setzen. Weiteres kann und will ich dazu noch nicht einbringen. Aber eines kann ich versichern: Ich werde künftig Eure Verantwortlichen in alle wesentlichen Vorhaben einbeziehen. Auf ein gutes Miteinander und nochmals herzlichen Dank für das mich erleichternde und erfreuende Willkommen."

In meiner Impulsivität umarmte und küsste ich meinen Arno, denn sein so gelungener Auftritt hatte auch alle meine Bedenken und Befürchtungen weggeweht. Das „da capo", was aus der Schar der Gäste erklang, ließ mich nun erröten. Meine Erleichterung teilten auch meine Eltern: „Arno, das hast Du meisterhaft gemacht und Dir einen Start in Sassone verschafft, der im Gedächtnis der Gäste bleiben wird." Zufrieden lächelnd antworte ihm Arno: „Federico, ich habe allerdings auch etwas nachgeholfen", das gestand er uns jetzt ein. „Ich hatte nämlich Euren Antonio gebeten, dem Wirt etwas auszurichten. Francesco und seine Leute sollten jedem Gast ein Glas guten Weines hinstellen, versehen mit dem Hinweis: Das ist der Einstand des neuen Padrone!" Caro, Du überraschst mich nun schon wieder, in Dir scheint ja auch ein kleines Schlitzohr angelegt zu sein. „Cara, wenn Du das so siehst, dann wage ich es nicht, Dir zu widersprechen." Was nun alle am Tisch zum Lachen animierte.

Der Hausherr Francesco Piatti trat zu ihnen. Er umarmte mich, die ihm ja von Kindesbeinen an vertraut war, und die mit seinen Kindern zur Schule gegangen war. Zu ihm gesellte sich auch seine Frau Sofia und Tochter Giulia, meine vertraute Kindheitsfreundin. „Padrone, wir Ihre neuen direkten Nachbarn dürfen Sie ganz herzlich willkommen heißen. Wir freuen uns, dass Du, liebe Cecilia, einen solchen Mann gefunden hast. Ich weiß doch wie sehr Federico immer darauf gehofft hat, dass Du, sein einziges Kind zu uns nach Sassone zurückkehrst. Ich verhehle es nicht, auch wir freuen uns über diese nicht mehr erwartete Botschaft." Seinem Willkommen schlossen sich auch seine Frau und Tochter an, die mich zuvor schon herzlich umarmt hatten. Giulia hatte mir noch ins Ohr geflüstert: „Cecilia, hast Du ein Glück. Ich gratuliere Dir von Herzen. Dein Mann wird uns allen hier gut tun, und Dir natürlich ganz besonders." Giulia, damit hast Du den Nagel auf den Kopf getroffen. Ich kann es ja selbst noch nicht so richtig fassen, dass ich doch noch meiner großen Liebe begegnet bin!

Francesco hatte sich nach Aufforderung durch meinen Vater zu uns gesetzt und bestürmte Arno mit Fragen. „Padrone, wenn Sie ihre Firmenzentrale nach Sassone verlegen, werden dann auch Besucher hierher kommen?" „Davon gehe ich aus, es werden sich vor allem meine engsten Mitarbeiter immer wieder hier einfinden. Aber nicht nur diese werden uns beehren, sondern auch Herrschaften, die uns ihr Unternehmen offerieren wollen und solche, die daran interessiert sind eine sanierte Firma von uns zu erwerben. Außerdem suchen uns auch immer wieder mal junge Leute auf, die mit einer Idee kommen, die sich zu einem Geschäft entwickeln soll. Die sind nicht anspruchsvoll, sie sind nur froh wenn ich ihre Idee gut finde und ihnen dafür einen Kredit gebe. Francesco, worauf zielt denn Ihre Frage ab, da steckt doch ein persönliches Interesse dahinter, oder irre ich mich?"

Nun entwickelte sich ein launiger Dialog der beiden. „Padrone, Sie haben mich durchschaut. Ich habe natürlich ein großes Interesse daran, dass Ihre Gäste dann bei mir einkehren und etliche davon auch hier Quartier nehmen werden. Sind denn Ihre Besucher sehr anspruchsvoll?" „Abgesehen von der schon genannten Ausnahme muss ich Ihre Frage mit ja beantworten. Es werden vor allem die Besucher aus dem asiatischen Raum bei uns auf diesen ungewohntes Essen stoßen. Doch dazu kann ich Ihnen einige Tipps geben. Denn es gilt, das zu beachten, was unabdingbar ist, und vor allem das, was vermieden werden muss. Ich würde mir daher auch gerne mal ihre Gästezimmer ansehen, und natürlich mit unserer Familie immer wieder bei Ihnen einkehren. Mir liegt also nicht nur an einer guten Nachbarschaft, sondern auch daran, dass Ihr Hotel floriert."

Francesco lachte verschmitzt und flachste: „Padrone, wenn ich künftig jeden Tag so viel Wein ausgeben darf wie heute, dann ist mir darum nicht bange!" Arno blieb ihm nichts schuldig: „Lieber Francesco, mit angetrunkenen Besuchern würde ich mich aber schwer tun und mit Mitarbeitern, denen Ihr Wein in den Kopf gestiegen ist, nicht minder." Francesco wurde mutig: „Padrone, kann ich dann bei Ihnen wegen eines Kredits anklopfen?" „Lieber Francesco, wenn mich Ihr Vorhaben überzeugt dann gerne!" Dessen zufriedenes Lachen fand schallenden Widerhall am Tisch. „Federico, das lässt sich ja bestens an mit Deinem Schwiegersohn und unserem neuen Nachbarn. Da muss ich Dir gratulieren!"

Tante Cornelia

Früh sind wir am nächsten Morgen aufgebrochen und hatten sogar aufs Frühstück verzichtet, denn dies wollten wir mit Arnos Tante Cornelia in Montegrotto Terme einnehmen. Unmittelbar vor dem Altersheim, das versteckt in einem Garten lag, konnten wir parken. Vor dem Haus wartete eine hochgewachsene und schlanke alte Dame auf einer Bank. Als sie mitbekam, dass es ihr Arno war, der aus seinem Auto stieg, da hielt sie nichts mehr. Die beiden Verwandten fielen sich in die Arme und freuten sich riesig über das so lange entbehrte Zusammentreffen. Es war anrührend diese große Freude der beiden mitzuerleben. Mein Arno war privat ein lieber und herzlicher Mensch. Sobald es jedoch um seine berufliche Seite ging, oder er es mit Fremden zu tun hatte, da wirkte er konzentriert und auch förmlich. Aber er blieb durchaus höflich, was Außenstehende leicht als kühl und unnahbar interpretieren konnten.

Sie wendete sich dann mir zu: „Du bist also die herzliche Cecilia, meiner Freundin Nichte und Patentochter. Ich freue mich sehr Dich nun kennen lernen zu dürfen. Deine Tante hat immer wieder Mal von Dir berichtet und bedauert, dass Du so weit weg leben würdest. Und nun kommst Du sogar an der Seite meines lieben Neffen und Ziehsohns wieder zurück in die Heimat. Darauf habe ich nach den langen Jahren nicht mehr so richtig zu hoffen gewagt. Und nun wirst Du, eine waschechte Italienerin, zu seiner Frau. Liebe Cecilia, ich freue mich riesig über dieses große Glück!“ Sie nahm mich liebevoll in die Arme, genauso wie ich es mir in meiner Fantasie ausgemalt hatte. Seine Ziehmutter, die für Arno seine Mami war, zeigte mir wie willkommen ich ihr war. Sie bat mich, sie mit Tante Cornelia und Du anzusprechen, was ich gerne befolgte.

Anschließend bat sie uns in das Heim hinein. Und nun erlebte ich wachen Sinnes erstmals ein derartiges Haus, eines, das mich vom ersten Eintreten an befremdete. Es lag zum einen an dem eigenartigen Geruch, der mich in dem Heim umfing, als abgestanden und muffig empfand ich ihn. Es war für mich ein schwer erträgliches

Gemisch aus fehlender Hygiene, Inkontinenz und Ausdünstungen von Kranken, so mein spontaner Eindruck. Vermutlich würde daran auch regelmäßiges Lüften wenig ändern. Zum andern lag es daran, dass wir mit vielen alten und oft gebrechlichen Menschen konfrontiert wurden. Rollatoren und Rollstühle waren nicht der einzige Indikator dafür. Ich blickte in Gesichter, die derart erloschen wirkten, so als würden sich diese Menschen schon in einer anderen Welt befinden. Damit wir zum Appartement der Tante gelangen konnten, mussten wir einen großen Aufenthaltsraum durchqueren. Ich erlebte diesen Gang wie ein psychisches Spießrutenlaufen, so angestarrt und fragenden Blicken ausgesetzt zu sein. Ich war froh, als wir da hindurch waren und über eine Treppe hinauf zu Tantes Appartement gelangten.

Wir betraten ihr kleines und verschachteltes Appartement, das aus zwei Zimmern bestand. Ein wegen der nahen Bäume des Gartens dämmeriges Wohnzimmer ließ uns ein. Die Tante hatte es zwar mit edlem antikem Mobiliar ausgestattet, dieses kam jedoch wegen der herrschenden Enge leider nicht so richtig zur Wirkung. Hier roch es ganz anders, frischer und angenehmer. Das Schlafzimmer, insoweit man diese kleine Kammer überhaupt als Zimmer bezeichnen durfte, empfand ich wie die karge Zelle eines Klosters. Das enge und triste Badezimmer verstärkte diesen Eindruck noch mehr. So möchte ich im Alter nicht wohnen müssen, schoss es mir durch den Kopf. Ob wenigstens eine gute Hausgemeinschaft dieses Gefühl abgeschoben zu sein, etwas ausgleichen konnte? Vermutlich eher nicht!

Arno nahm mir diese Frage ab. „Mami, hast Du denn in diesem Heim wenigstens einen guten Anschluss finden können?“ Mit dieser Frage hatte er einen wunden Punkt bei seiner Tante angesprochen. „Mein lieber Junge, ich hatte mich mit drei Damen ein wenig angefreundet. Doch dies war leider nur eine temporäre Freundschaft. Eine der Damen ist wieder weggezogen, denn eine ihrer Enkelinnen nahm sie in ihr Haus auf, was sie als Befreiung bezeichnete. Die mir liebste dieser guten Bekannten ist urplötzlich an einem Hirnschlag verstorben. Das war zwar für sie eine Erlösung aus diesem von ihr oft beklagten öden Dasein, aber ich hatte daran sehr zu kauen. Ja, und der dritten dieser guten Bekannten sind wir beim Durchqueren des großen Raums gerade begegnet. Es war jene, die ich direkt angesprochen hatte, die aber so wie immer keinerlei Regung bei sich verspüren ließ. Sie ist in einer, für mich unfassbar schnellen Zeit körperlich verfallen und der Demenz anheimgefallen.

Hier wird ein großes Manko des Hauses offenbar, die Kranken müssten intensiver betreut werden, was jedoch aufgrund des Personalmangels nicht erfolgen kann. Wir anderen tun zwar, was wir können, aber wir haben ja auch unsere eigenen Probleme und körperlichen Begrenzungen! So oft ich kann, verlasse ich daher das Heim und unternehme meine kleinen Fluchten in die nahen Bäderorte. Manchmal besteige ich auch die Eisenbahn, um in Padua, seltener jedoch auch in Ferrara und Venedig zu bummeln. Dort einen Kaffee einzunehmen und unter die Leute zu kommen, ist für mich jedes Mal ein Ferientag. Mit meiner Freundin Cecilia und deren Bekannten spiele ich jede Woche einmal Bridge. Dieser Freitag ist für mich wie eine Befreiung aus – ihr verzeiht mir diesen harten Vergleich – aus diesem dumpfen Käfig des Verderbens." Arno blickte mich an, ich nickte zustimmend, denn ich erahnte seine Gedanken, wir verstanden uns auch ohne Worte. Er, wie auch ich, wollten seine Tante bald aus diesem „Gefängnis" der überzähligen Alten herausholen.

Tante Cornelia zeigte uns noch ihren winzigen Balkon und kam dann auf einen weiteren, ihr zusetzenden Punkt zu sprechen, ihre zunehmende Einsamkeit und das ständige Abschiednehmen müssen. „Hier, Ihr Lieben, wirst du sehr häufig an dein nahendes Ende erinnert, was dir immer wieder einen Stich versetzt. Du hoffst inständig, dass du zuvor wenigstens von schwerer Krankheit, Demenz und Würdeverlust verschont bleibst. Du erlebst in diesem Haus tagtäglich, wie bei so manchen die Persönlichkeit zusehends verfällt. Wie das wegdämmert, was dich einst ausgezeichnet hat, und nun auf Nimmerwiedersehen in der Düsternis versinkt. Dieses schleichende Verderben machtlos mit ansehen zu müssen, das zerreißt dir oft genug die Freude am Dasein, manchmal fast das Herz und lässt dich deine eigene Hilflosigkeit spüren. Du hoffst nur noch darauf, dass du möglichst lange dagegen gefeit bleibst. Aber ich will nicht klagen, anderen geht es doch weit schlechter als mir. Doch nun genug von diesen Gedanken, denn heute ist ja ein riesiger Freudentag für mich. Euer Kommen, das erlebe ich wie einen hellen Sonnenschein nach langer düsterer Nebelzeit!“

Nachdem wir der Tante enges Domizil besichtigt hatten, brachen wir auf, um dem Frühstück außerhalb diesem Freudetöter zu frönen. Wieder mussten wir den großen Aufenthaltsraum durchqueren, von dem wir nun wussten, dass er auch als Speise- und Veranstaltungsraum genutzt wurde. Wieder umfing uns dieser muffige erstickende Geruch, der überall zu kleben schien. Riecht so das langsame Verderben? Bereitete er die hier Lebenden vor auf das Sterben, sozusagen als der Geruch des nahenden Todes? Ich war froh als wir dieses Heim wieder verlassen durften, saugte draußen die linde Luft der Natur ein. Um mich wieder an mein neues Leben zu erinnern, musste ich meinem Mann einen Kuss geben. Dieser blies die aufgekommene düstere Stimmung wieder weg, denn das war mein neues Leben, jenes der beglückenden Zweisamkeit und Liebe.

Arno hatte uns vorgeschlagen, dass wir das Frühstück nicht in Montegrotto Terme einnehmen sollten, und auch nicht im nahen Abbano. Dies könnten sie doch in der Heimat seiner Mutter, und der seiner Tante, zu sich nehmen, was bei ihr Freude auslöste. Es sei ja nur eine kurze Fahrstrecke. Als wir in das Umland von Montegrotto Terme hineinfuhren, da drängten sich rechter Hand die Hügel der Colli Euganei bis fast an die Straße heran. Weinberge, lichte Haine und grüne Wiesen ergaben ein liebliches Bild. Das Ortsschild Arqua Petrarca tauchte bald auf und mit ihm unser angestrebtes Ziel. Der kleine Ort wuchs steil am Südhang des Monte Ventolone empor. Ich gewann den Eindruck, als schmiegten sich seine Häuser so an den Berg wie die Küken an ihre Entenmutter. Unser eigentliches Ziel, das Restaurant „La Montanella“, bot uns nicht nur einen Parkplatz, sondern auch von seiner Terrasse aus ein großartiges Panorama. Der

Blick verlor sich in der Weite der uns zu Füßen liegenden Ebene. Diese Landschaft ließ ahnen, dass die Adria nahe sein musste.

Tante Cornelia hatte mit dem luxuriösen Restaurant gut gewählt und schwelgte in Erinnerungen. Hier in Arqua Petrarca hatte sie ihre ganze Kindheit verbracht, sie kannte hier, was sich später beim Rundgang herausstellte, jede Gasse und fast jedes Haus. Arno war letztmals als ein kleiner Junge von sechs Jahren hier gewesen, durfte damals eine Woche bei den liebevollen Großeltern verweilen. An vieles konnte er sich nicht mehr erinnern, nur noch einige spärliche Mosaiksteine hatten sich erhalten, diese Bruchstücke ließen sich von ihm aber nicht mehr zu einem Bild zusammenfügen. Ich, die zum ersten Mal hier weilte, empfand dieses Arqua Petrarca so, als würde ich mich hier ins Mittelalter zurückversetzt befinden. Seine Zusatzbezeichnung verdankte es dem Dichter Petrarca, der hier seine letzten Lebensjahre verbracht hatte. Dessen Sarkophag stand vor der Kirche, aber das Wohnhaus des Dichters, die Casa Petrarca, befand sich heute nicht auf unserem Programm. Meinen Arno zog es nämlich „nur" hin zum Geburtshaus seiner Mutter. Der bescheidene Palazzo der Longhi stand auch am Hauptplatz, aber er war ja längst in fremde Hände übergegangen. Wir konnten ihn daher lediglich von außen betrachten. Arno räumte enttäuscht ein, dass er nicht einmal diese Fassade abgespeichert hatte.

Ein gut gekleideter Herr, der so etwa im Alter von Arno stand, und gerade aus dem Nachbarhaus kam, hatte anscheinend mitbekommen, dass ich meinen Schatz mit Arno angesprochen hatte. Er wandte sich uns zu und sprach Arno direkt an: „Signore, kann es vielleicht sein, dass Sie der deutsche Enkel des Cavaliere di Longhi sind?" Nun dämmerte es auch meinem Mann, der erfreut reagierte und seinerseits nachfragte: „Dann sind Sie am Ende mein damaliger Spielkamerad Ettore?" Dieser war es tatsächlich und die beiden Männer schüttelten sich voller Wiedersehensfreude die Hände. Dieses Zusammentreffen nach so vielen Jahren, das durfte doch nicht nur bei einem flüchtigen Kontakt bleiben. Als Ettore Pinza dann auch noch Tante Cornelia erkannte, hielt uns nichts mehr auf dem kleinen Platz.

Wir gingen miteinander zurück zum Restaurant „La Montanella“, um dort zusammen mit unserem Gast auch noch das Mittagessen einzunehmen. Der lebhafte und herzliche Ettore Pinza entpuppte sich als der Sindaco (Bürgermeister) von Arqua Petrarca und als ein sehr netter Herr. Arno bestand darauf, dass dann aber Ettore auch noch seine Frau dazu bitten sollte. Und diese junge Frau war wiederum seiner Tante, als Tochter einer Schulfreundin, bestens bekannt. Es entwickelte sich ein lebhaftes, typisch italienisches Gespräch. Tante Cornelia, aber bedingt auch mein Arno, schwelgten in Kindheitserinnerungen. Ich empfand dies als einen wesentlichen Beitrag zur „Eingliederung“ meines Mannes in seine neue Heimat. Er sollte sich doch bei uns wohlfühlen und nicht mehr auf den Gedanken kommen, dass er besser daran getan hätte, sich wieder in Deutschland niederzulassen.

Arno wurde hier sogar „fündig“, denn er erfuhr, dass Ettores jüngerer Bruder ein guter Architekt sei, der sich gerne in der näheren Heimat niederlassen wollte. Arno quetschte seinen Kinderfreund aus, um sicher zu sein, dass dieser Architekt schon als Projektleiter erfolgreich tätig gewesen war. Er bestätigte Arnos Vermutung und berichtet, dass sein Bruder in Mailand schon einige größere Projekte zum Erfolg geführt hatte. Ich ahnte schon warum mein Arno dies tat. In Sassone und darüber hinaus im ganzen Tal würde sich eine große und zu koordinierende Anzahl von Bauprojekten ergeben.

Nach drei wie im Flug vergangenen Stunden trennten wir uns von dem Ehepaar Pinza und brachten Tante Cecilia zurück in ihr Heim. Wir nahmen dort im Garten des Altenheimes noch einen Kaffee zu uns und verabschiedeten uns von der alten Dame, die mir in dieser kurzen Zeit ans Herz gewachsen war. Sie ging fröhlicher als zuvor zurück in ihr Appartement. Dies tat sie nun in der beruhigenden Gewissheit, dass ihrem weiteren Bleiben in diesem bedrückenden Haus keine lange Dauer mehr beschieden war.

Ein Seniorenstift gründen?

Auf dem Heimweg von Montegrotte Terme nach Sassone tauschten wir unsere Eindrücke über das Altenheim aus. Ich begann damit: Schatz, könnten wir denn nicht Tante Cornelia zu uns nach Sassone nehmen und sie aus dieser „Vorhölle" befreien? Mein Arno schaute mich an und bekräftigte durch Nicken meine Aussage. „Cara, für mich gleicht es fast einem Wunder, wie gut wir uns auch schon ohne Worte verstehen, und wie wir auch emotional miteinander harmonieren. Sei versichert, es ist auch mir ein großes Anliegen, denn ich möchte meiner lieben Tante ein würdiges, sorgenfreies und in jeder Hinsicht schönes Alter bescheren. Ich grübele allerdings noch darüber nach, wie wir dies so gestalten können, dass dieser unser Wunsch auch bald in Erfüllung gehen kann, und zwar so wie wir drei es uns wünschen. Ich kann mir außerdem noch vorstellen, dass sich Deine Tante Cecilia auch schon ihre Gedanken gemacht hat, wie das einmal für sie sein wird im nahenden Ruhestand. Denn sie will sich, was sie mir anvertraut hat, so allmählich von ihrem Antiquitätengeschäft trennen."

Arno, auch wir, meine Tante und ich, konnten uns im Hotel Michelangelo darüber unterhalten, und ich kenne nun auch ihre Vorstellungen dazu. Die liegen allerdings weit ab von dem, was wir in diesem Albtraum von Altersheim angetroffen haben, in dem Tante Cornelia hausen muss. Meine Patentante stellt sich nämlich eines vor: Sie will mit gleichgesinnten, kulturell interessierten Menschen eine anregende Gemeinschaft eingehen. Dort soll eine Hilfskraft beschäftigt werden, die sich primär als Haushälterin um das Haus kümmert, aber im Notfall auch die Kranken mitbetreut. Für mich klingt dieses „Wohn-Modell" jedoch nicht besonders überzeugend, denn eine Betreuerin für viele älter und hinfälliger werdende Personen erscheint mir wenig realistisch zu sein.

„Cecilia, das sehe ich auch so, denn da müssen wir größer denken. Hier braucht es nicht nur eine Rundum-Betreuung, was das alltägliche umsorgt werden angeht. Ohne eine professionelle Pflege bei

Krankheit, Unfällen und kleineren Verletzungen wird das nicht gut funktionieren können. Ich stelle mir für die alten Herrschaften angemessene lichte Wohnungen vor, die mit all dem Komfort ausgestattet sind, der ihnen die Bürde des Alters etwas leichter macht. Doch damit ist es bei Weitem noch nicht getan. Denn um sich richtig wohlzufühlen, sind auch Gemeinschaftsräume nötig, die bereichert mit anregenden Aktivitäten, den Geist wachhalten und die Seele „streicheln" sollen. Selbst dann, wenn es in der Umgebung möglich wäre zu flanieren oder zu wandern, sind daneben Einrichtungen, um sich fit zu halten erforderlich. Lasse uns dies im Auge behalten, aber nicht auf die lange Bank schieben, denn ich will dieses Vorhaben in absehbarer Zeit realisieren."

Was bei meinem Mann absehbar hieß, das kannte ich jetzt schon. Ein derart konsequentes Arbeiten anhand von Prioritäten war mir zwar neu, aber es überzeugte mich sehr. Sobald mein Mann eine Maßnahme auf den Weg gebracht hatte, griff er den nächsten Punkt auf; und er arbeitete so stetig wie beharrlich! Und er verlor keine der Aktivitäten aus dem Auge. Erstmals erlebte ich so einen echten Macher! Schwätzer und Träumer hatte ich in meinem Berufsleben zuvor schon etliche gekannt, und Bedenkenträger auch zur Genüge. Arno verlor trotz seiner Konzentration auf die priorisierten Vorhaben, aber auch die nachrangig platzierten Projekte nichts aus dem Auge. Was das in diesem Fall bei ihm bedeutete, das erlebte ich bald.

Arno hatte im Internet nach einer Einrichtung für Senioren gesucht, die seinen Vorstellungen nahe kamen. Und er war in Deutschland fündig geworden. Einige Tage später flatterte uns ein Prospekt des „Augustinum" ins Haus, den ihm seine Cousine Hedi beschafft hatte. Und damit habe ich mir gleich zwei Stichworte gegeben, einmal den uns von Inhalt und Werthaltung her so ansprechenden Prospekt. Er deckte alle unsere Vorstellungen ab und enthielt noch dazu viele Anregungen. Ja; und zum anderen die Hedi, mit der ich ja nun auch verwandt war. Arno und ich waren uns darin einig, eine weitgehend glückliche Lösung, konnten wir auf die Schnelle nicht gestalten. Wir mussten für seine Tante Cornelia nach einer akzeptablen Zwischenlösung suchen. Einig waren wir auch darin, die Tante in unserer unmittelbaren Nähe unterzubringen.

Als wir uns mit den Eltern über Tante Cornelias eingeengtes Dasein austauschten, da brachte mein Vater seinerseits einen Gegenvorschlag ein. „Lieber Arno, Deinen Wunsch, Deiner Tante ein schönes Dasein zu ermöglichen, den finde ich sehr nobel. Meines Erachtens lässt der sich doch um einiges einfacher und vor allem schneller ermöglichen. Was Deine Tante aus meiner Sicht vor allem braucht, das ist ein Familienanschluss, und den können wir ihr doch auch hier bei uns bieten! Die bisher so gut wie nie genutzten Gästezimmer in unserem ersten Stock, lassen sich doch mit geringem Aufwand renovieren. Wenn es finanziell machbar ist, dann würde ich dies befürworten und diese Zimmer gleich in die anstehende Renovierung mit einbeziehen. Dann haben wir die Unruhe und den Baustaub auf einmal, und hoffentlich auch schnell hinter uns.“ Mein Vater setzte noch hinzu, natürlich wollten meine Eltern Arnos Tante zuvor noch kennen lernen. Sollte sie ihnen dann gefallen und zu ihnen passen, wovon sie ausgingen, würde sie hier einen Familienanschluss finden, und alle im Hause bekämen eine weitere Ansprache. Mein Mann freute sich über diesen unerwarteten Vorschlag, auf den er gerne einstieg. Dies war auch mir sehr recht, denn dann konnten wir – so wir es dann noch wollten – die Arno vorschwebende Lösung ohne Zeitdruck planen und gegebenenfalls realisieren.

Aber eines kann ich auf keinen Fall unter den Tisch fallen lassen, schon weil es uns beide so sehr erfreute! Wir konnten nun unseren Hochzeitstermin planen, denn in unserer Abwesenheit waren alle erforderlichen Papiere im Palazzo eingetroffen. Und das hatte nun mal Vorrang vor allem anderen. Als Standesbeamter bot sich sogar unser Landrat an, der sogar zu uns herauf kommen würde. Das war ungewöhnlich, aber durchaus erfreulich. Arno lachte zufrieden und sagte: „Cara, die Herrschaften hier haben inzwischen wohl recherchiert, mit wem sie es zu tun bekommen und was sich hinter unserer

DELAMO-Gruppe verbirgt!“ Er sprach nicht mehr von seinem Unternehmen, sondern völlig selbstverständlich von dem unserem, was mich mächtig freute. Doch davon später, aber davor noch etwas zu Hedi.

Im Taumel der Ereignisse hatte ich glatt vergessen, mich bei Hedi für deren Gastfreundschaft zu bedanken. Mein Dank war zwar auch angebracht, trat jetzt aber in den Hintergrund. Ich hatte doch durch sie meinen Arno kennen gelernt, und dadurch ja etwas weit Wichtigeres gewonnen. Und eben in ihrem Cousin Arno zu meiner großen Liebe gefunden. Hedi einzuladen und als Trauzeugin zu gewinnen, das fand auch Arnos sofortige Zustimmung. Doch wer sollte denn dann der zweite Trauzeuge sein? Das erfuhr ich schon am nächsten Morgen. Arno hatte seinen Freund Henry telefonisch erreicht, der unbedingt kommen und auch gerne als Trauzeuge fungieren wollte. Und dessen Frau Olivia würde ihn begleiten.

Doch erst einmal wieder zurück zu Hedi de la Motte-Lange, denn so lautete ihr ganzer Name. Irgendwie musste mich Arno mit seiner immer mal wieder aufblitzenden Schelmerei angesteckt haben, denn ich meldete mich bei der Hedi als ihre Cousine Cecilia. Deswegen merklich verdutzt, wirkte sie erst einmal begriffsstutzig. Als ich ihr dann die große Veränderung erläuterte, die sich für mich ergeben hatte, und ihr dann auch noch unseren Hochzeitstermin nannte, da ließ sie laut ihrer Freude freien Lauf.

„Cecilia, schon als Arno mir gegenüber so unverhohlen zu erkennen gab, dass Du ihm gefallen würdest, da hätte ich stutzig werden müssen. Aber dass es bei Euch derart schnell zu dieser engen Bindung führen würde, das durfte ich nicht erwarten. Cecilia, Du warst doch anfangs gar nicht an ihm interessiert, und nun wollt ihr sogar noch heiraten. Was hat denn bei Dir diesen Sinneswandel ausgelöst? Haarklein legte ich ihr dar, wie ich ihn näher kennen gelernt hatte, und wie hinter Arnos „Managerfassade“ immer mehr ein liebevoller, fürsorglicher Mann zum Vorschein kam. Meine „Beichte“ endete mit dem Bekenntnis, in ihm endlich zu meiner großen Liebe gefunden zu haben. Hedi und nun bin ich so was von verliebt, dass ich mir manchmal so wie in einem schönen Traum vorkomme. Aber es ist zum Glück keiner, sondern greifbare Realität. „Und wie kommt denn mein Cousin bei Deinen Eltern an?“ Hedi, die waren von Anfang an begeistert von meinem Arno, und endlich völlig einverstanden mit der Wahl ihrer Tochter. Mein Vater hatte ihm, kaum dass wir in Sassone angekommen waren, all sein Hab und Gut übertragen. Er ist nun so etwas von gelöst und kann endlich loslassen. Ich hatte ja nie zuvor bedacht, dass mein Vater für seine Liegenschaften auch einen kompetenten Nachfolger brauchen würde. Und meine Mutter verwöhnt ihren Schwiegersohn, wann immer es ihr möglich ist. Hedi, das tut auch mir gut, denn damit kann ich meine nicht immer rühmliche Vergangenheit vergessen machen.

Turbulente Tage

Wir hatten unserer Gäste wegen die zivile und die kirchliche Trauung zusammengelegt. Die Gästeliste, sorgsam aufgestellt, konnte sich sehen lassen. Eine derart internationale Mischung war zumindest für unser ländliches Sassone äußerst ungewöhnlich. Zwölf Gäste, darunter die Familie Chu und Henry, Arnos Freund mit Frau Olivia, die alle aus Singapur kamen, und dazu noch fünf Gäste aus Deutschland. Hedi brachte ihre Mutter mit, die drei anderen waren Jugendfreunde aus Arnos bayerischer Heimat. Die auswärtigen Gäste konnten wir alle im Hotel „Michelangelo“ unterbringen, meine Verwandtschaft kam im Hotel „Bella Vista“ unter, dessen Zimmer damit ausgebucht waren.

Die Liste der hiesigen Gäste hatte ich zusammen mit meinen Eltern erstellt, wobei wir gezielt jene Personen aussortierten, die mir nicht genehm waren, was uns später vermutlich Probleme verschaffen würde. Gekränkte Eitelkeiten und verletzte Rangordnungen sind eben nicht zu unterschätzen. Dennoch, ich konnte mich nicht dazu durchringen, die mir nie genehme Schulleiterin einzuladen. Auch die Witwe unseres verstorbenen Hausarztes, die im Ort das große Wort zu führen versuchte und auch vor übler Nachrede nicht Halt machte, bezog ich nicht ein. Sie, die sich überall einmischte, und sich wie eine Ärztin gab, und dies mit Halbwissen und Kompetenzgehabe, konnte ich nicht ausstehen.

Unsere Gäste aus Singapur, welche die lange Reise gemeinsam unternommen hatten, begrüßten wir auf Venedigs Flugplatz Marco Polo. Meinen Arno erdrückten Henry und die Chus fast, bestaunten dann mich und begrüßten mich gar mit Contessa, was ich lachend mit dem Bemerken abbog, dass meines Mannes Freunde mich doch bitte als Cecilia ansprechen sollten. Respektvoller wurde mein Mann von seinen vier Führungskräften begrüßt, was mich darin einschloss. Da unsere Gäste früh am Vortag unserer Hochzeit erschienen waren, konnten wir für sie eine kurze Besichtigung von Venedig einplanen. Zwangsläufig reichte es nur zu einem flüchtigen Blick vom Wasser aus, denn wir hatten dafür ein Vaporetto gemietet. Schon die Anreise an Bord dieses Wasserbusses durch die Lagune, vorbei an den Inseln Murano und San Michele, stieß bei den Gästen auf große Zustimmung. Was dann mit dem Blick auf die Silhouette des Dogenpalastes und von San Marco, sowie den Markusplatz noch gesteigert wurde. Die Weiterfahrt durch den Canal Grande, vorbei an den prächtigen Palästen und unter der Ponte Rialto hindurch, steigerte ihre Vorfreude auf den angekündigten Tagesbesuch in Venedig. Am Ende der Tour wartete auf der Piazzale Roma der Reisebus auf die Gäste. Dieser begeistert aufgenommene „Appetithappen" bildete einen schönen Auftakt zu unserer Hochzeit. Danach ging es im Bus nach Arcunagno, damit sich diese Gäste dort im Hotel Michelangelo einquartieren konnten. Auf uns Liebesleute hatte hier unser Antonio gewartet, der uns zurück nach Sassone brachte.

Unsere Trauung fand in der altehrwürdigen Kirche „Santa Maria" von Sassone statt. Neben unseren Gästen hatten sich dort fast alle Bewohner unseres Dorfes, aber auch etliche aus dem übrigen Tal eingefunden. Solch ein besonderes Ereignis hatte es schließlich schon lange nicht mehr gegeben. Viele mussten daher stehen und überließen den alten Herrschaften ihre Sitzplätze. Unsere Gäste aus Asien in ihren an englische Hochzeiten erinnernden ungewöhnlichen Gewändern, erregten beträchtliches Aufsehen. Silbergraue Cuts und Zylinder sowie die Wagenräder von Hüten der Damen, das hatten die Einheimischen hier sicher noch nie erlebt. Mein Arno trug seinen Smoking, aber dieses Mal mit einer silbernen Fliege. Ja und ich? Ich trug das edle Hochzeitskleid meiner Mutter, das nur wenig geändert werden musste. Wieder machten wir „Bella Figura".

Wir traten schon als Ehepaar an den Altar, denn eine Stunde zuvor hatte uns der Landrat, als der Vertreter des Staates, zum Ehepaar erklärt. Damit wurde aus mir, der arbeitslosen Juristin, nun die Contessa Cornelia de la Motte–di Martino. Mit Arno war es so abgesprochen worden. Er hatte mir diesen Zusatz sogar angeraten, denn ich als die Letzte der di Martinos sollte doch wenigstens darüber an diese angesehene Familie erinnern. „Cara, sollten wir einen

Sohn bekommen, dann wird dieser ja auch in die Fußstapfen seines Großvaters treten, und dann ist der Rückgriff auf diesen Namen vermutlich manchmal recht hilfreich."

Aus der kurzen Predigt, die unser alter lebenskluger Pfarrer hielt, blieben mir die wichtigsten Sätze in Erinnerung. „Wer die Liebe sucht, der findet sie oft nicht, denn die Liebe suchte Euch, Ihr lieben Brautleute. Sie führte Euch zusammen und verbindet Euch nun für alle Zeiten. Gott segne diesen Liebesbund, schenke Euch ein glückliches Eheleben und ein stets gutes Miteinander." Unser Nachbar Francesco, der auf Bitte meines Vaters hin, die Organisation des Festes übernommen hatte, überraschte uns alle mit zwei besonderen Einlagen. In der Kirche ertönte auf einmal, begleitet von einem Organisten, ein herrlicher Sopran. Die junge Sängerin sang das „Exultate Jubilate" von Wolfgang Amadeus Mozart, das die Menschen in andächtige Stille versetzte und den Raum mit Wohlklang erfüllte. Was für ein gelungener Auftakt des Weiteren. Vor der Treppe, die hinauf zur Kirche führte, erwartete uns danach eine reich geschmückte Kutsche, die uns über den Platz zu unserem Palazzo brachte. Bedingt durch den schlechten Zustand des Platzes und der straffen Federung des alten Gefährts, wurde es zu einem holprigen Schaukeln, fast so wie auf einem Rummelplatz. Lachend fand mein Mann: „Cara, eines weiß ich sicher, unsere Ehe wird zu keinem derartigen Rumpeln werden, sondern zu einem heiteren, liebevollen Dasein."

Unsere Piazza hatte sich verwandelt, denn in deren westlichem Teil, also dem, der unmittelbar vor unserem Palazzo lag, standen nun mehrere Buden, so wie bei einem Volksfest. Dort konnten am späten Nachmittag die nicht eingeladenen Bewohner von Sassone wenigstens indirekt an unserer Hochzeit teilnehmen. Francesco mit seinen vielfältigen Beziehungen war es nämlich gelungen, Schausteller aus der Region hierher zu locken. Deutsche und italienische Würstchen mit und ohne Brötchen gab es, deutsches Bier und italienischer Wein wurden ausgeschenkt. Und für die Kinder gab es Limonade in verschiedenen Geschmacksrichtungen. Nicht zu vergessen, die bei uns so beliebten kandierten und die mit Schokolade überzogenen Früchte. Und dies alles zu einem sehr günstigen Preis, denn Arno hatte den Anbietern einen gut bemessenen Zuschuss gewährt. Auf die Kinder warteten sogar ein Karussell und ein Eisstand. Weitere Köstlichkeiten aus der Region rundeten das Angebot ab. Uns war es wichtig, dass alle Sassoni, ob nun direkt oder indirekt, an unserem großen Tag teilnehmen konnten. Eine einheimische Musikkapelle wartete hier mit bekannten Weisen auf, und eine Tombola sorgte für Spannung. Deren Erlös floss der Kirchengemeinde für caritative Zwecke zu, wofür unser Pfarrer sehr dankbar war.

Für unsere geladenen Gäste waren im Garten vier Tafeln aufgebaut worden. Wir, und mit uns unsere engeren Verwandten und Freunde, saßen an der parallel zur Gartenterrasse aufgebauten und auf erhöhtem Podium errichteten Ehrentafel. Diese besonderen Gäste hatten auch an unserer Trauung teilgenommen und wurden danach noch im „Bella Vista“ verköstigt. Das dortige Mittagessen durfte nicht zu üppig ausfallen, denn was später in unserem Garten serviert wurde, war exquisit und reichlich. Da wir auf eine lange Tischreihe verzichten wollten, hatten wir stattdessen noch drei kürzere Tafeln aufbauen lassen. Diese Anordnung wirkte von unserem Balkon aus wie ein überdimensionierter Rechen, sie ermöglichte den anderen Gästen einen guten Blick auf uns, das junge Ehepaar. Sowohl die Terrasse als auch der Laubengang waren frei gehalten worden. Vorne in der Mitte, nahe bei uns saßen die Ehrengäste, darunter sogar unser Präfekt und der Landrat. Eigentlich wollten wir uns nach der Trauung noch kurz hinlegen, aber daraus wurde nichts, denn die Gratulanten hielten uns auf. Außerdem waren Arno und ich viel zu aufgeregt.

Pünktlich um 18.00 Uhr hatten alle Platz genommen. Als letzte traten wir aus dem Palazzo, die von Beifallswogen begrüßt Platz nahmen. Leider musste es auch eine Einlasskontrolle anhand der Gästeliste geben, die Francesco organisiert hatte. Er, der Ortsvorsteher, kannte seine Sassoni. Wenn man etwas umsonst „ergattern“ konnte, und sei es nur der Blick auf die illustren Gäste, dann galt es für etliche diese Chance zu ergreifen.

Drei Ansprachen eröffneten das Fest, es ergriffen mein Vater, unser Bürgermeister und zu aller Überraschung auch mein Arno das Wort. Er hielt eine kurze Dankesrede, verwies darauf, dass er in mir nicht nur seine große Liebe gefunden hatte, sondern dadurch auch hier in Sassone seine bleibende Heimat. Er hatte es zuerst in Italienisch, dann in Deutsch und Englisch gehalten, und zuletzt begrüßte er seine chinesisch sprechenden Gäste sogar in deren Sprache, was großen Beifall zeitigte. Und dann durften die Wirte des Tales und ihre Bediensteten das erlesene Menu servieren. Selbst die chinesischen Gäste waren dabei bedacht worden, was dankbar gewürdigt wurde.

Aber es gab ja am heutigen Tag nicht nur Gutes zu genießen, denn auch das Rahmenprogramm konnte sich sehen, besser gesagt hören lassen. Der Opernchor des Venezianischen „La Fenice", begleitet von einem verkleinerten Orchester dieses Hauses, unterhielt die Gäste mit eingängigen Chormelodien. Als eine besondere Hommage für mich, ertönte nun eine Stelle aus Beethovens Oper „Fidelio". Sie lautete: „Wer ein solches Weib errungen, der…", mein Mann flüsterte mir zu, dass er dies veranlasst hatte, was mir vor Ergriffenheit das Auge trübte. Eingangs wurde unsere Ankunft im Garten mit dem Hochzeitsmarsch von Mendelsohn-Bartholdy untermalt. Selbst unser einheimischer Chor trat auf, um die Gäste auch mit traditionellen italienischen Melodien zu unterhalten. Nun wusste ich auch, warum die Gartenterrasse freigehalten werden musste, denn dort traten die Musiker und Chöre auf.

Alle Gäste trugen an ihrer Kleidung ein Schildchen, das es vor allem meinem Mann erleichterte, meine ihm noch nicht bekannten Verwandten und Bekannten anzusprechen. Ich lernte meinerseits die Gäste von Arno kennen, darunter vor allem seine herzliche Tante Karin, die Mutter von Hedi und Schwester seines Vaters, die mir sehr gut gefiel. Diese Schildchen waren auch für mich hilfreich, um mit möglichst vielen Gästen ins Gespräch zu kommen. Auch wenn es oft leider nicht mehr sein konnte als eine kurze Begrüßung. Und wir ließen uns auch draußen auf der Piazza sehen, was sehr gewürdigt wurde. Am abendlichen Feuerwerk, das mit Einbruch der Dunkelheit im hinteren Teil des Gartens abgebrannt wurde, durften dann auch die nicht Geladenen teilnehmen. Spät und schön wurde es und wir sanken todmüde ins Bett, froh darüber, dass dieses Fest dank Arnos Großzügigkeit und der gekonnten Organisation von Francesco so gelungen war.

***

Das bis dahin strahlende Wetter hatte sich am nächsten Morgen etwas eingetrübt, und es sollte laut Vorhersage noch schlechter werden. Dies hielt uns dann davon ab, unsere Flitterwoche in Venedig zu verbringen. Stattdessen konnten wir, dank einer Beziehung von Tante Cornelia, auf die Schnelle noch ein Quartier in Palermo buchen. Uns beiden war das sehr recht, denn die Hauptstadt von Sizilien kannten wir noch nicht. Das nahe Venedig würde uns ohnehin nicht „davonlaufen".

Da wir für unsere ausländischen Gäste eine Busreise nach Venedig und dort eine spezielle Führung arrangiert hatten, konnten wir uns ihnen anschließen. An deren Abendprogramm, einer Opernaufführung im „La Fenice", nahmen wir jedoch nicht mehr teil. Wir fuhren zuvor schon auf einem Vaporetto quer durch die Lagune zum Flughafen „Marco Polo". Überschwänglich wurden wir von unseren Gästen verabschiedet, die uns nochmals eine glückliche Ehe gewünscht hatten.

***

Und das wurde es dann auch!! In anderer Schrift hatte dies Cecilia, anscheinend Jahre später, hinzugefügt. Wir sind nun zu viert und ich bin wieder schwanger. Ich bin zu einer überaus glücklichen Ehefrau und Mutter geworden. Mein lieber Mann verwöhnt mich noch immer, freut sich wenn es seinen Lieben gut geht. Er ist zu einem fröhlichen Menschen geworden, der hier seine emotionale und geographische Heimat gefunden hat. Wir leben in unserem total renovierten Palazzo, der über jeden erdenklichen Komfort verfügt. Unsere Kinder hängen an ihrem Vater und er erfreut sich an unseren wohlgeratenen Sprösslingen. An Babysittern mangelt es uns nicht, denn meine Eltern und unsere Tanten sind geradezu vernarrt in unsere Kinder. Mein Vater ist wieder aufgeblüht und behauptet, dass er sein Leiden viel weniger spürt, wenn seine Enkelkinder um ihn seien. Dank des Aufzugs kann er nun wieder jedes Zimmer im Haus erreichen und sogar auf den nun ebenen Wegen den Garten genießen. Was für ein herrliches Leben darf ich jeden Tag führen. Eines, das ich mir zuvor überhaupt nicht vorstellen konnte.

Die Hochzeitsreise

Fast eine Woche lang hatten wir uns schon einige der Höhepunkte Palermos angeschaut, und uns mehr und mehr mit diesem Teil der schönen Insel angefreundet. Diese von Kultur und Geschichte reich gesättigte Hauptstadt Siziliens, war uns beiden Jungverheirateten von Tante Cornelia als eine Alternative zum derzeit verregneten Venedig empfohlen worden. Und diese Empfehlung erwies sich dann auch als ein wahrer Glücksfall. Wir hatten es offen gelassen, ob wir neben Palermo noch weitere Sehenswürdigkeiten der großen Insel aufsuchen wollten. Und wir machten es abhängig von dem, was wir in Palermo erlebten. Arno, der sich anscheinend stets penibel vorbereitete, hatte sich mit zwei Reiseführern eingedeckt und darin auch ein wenig kundig gemacht. Das Interessanteste daraus hatte er mir vermittelt, wenn auch in geraffter Form. Dadurch konnte ich mich, zumindest ein bisschen, in die bewegte Geschichte und Kultur dieser Insel hineinversetzen.

Quartier bekommen hatten wir in dem Palazzo eines Adeligen. Dessen Adresse hatte uns Tante Cornelia ebenfalls empfohlen. Als der alte Herr bei unserem Anmeldebogen entnahm, dass auch wir von seinem Stand waren, veränderte sich seine zuvor kritische Miene. Sichtbar wurde nun ein freundliches Gesicht, das auf einmal erleichtert wirkte. Doch damit hatte es sich noch nicht, denn er lud uns nach dem Bezug unserer Räume, was wir nicht erwarten durften, sogar in seine privaten Gemächer ein. Wir betraten hier eine andere Welt, eine die von vergangen Zeiten kündete, und die dennoch überaus wohnlich wirkte. Keine Spur des Verfalls zeigte sich hier. Sein großer Schreibtisch und die beiden dazu passenden Regale hatten es meinem Arno sofort angetan, was er so auch äußerte und gerne auch einen solchen hätte. Der Graf empfahl uns daraufhin ein Antiquitätengeschäft, in dem er noch vor kurzem einen ähnlichen Schreibtisch gesehen hatte. Bereits am nächsten Tag führte uns der alte Herr dorthin. Arno erwarb dort einen schönen und sehr großen Schreibtisch, und er fand dazu auch noch drei passende hohe Regale. Der

Händler wollte sie mit seinem Lieferwagen sogar zu uns nach Sassone bringen. Wir vertrauten hier auf des Grafen Einschätzung, der den Händler als einen absolut vertrauenswürdigen Herrn bezeichnete.

Doch wieder zurück in den Palazzo des Conte Falconero. Die ansonsten bei unserer kurzen Anreise im Taxi überall ins Auge fallenden verlotterten Zustände, sie hatten weder in dieser gediegenen Wohnung noch in den von uns gemieteten Räumen Spuren hinterlassen. Alles war gepflegt und befand sich in bestem Zustand. Dieses private Kleinod hätten wir hier in Palermos Altstadt nie und nimmer erwartet, denn das Äußere des Palazzo hatte uns zuvor erst einmal erschreckt. Und in diesem morbiden Gemäuer sollten wir die ersten Tage unserer Flitterwochen zubringen? Und dafür mussten wir auch noch, eine mich erschreckend hohe Summe hinlegen? Das konnte doch nicht mit rechten Dingen zugehen?

Aber als sich die mächtige Eingangstüre hinter uns geschlossen hatte, da verflogen unsere Befürchtungen. Ein livrierter Diener geleitete uns durch einen, von filigranen Kolonaden umstandenen und mit üppig blühenden mediterranen Blumen und Pflanzen geschmückten Innenhof. In dessen Mitte zog ein schöner Brunnen die Blicke auf sich. Gerne hätte ich nun innegehalten, um dieses Kleinod von Hof länger zu betrachten. Doch der Diener führte uns hindurch und bat uns in den Empfangssaal. Dort musterte uns erst einmal ein elegant gekleideter alter Herr von oben bis unten. Seiner verschlossenen Miene nach hatte er wohl nicht mit einem jungen Paar gerechnet. Er schien sich vermutlich zu fragen, ob wir uns vielleicht versehentlich hierher verirrt hatten? Offenkundig schienen seine Gäste stets älteren Datums zu sein, zahlungskräftig und kultiviert zugleich. Seine Höflichkeit war die eines kühlen vornehmen Herrn, was sich, wie zuvor gesagt, schlagartig geändert hatte, als mein Mann uns vorstellte.

„Conte und Contessa Arno und Cecilia de la Motte-di Longhi sind Sie! Ein junges Paar von Adel, welch eine Überraschung für mich.

Seien Sie herzlich willkommen in meinem Hause. Entschuldigen Sie bitte, dass ich Sie anfangs etwas zurückhaltend empfangen habe. Ich hatte bisher mit den meisten jungen Herrschaften leider keine sonderlich guten Erfahrungen gemacht. Diese Gäste waren in der Regel wenig angenehme Zeitgenossen, die zwar viel Geld hatten, aber kaum etwas an Bildung und Kultur vorzuweisen wussten. Zumeist entpuppten sie sich dann als amerikanische Geschäftsleute. Menschen, die der Ansicht waren, dass sie sich mit ihrem jüngst erworbenen Vermögen alles erkaufen und erlauben durften. Nun bin ich, das sei zugegeben, ziemlich erleichtert, in Ihnen anderen jungen Herrschaften zu begegnen!“

Mein Arno, dieser gelegentliche Schelm, lachte leise auf: „Conte, ich muss Sie nun doch etwas beunruhigen. Ich bin ja auch ein Geschäftsmann, einer der in den USA studiert und promoviert hat, in Singapur zu Vermögen gekommen ist, wo sich auch noch der Sitz seines Unternehmens befindet. Ja und noch einen wunden Punkt weise ich auf. Meine Mutter war zwar eine Italienerin, aber mein Vater, obwohl Abkömmling einer Hugenottenfamilie, ist ein Deutscher. Somit bin ich also ein halber Deutscher!“ Doch damit konnte er den alten Grafen nicht erschrecken, denn der nahm meinem Arno sogleich den Wind aus den Segeln.

Lächelnd entgegnete er meinem Mann: „Junger Conte und Dottore, der bedeutendste aller Sizilianer, unser großer Kaiser Federico Segundo, war doch auch ein halber Deutscher. Nie zuvor und nie danach ging es uns Sizilianer so gut wie unter seiner glorreichen Herrschaft. Der große Kaiser hat hier seine Kindheit und Jugend verbracht, und danach den modernsten Staat seiner Zeit geschaffen. In seinem Regnum waren wir das Zentrum des Abendlandes, in dem es den Menschen gut ging und alle frei atmen konnten. Das haben wir Sizilianer nie vergessen. Er, das Staunen der Welt, ruht hier in seinem Palermo in einem Sarkophag aus edlem Porphyr. Er, der von den Päpsten aus Neid und Angst um die Macht gebannte Kaiser, ist der heimliche „Heilige“ Siziliens. Auch ich lege immer mal wieder eine rote Rose an seinem Katafalk nieder, um ihn zu ehren und ihm für unsere goldene Zeit zu danken." Damit hatte uns der Conte einen Schlüssel an die Hand gegeben, einen, der in Sizilien die Herzen öffnete. Wir wurden von den Kundigen, und deren waren nicht wenige, dadurch nicht als Fremde, sondern oft wie Freunde empfangen. Was dies bedeutete, das durften wir in den nächsten Tagen immer mal wieder erleben.

Es wurde ein überaus angeregtes und herzliches Gespräch mit dem alten Herrn, der alleine in seinem Palazzo lebte und darauf angewiesen war, Teile seines Hauses als Hotel Garni zu vermieten. Er beklagte sich nicht, bedauerte es nur, dass er seine ihm lieben Gäste nicht zum Essen einladen konnte. Das nahm mein Mann auf, der den Spieß umdrehte und nun seinerseits den Conte einlud, mit uns sein Lieblingslokal aufzusuchen. Der freute sich über dieses Angebot, wir schienen ihm zu gefallen, junge Leute, die Stil hatten, das hatte er wohl noch selten erlebt.

Was mich schon bei unserer Trauung verwundert hatte, das wiederholte sich nun im Dom von Palermo. Arno kniete nicht wie ich auf beiden Knien, sondern lediglich auf einem Knie, das andere hatte er nur gebeugt und stützte darauf seine rechte Hand ab. Er nahm eine Haltung ein, die ich zwar schon irgendwo gesehen hatte, aber nicht zu deuten wusste. Er betete auch das Vaterunser so wie ich auf Italienisch, aber er wob auf einmal einen deutschen Text hinein. Und dies anstelle der Passage, in der die Kirche sich selbst preist! Ich, des Deutschen mächtig, verstand es so: „Allmächtiger Vater im Himmel, nimm hinweg Deine ungetreuen, machtlüsternen Priester. Gib uns unseren Kaiser Friedrich wieder, damit er in Deinem Namen sein Reich erneut errichte und es zu altem Glanz führe. Der uns seinen Getreuen andauernden Frieden und Wohlstand durch Dich bringe." Was mir Arno später bestätigte, es entsprang seinem Unterbewusstsein. Irgendwo musste er diese Geste, wie den eingeschobenen Text aufgenommen haben. Neben mir kniete Conte Federico Falconero und dies in der gleichen Haltung, der mir nun zuflüsterte: „Contessa Cecilia, Ihr Mann ist ja eine Ghibelline, so wie auch ich! So knien sonst doch nur noch die Getreuen der Hohenstaufen."

Damit konnte ich noch nicht viel anfangen. Denn ich wurde in der Schule zumeist mit Kirchengeschichte indoktriniert, erfuhr aber von weltlicher Geschichte nur wenig, und von früherer so viel wie nichts. So als würde Italiens Geschichte erst 1860 mit Garibaldi, Cavour und Vittorio Emanuele anfangen. Von diesem Imperatore Federico Segundo hatte ich vielleicht einmal den Namen vernommen, mehr aber bestimmt nicht. Aber weil er den Sizilianer so viel bedeutete, musste dieser Deutsche Kaiser einst eine bedeutende und mächtige Persönlichkeit gewesen sein.

Der alte Conte hatte unsere Einladung zum Essen gerne angenommen, und diese mit einem kurzen Spaziergang durch Palermos Altstadt verbunden. Sein, und damit auch unser Zwischenziel, war der unweit entfernte Dom. Dort würde Kaiser Friedrich II. im ewigen Schlafe ruhen. Und seiner Ansicht nach müsse der Beginn des Erkundens der sizilianischen Hauptstadt hier beginnen, an diesem für die Sizilianer geistigen Mittelpunkt Palermos. Und er, der Kenner seiner Heimatstadt, hatte daran gut getan.

Wir näherten uns von Osten her der Kathedrale, dort fiel uns deren ungewöhnliche Apsis sofort ins Auge. Obwohl die spätmittägliche Sonne schon ihre Schatten warf, ließ sich dessen so eigenwillige Fassade noch gut erkennen. In Ocker und lichtes Braungrau getaucht, erhob sich die mächtige Ostwand gleich einer Festungsmauer vor uns. Aus ihr schob sich die „gekrönte“ doppelstöckige Apsis heraus so wie ein halbrunder Festungsturm. Diesen monumentalen Eindruck verstärkten noch die Wölbungen in der unteren Verbindungsmauer. Die hohe Ostwand war nämlich durch diese zwei halbrunden Wölbungen mit den beiden flankierenden, sich erst im oberen Bereich öffnenden und schlanken Türmchen verbunden. Auch die sich über dem unteren Bereich erhebende Wand war gegliedert. Gotische Bögen, mit zumeist vermauerten Fensterbereichen, gingen unten ineinander über. Zusammen mit den an Burgzinnen erinnernden oberen Abschlüssen gaben sie dem Anblick etwas Fremdartiges. Hier hatten sich einst Normannische und Arabische

Baumeister zusammengetan, um etwas Besonderes entstehen zu lassen. So der Conte, den unser Staunen erfreute. Dahinter zeigte sich die in dunklem Blau gedeckte Kuppel, der die Baumeister eine laternenförmige „Krone“ aufgesetzt hatten.

Wir wendeten uns danach der Eingangsseite zu, deren dreigliedrige, im hellen Mittagslicht hellbraun erglänzende Eingangshalle, von intensiv gegliederten Turmstümpfen eingerahmt wurde. Dahinter nahmen wir die gelbgolden schimmernden Wände der hohen Vorhalle wahr. Von unserem Standort aus konnten wir die dem Dom zugrundeliegende Kreuzform kaum erkennen, denn die anschließenden Mauern und Anbauten erschwerten es. Ich gestehe ein, vom Inneren des Gotteshauses habe ich wenig in Erinnerung behalten. Dies lag daran, dass wir, davon magisch angezogen, hinstrebten zu den von Baldachinen überwölbten Sarkophagen des Herrschers und seiner königlichen Mutter, der Kaiserwitwe Konstanze.

Auf den ersten Blick wirkte das Grab der Mutter um einiges prunkvoller als jenes ihres Sohnes. Konstanzes Baldachin wurde nämlich getragen von sechs filigranen Marmorsäulen, in die gezackte umlaufende Bänder mit goldenen Sternen eingelassen waren. Ihr Sarkophag war zwar auch aus dem den Herrschern vorbehaltenen Porphyr gestaltet, ruhte jedoch auf anderen Füßen. Des Kaisers Sarkophag trugen stilisierte Löwen, als Zeichen seiner Macht. Die seinen Baldachin tragenden Säulen waren, so wie sein Sarkophag, aus edlem Porphyr. Der seltene rote Porphyr sei schon zu römischen Zeiten das Symbol der irdischen Macht gewesen, und hätte daher nur den Herrschenden gebührt, belehrte uns der Conte.

Meine naive Frage, warum denn dann eine Frau wie Konstanze ebenfalls in einem Porphyrsarg gebettet wurde, zauberte ein Lächeln in sein gütiges Greisengesicht: „Contessa Cecilia, die edle Mutter des großen Kaisers, war als Königin von Sizilien selbst eine regierende Monarchin, und auch als Regentin für ihren unmündigen Sohn Friedrich. Außerdem war sie, die Enkelin eines Königs, die Witwe des deutschen Kaisers Heinrich VI., an den wir Sizilianer allerdings keine so guten Erinnerungen haben, wie an seinen genialen Sohn.

Meinem Manne folgend hatte auch ich eine weiße Rose zu Füßen seines edlen Sarges nieder gelegt. Als wir die Kathedrale verlassen hatten, da umarmte der alte Graf meinen Mann und hieß ihn einen Bruder, als Ghibelline und Getreuer der Hohenstaufen. Arno war darüber so überrascht wie erfreut. Diese Art des Betens, wie auch seine Haltung, hatte er als Sechsjähriger von seinem Großvater, einem Cavaliere, übernommen. „Mein damals schon kranker Nonno, dessen einziger Enkel ich war, übertrug damit – so sehe ich es erst heute – sein geistiges Erbe auf mich. Im Unterbewusstsein hatte es sich wohl bei mir festgesetzt. Aber ich stehe gerne dazu, denn ich will mich mit diesem so bedeutenden Herrscher künftig intensiv beschäftigen."

Wir verbrachten dank der väterlichen Freundschaft des Conte unsere ganze Flitterwoche über in Palermo, und hatten selbst danach noch das Gefühl, nicht alles Sehenswerte aufgesucht zu haben. Dabei durften wir doch drei wunderschöne Kirchen sehen, die Altstadt kennen lernen, und in Fremden zumeist unbekannten Restaurants speisen. Wir lernten dort spezielle Gerichte kennen, die mit mir wenig vertrauten Gewürzen und Zutaten zubereitet waren. Mein Mann, der mit asiatischer und auch mit arabischer Küche vertraut war, genoss diese Speisen. Nicht verschweigen darf ich die beiden Pasticcerias, deren sizilianische Köstlichkeiten alle guten Vorsätze vergessen machten. Ein sehr gutes Fischrestaurant am Hafen entdeckten wir auch, in dem mein Mann Tintenfisch aß, dem ich schon wegen dessen Aussehen nichts abgewinnen konnte. Im Lieblingsrestaurant des alten Grafen erlebten wir die Gastfreundschaft eines ganzen Raumes, denn er hatte uns dort als Anhänger des Kaisers vorgestellt. Es war schon fast eine Verbrüderung die wir dort erlebten. Vermutlich waren wir mitten hinein geraten in ein „Nest" der Ghibellinen, und durften uns an deren herzlichem Willkommen erfreuen. Dreimal war es uns vergönnt hier diese besondere Atmosphäre zu erleben.

Die Capella Palatina im Normannenschloss erlebte ich als wahres Schmuckstück, als eine in seinem goldenen Glanz an die Macht ihrer Auftraggeber erinnernde Stätte ihres Betens. Hier hatte einst auch der elternlose kleine König Friedrich gebetet, hatte wachen Auges die mit Mosaiken übersäten Wände betrachtet. Vielleicht hatte er sich auch gewundert, warum in diesem erhabenen Raum so verschiedenartige Säulen eingebaut worden waren. Vermutlich stammten diese aus der Zeit der Griechen, die auf Sizilien viele Bauten hinterlassen hatten, und hat vielleicht an jedem Tag, den er hier zubrachte ein anderes Detail betrachtet. Dennoch dauerte er mich, als ein Kind allein und im Purpur. König schon, aber doch auch noch ein Kind, Spielball derer, die nach der Macht griffen. Dennoch wusste dieser Junge um seine Stellung und versuchte sie zu verteidigen. Viele Sprachen hatte er erlernt, Deutsch zuletzt, und hatte es wohl auch am schlechtesten beherrscht. Mehr und mehr begann mich dieser Stupor Mundi, dieses Staunen der Welt, zu faszinieren.

Dank der Verbindungen des alten Grafen durften wir sogar die ansonsten nicht zugängliche Kirche Santa Maria aufsuchen, die der Volksmund Martorana nannte. Auch hier erglänzten die oberen Bereiche der Wände in der Mosaiken Pracht. Die unteren Mauern und der Westteil zeigten das bloße Mauerwerk, vermittelten uns den Eindruck, als sei die Kirche nicht fertiggestellt geworden. Ihr Äußeres wirkte bedauernswert, es lag nicht am eingerüsteten Ostchor, sondern an den auf dem Dach zwischen den roten Kuppeln aufscheinenden Sträuchern. Wie musste dieses Palermo in seiner Glanzzeit unter den Normannen und Staufern auf seine Besucher gewirkt haben? Es war nicht die einzige Kirche, die saniert werden müsste. St. Giovanni d`Eremiti mit seinem Kreuzgang befand sich in einem noch schlechteren Zustand.

Der zweite bauliche Höhepunkt befand sich hingegen in bestem Zustand, und er hatte an diesem schönen Tag auch viele Besucher angelockt. Aber alle mussten sich diese Schöpfung aus der Zeit der Normannen erst einmal „erarbeiten“. Steil ging es im Ort Monreale einen Weg hinauf, der nicht enden wollte. Aber dann standen wir doch, keuchend zwar, endlich auf einem kleinen Platz und erblickten die gen Westen ausgerichtete Kirchenfassade vor uns. Wir verweilten dort jedoch nur kurz, denn es zog uns in dessen Inneres. Ohnehin verdeckten zwei ausladende Palmen den Anblick, so als würden sie diese Kirche beschützen.

Ich erlebte den Dom von Monreale im Inneren als einen Traum, den nicht nur die Mosaiken hervorgerufen hatten. Wir ließen uns auf einer der Kirchenbänke nieder, überwältigt vom Eindruck des hohen und für die damalige Zeit sehr breiten Doms. Alle Blicke waren auf die Apsis ausgerichtet, denn diese wurde von einem riesigen Mosaik beherrscht. Über allem im Raum thronte Jesus Christus, dargestellt als Herrscher der Welt. Diejenigen, die dieses wahrlich majestätische Bildnis angefertigt hatten, mussten einerseits große Künstler und andererseits gläubige Menschen gewesen sein. In edlem Blau und rötlichem Goldton gekleidet, zeigte sich der Pantokrator in all seiner Würde und männlichen Schönheit, auf dem ihm gebührenden goldenem Hintergrund. Nie zuvor hatte ich den Erlöser derart lebensecht abgebildet gesehen. Der griechischen Inschrift Pantokrator hätte es meiner Ansicht nach nicht bedurft. Das Antlitz des Gottessohnes wirkte überirdisch und zog den Betrachter in seinen Bann. Selbst als wir nach langem Verweilen im Kirchenraum danach den beeindruckenden Kreuzgang aufsuchten, stand dieses Bildnis noch immer vor meinem inneren Auge.

Dabei war dieser Kreuzgang ein Schmuckstück an sich, eines, das man unbedingt vor dem Eintritt in die Kirche sehen sollte, um es richtig würdigen zu können. So wie auch die Ostfassade des Doms, die jener der Kathedrale Palermos nicht im Geringsten nachstand. Und auch dem Park hinter dem Klosterbereich des Doms sollte der Besucher einige Zeit einräumen. Es liegt nicht an dessen Pflanzen und Bäumen, es liegt einzig und allein an dem weiten Blick, der sich von hier aus auf die Conca d`Oro, die goldene Muschel eröffnete So lautete die Bezeichnung des weiten Talbeckens, das Palermo umarmt und in dessen Hintergrund das blaue Meer schimmert.

Es war eine wunderschöne Zeit mit meinem Mann, den ich immer besser kennen lernen und lieben durfte. Was hatte ich doch für ein Glück mit meinem Arno. Er war einerseits ein lebenserfahrener, gestandener Herr und andererseits ein liebevoller, auf mich eingehender Ehemann. Durch ihn erlebte ich nun, was Liebe wirklich ist, eine tiefe Verbundenheit, Vertrautheit, und so dämlich das auch klingen mag, ein anhaltende Glücksgefühl. Ich fühlte mich endlich verstanden, erlebte mit ihm eine Partnerschaft auf Augenhöhe, was nicht ausschloss, dass ich mich bei ihm anlehnen konnte. So geliebt zu werden wie ich dies empfand, davon durfte ich zuvor nicht einmal träumen, und nun erlebte ich dies tagtäglich mit allen Sinnen.

Geschäftige Zeiten

Ich wusste ja, dass sich mein Mann über vieles Gedanken machte, was es bei uns in unseren Liegenschaften zu verbessern galt. Aber nicht nur bei uns, denn mein Arno hatte große Pläne. Er führte nichts Geringeres im Sinn, als aus unserem Sassone eine attraktive und von Touristen gerne aufgesuchte Gemeinde zu machen. Bei seinen Begehungen wollte er mich stets dabeihaben. Sein Notizbuch füllte sich immer mehr, es war vollgeschrieben mit Beobachtungen und Ideen, die er mir darlegte. Dabei ging es wie schon ausgeführt, längst nicht mehr nur um unseren Palazzo und die angrenzenden uns gehörenden Gebäude, denn er hatte auch auf unser Umfeld kritische Blicke geworfen. Er grübelte bei manchen Gebäuden, was sich daraus machen ließe. Als er diesen ersten Überblick gewonnen hatte, legte er die Prioritäten fest und erarbeitete einen entsprechenden Ablaufplan. Alles hatte er mit mir besprochen und dazu auch meinen Rat eingeholt, doch mir blieb fast immer nur die Zustimmung, zu überzeugend hatte mein Mann alles festgelegt. Er, der studierte Regionalplaner, ging mit einer Systematik vor, die ich mehr und mehr bewunderte. Erst als er wusste, was er wollte, besprach er es mit unserem neuen Architekten und Projektmanager Vincenzo Pinza, dem Bruder von Arnos Kinderfreund Ettore.

Mit Vincenzo hatten wir einen „guten Fang" gemacht. Warum kam ich denn zu dieser Einschätzung? Dieser herzliche Mann überzeugte uns vor allem durch zwei Eigenschaften: Er begriff sofort worauf Arno hinauswollte, legte einen konkreten Ablaufplan vor, und schätzte die anfallenden Kosten noch dazu recht gut ein. Vincenzo konnte mit den Handwerkern, verstand nicht nur deren Tun und Schwierigkeiten, er schaffte es auch die jeweiligen Gewerke bestens miteinander zu verknüpfen. Leerlauf gab es bei ihm nicht; was auch dringend nötig war, denn das gesamte Bauvorhaben wuchs immer mehr zu einem großen Projekt an. So allmählich entstand im ganzen Dorf eine regelrechte Aufbruchsstimmung. Der soziale Druck führte dazu, dass auch die zuvor noch zögerlichen Hausbesitzer sich in die allgemeine „Baueuphorie" hineinziehen ließen. Der vielleicht noch größere Anreiz war jedoch in einem anderen Gesichtspunkt zu suchen. Durch den zentralen Einkauf, den Vincenzo Piatti organisiert hatte, aber auch durch den geschickt getakteten Ablauf entstanden erhebliche Kostenvorteile. Und die wollte sich gewiss keiner entgehen lassen. Solch eine Chance würde es nie wieder geben, diese Gelegenheit musste unbedingt beim Schopf gepackt werden.

Arno, der ja kein ausgewiesener Baufachmann war, hielt sich weitgehend heraus und ließ den Projektmanager Vincenzo gewähren. Nur bei den wichtigen Besprechungen wollte der Architekt den Padrone dabei haben. Arnos Stimme, wie sein Ruf als Macher, hatten im Tal ein großes Gewicht, zumal er bei den größeren Krediten ohnehin das letzte Wort hatte. Dennoch blieb Arno bei allem, was sich tat auf dem Laufenden. Er erkannte auch, wo es seiner Nachhilfe noch bedurfte. So entstand im Keller des ehemaligen Rathauses ein Gerätepool, wo seltener verwendete Kleingeräte ausgeliehen werden konnten. Daneben gab es auch ein Magazin für häufiger benötigte Ersatz- und Kleinteile. Arno ermutigte einen tüchtigen Handwerker dazu, sich einen kleinen Bagger anzuschaffen, womit sich die Erdarbeiten viel schneller erledigen ließen. Was dann auch bei einem anderen tüchtigen Mann zutraf, der sich drei Schuttmulden und das entsprechende Fahrzeug anschaffte. Wobei aus den drei Mulden noch weitere vier wurden, und sich die Abläufe dadurch beschleunigten. Eine auswärtige Gerüstbaufirma errichtete eine Außenstelle, was sehr begrüßt wurde. Dass diese auch noch einen Kran verleihen konnte, trug zur weiteren Beschleunigung der Abläufe bei. Vincenzo koordinierte einige Fremdfirmen aus der Region, die Arbeiten erledigten, die unsere Handwerker nicht erbringen konnten. Er hatte dabei günstige Konditionen ausgehandelt.

Vincenzo residierte im ersten Stock des einstigen und nun sanierten Rathauses, dort hatte er vier Räume bezogen. Mitgebracht hatte er seine Frau Mirella und vier Architektur-Praktikanten. Alle hatten in Sassone eine vernünftige Unterkunft gefunden, und waren bald nicht mehr wegzudenken. Mit Mirella hatte ich mich angefreundet, sie war nicht minder herzlich wie ihr Mann. Sie war zwar eine Architektin, war jedoch angesichts des Umfangs der Projekte vorwiegend mit zwei Aufgaben beschäftigt. Sie, die Tochter eines gut vernetzten Präfekten, pflegte primär die unabdingbaren Kontakte zu den Behörden. Da es auch darum ging, einige der maroden Straßen zu erneuern, und, so hatten es sich die Projektverantwortlichen vorgestellt, eine das Tal erschließende Straße gebaut werden sollte, waren diese Kontakte unabdingbar. Was keiner erwarten durfte und in Italien fast einem Wunder gleichkam, unsere Anträge wurden bewilligt und der Ausbau in Angriff genommen.

Daneben hatte Mirella noch die Feinplanung und Verfolgung der kalkulierten Kosten übernommen. Diese zierliche Frau war unglaublich beharrlich, sie ließ sich weder vertrösten noch hinhalten. Arno fuhr einige Male mit ihr zu den Herren, die in den Behörden oder in der lokalen Politik das Sagen hatten, um den Anträgen das nötige Gewicht zu verschaffen. Er verstand es mit der Ansiedlung von zwei Unternehmen zu „locken", und den Verantwortlichen den Nutzen für sie selbst aufzuzeigen. Sie sollten es doch als ihre Initiative „verkaufen", und so „Werbung" für sich und ihre Institutionen betreiben.

Das Baugeschehen startete bei uns. Zuerst war unser Palazzo an der Reihe, denn der war von der Piazza aus am besten zugänglich. Damit wir während der Bauphase eine angemessene Bleibe vorfanden, mussten aber erst einmal die Wohnungen in unserer einstigen Landwirtschaft ausgebaut werden. Dort wohnten bisher nur noch unsere dienstbaren Geister Antonio und Maddalena im Erdgeschoß. In erster Linie ging es in diesem, sich zum Glück in einem baulich guten Zustand befindenden Haus, um den sanitären Bereich in den drei Wohnungen. Da das breite Treppenhaus den Einbau eines Treppenlifts zuließ, bestand Arno auch darauf. Der Umbau ging dann in einer verblüffend schnellen Zeit über die Bühne. Entstanden waren geräumige und ansehnliche Wohnungen, die nun über neuzeitlichen Komfort verfügten. Dadurch wurde es möglich, dass mein behinderter Vater problemlos auf Zeit dorthin umziehen konnte. Obwohl meine Eltern das Erdgeschoß bezogen hatten, entdeckte mein Vater sogleich einen neuen „Sport", nämlich das Liftfahren. Da ganz oben noch ein späterer Ausbau des Dachgeschosses anstand, zogen wir selber in den ersten Stock. Antonio und Maddalena übernahmen die zweite Etage, dies allerdings nur vorübergehend.

Diesem Bauabschnitt folgte dann nicht nur unser Palazzo, sondern auch das große Neubauvorhaben von Francescos „Bella Vista“. Damit diese aufwendige Neu- und Umbauten relativ reibungslos ablaufen konnte, musste die Via Panoramica unterhalb der Piazza provisorisch erbreitert werden. Dadurch waren die Baufahrzeuge nicht mehr gezwungen über die Piazza zu fahren, denn Francesco wollte drei aufwendige Vorhaben zugleich verwirklichen. Eine geräumige Tiefgarage und darüber einen modern ausgestatteten Hotelneubau mit zwölf Zimmern. Vor diesem neuen Hoteltrakt wurde außerdem noch ein Teil des Garagendachs zu einer eleganten Terrasse umgestaltet. Diese ermöglichte den Hotelgästen einen weiten Blick über das Tal und verstärkte das Gefühl in einem exklusiven Ambiente zu sein. Die schönen handgeschmiedeten eisernen Gitter der Terrasse und den Balkonen trugen dem Schmied einen großen Auftrag ein. Sie animierten etliche Hausbesitzer dazu, sich ebenfalls auf ihren neuen Balkonen derartige Geländer anbringen zu lassen. Schon diese Aufträge bestätigten des alten Schmieds Engagement für des Padrone kühnen Plan. Und so erging es bald allen Handwerkern des Tales, alle hatten ausreichend zu tun und ein jeder kam dabei auch auf seine Rechnung.

Parallel zu diesem aufwendigen Neubau, brachte Francesco nacheinander auch seine Gasträume und die Küche in einen schönen und funktional besseren Zustand. Er bewirtete nach wie vor im vorderen Teil des Restaurants, und er hielt auch während der Bauzeit die vierzehn alten Gästezimmer offen. Der schlaue Hotelier konnte deswegen seinen Normalbetrieb aufrechterhalten, mittags die Bauleute bewirten, und noch dazu Gäste beherbergen. Letztere bestanden nun zunehmend aus Geschäftsleuten, vor allem aus Lieferanten. Aber auch wir bekamen nun Besucher, die entweder ein Anliegen hatten oder mit dem Chef der DELAMO-Gruppe etwas besprechen wollten.

Ein weiteres großes Bauvorhaben entstand im Zuge des Ausbaus der Via Panoramica. Diese wurde derart erbreitert, dass an ihr zu beiden Seiten Parkplätze entstehen konnten. Um dies alles zu ermöglichen, wurde der abschüssige, wenig nutzbare Abhang hinter den südlichen Häusern der Piazza angeschnitten. Davor wurde eine hohe, die neu angelegten Gärten abschließende und stützenden Mauer erbaut. Dahinter entstanden Garagen für die Anwohner, die nun per Aufzug hinauf in ihre Häuser gelangten. Damit konnten gleich zwei Anliegen realisiert werden, denn die Hausbesitzer kamen so zu einem nun gut nutzbaren ebenen Garten.

Außerdem wurden für die Dorfgemeinschaft, die auf der künftig verkehrsfreien Piazza wegfallenden Parkplätze wenigstens teilweise ersetzt. Vor der Wand rankten sich Kletterpflanzen hoch, davor blühten in den schmalen Beeten Rosen, und je nach Jahreszeit noch andere Blumen. Sie waren durch einen erhöhten Rand vor den Autos geschützt. Aus einem wenig ansehnlichen von Unkraut überwucherten Abhang war nun ein vorzeigbares Areal entstanden.

Die beiden seit langem verfallenden Häuser, die mittig genau gegenüber unserem einstigen „Ratspalast" lagen, wurden endlich abgerissen. An deren Stelle entstand eine Erweiterung der Piazza und zum Tal hin eine breite Treppe, welche die unten liegende Via Panoramica mit der Piazza verband. Von dort aus genossen jetzt Einwohner und Besucher nicht nur einen weiten Blick ins Tal, sondern auch auf den dort neu aufgestellten Bänken eine willkommene Ruhepause im Schatten der neuen Platanen. Die Kinder und Jugendlichen hatten die Treppe sofort zu ihrem neuen Treffpunkt auserkoren. Unterhalb der Treppe, also in deren „Keller", erfüllte sich ein langgehegter Wunsch von Bewohnern und Gästen, nämlich eine moderne Toilettenanlage. Um den dort entstehenden Arbeitsplatz gab es ein kleines Gerangel dreier alter Frauen, die ihn alle einnehmen wollten.

Das verwilderte Areal östlich von Kirche und Friedhof wurde in diesem Zuge zu einem großen Parkplatz hergerichtet. Er sollte, so die Vorstellung meines Mannes, in absehbarer Zukunft auch noch den

Besuchern Sassones ausreichend Parkplätze bieten, und dies selbst bei besonderen Veranstaltungen. Arno hatte nämlich vor, allerdings erst nach Sanierung des Ortskerns, auf der Piazza Opernaufführungen veranstalten zu lassen. Und nicht nur diese kulturellen Ereignisse sollten bei uns erfolgen, Arno wollte auch geistliche Messen bedeutender Komponisten in unserer Kirche erklingen lassen. Das hatte er mit unserem musikbegeisterten Pfarrer so abgestimmt.

Auf dem großen, nun auch für Busse geeigneten Parkplatz, entstanden zwei weitere Arbeitsplätze, die zwei Rentner zugeteilt bekamen. Selbst ein WC-Bereich wurde hier gebaut und ein offener, vor der Sonne geschützter Wartebereich noch dazu. Neu für das Dorf waren ein „Stadtplan" von Sassone und ein Fahrplan. Dessen Aushang mit den jeweiligen Terminen für die neuerdings unser Sassone an die „Welt" anbindende Buslinie hing nun deutlich sichtbar an der Wand unseres „Bus-Bahnhofs". Die lokalen Geschäfte nützten die Chance dort auch für ihre Besonderheiten zu werben. Um diese Buslinie hatte sich primär mein Arno bemüht, und dies im zähen Ringen mit der Regionalregierung. Dank einer Mitfinanzierung durch die Talschaft wurden die Behörden mürbe, zumal auch die regionalen Zeitungen immer mal wieder darüber berichtet hatten.

Nach knapp drei Jahren waren die genannten Bauvorhaben realisiert worden, aber nicht nur diese. Alle Häuser rings um die gesamte Piazza waren nun renoviert worden. Darunter waren nun auch unser Palazzo, die Nebengebäude und die beiden uns gehörenden Häuser daneben. Meine Eltern konnten dank des Aufzugs wieder ihr gewohntes Domizil beziehen. Diese Räume waren inzwischen renoviert worden, verfügten jetzt, so wie auch wir über ein komfortables Badezimmer und eine zweite Toilette, alles in der modernsten Ausführung.

Aber nicht nur diese Räume zeigten sich in einem neuem Gewand, sondern auch diejenigen des lange vernachlässigten Nordflügels. Dort wohnten nun unsere beiden Tanten, die hier voller Vorfreude eingezogen waren. Arnos Tante Cornelia wusste nicht wie ihr geschah; einem muffigen und lichtarmen Heim zu „entfliehen" und in einem lichten Palazzo zu leben, das war an sich schon eine „Erlösung“. Dazu noch den geliebten Neffen nahe bei sich zu wissen, und mit ihrer Freundin, meiner Tante Cecilia, Tür an Tür zu wohnen, war für sie ein erfüllter Traum. Arno hatte sie schon zuvor an mehreren Wochenenden zu uns geholt, um sie mit meinen Eltern bekannt zu machen. Die drei alten Herrschaften verstanden sich sofort und freuten sich schon darauf, den Rest ihres Lebens gemeinsam verbringen zu dürfen.

Der einzige Gärtner unseres Tales, der auch Landschaftspflege betrieb, hatte unseren Park wieder in seinen ursprünglichen Zustand versetzt. Wir nutzten dieses neu erstandene Kleinod nun häufig. Ich, und etwas abgeschwächt auch meine Mutter, sowie ab und an auch unsere Tanten, pflegten ihn. Wir pflanzten besondere Sträucher an und kümmerten uns liebevoll um die Blumen. Auf der Terrasse und vor der Kolonnade hegten wir Kübelpflanzen, die den Winter entweder in der Orangerie oder im neuen Gewächshaus verbracht hatten.

Mein lieber Mann hatte sich selbst auch einen Traum erfüllt, denn er hatte ein Schwimmbad einbauen lassen. Daneben war ein niederes Häuschen entstanden, in dem wir uns umkleiden und die dort eingebaute Sauna nutzen konnten. Beides nützte er dann schon in aller Frühe. Ich hatte mich bald auch daran gewöhnt und erfreute mich an dieser neuen Errungenschaft. Etliche weitere Ideen überstanden jedoch die engere Prüfung nicht. Arno wollte eine Management-Akademie nach Schweizer Vorbild gründen, stieß aber bei seiner Recherche auf zu geringes Interesse für diese Idee. Dies galt auch für sein Projekt eine Seniorenresidenz zu bauen, und zwar orientiert an denen des Münchener Augustinum. Dem standen vor allem die Familienstrukturen Italiens entgegen. Die intakten Großfamilien, die nach wie vor die alten Menschen einbanden, erschienen uns letztlich als ein zu großes Risiko. Bedarf gab es zwar an einem guten Kinderheim, aber allerdings nicht in unserem Tal.

Nicht anders erging es seiner Lieblingsidee, unseren Weinberg und die zugehörigen Kellergebäude zu modernisieren. Er hatte deswegen einen renommierten Winzer aus dem Valpolicella-Gebiet eingeladen, um mit ihm seine Vorstellungen zu erörtern. Dieser nüchterne Weinfachmann befand dann bei der Begehung als erstes, sowohl die Hangneigung als auch der Boden unseres Weinbergs seien zwar zum Anbau eines „normalen“ Weins gut geeignet, nicht aber für einen besonderen Wein. Im Kellereigebäude müssten seiner Ansicht nach alle Gerätschaften und Leitungen, vor allem jedoch die Fässer, ersetzt werden. Und am besten sollten auch die maroden Gebäude der Kellerei einem Neubau weichen. Er nannte meinem enttäuschten Arno eine überschlägig gerechnete Summe, die er hier investieren müsste. Der nüchterne Fachmann beendete seine Analyse mit der klaren Aussage: „Conte, für diese fast zwei Millionen Euro, da würde ich mir an Ihrer Stelle entweder in einem guten Weinbaugebiet einen Weinberg kaufen, oder mich dort lediglich beteiligen, denn das wäre für Sie weitaus günstiger. Wäre es allerdings mein eigenes Geld, dann würde ich mir an Ihrer Stelle aus allen Regionen Italiens die besten Weine kaufen, und diese in Ihrem dafür durchaus geeigneten Keller lagern!“

Es wäre ja nicht mein findiger Mann, wenn ihm stattdessen nicht etwas anderes einfallen würde. Er ließ den oberen Teil des einstigen Weinbergs mit einer Mauer zu einer Terrasse umgestalten. Dort entstanden zwei große Glashäuser, in denen empfindliche Pflanzen und Sträucher untergebracht werden konnten. Außerdem konnten dort auch Gemüse und Kräuter gezogen werden, für unsere wie für Francescos Küche. Solarpaneele auf den Dächern, und die mit ihnen verbundenen Heizungen, sorgten für die Klimatisierung. Da weit mehr Strom gewonnen wurde, als benötigt, konnte das Schwimmbad noch zusätzlich erwärmt werden, und zugleich als Energiespeicher dienen. Der untere Teil des Weinbergs wurde an einen einheimischen Winzer verpachtet.

Was Arno sehr beharrlich verfolgte, das war die Ansiedlung von kleinen Unternehmen. Dabei ging es ihm um zwei Aspekte. Hier konnte er finanziell Hilfe leisten, sich daran beteiligen und dadurch Arbeitsplätze ins Tal bringen. Im Lauf der Jahre gelang es drei interessante Firmen anzusiedeln, die noch dazu schnell wuchsen. Es fing an mit einem Pharmaunternehmen, dem bald eine Biotech-Firma und einige Zeit darauf ein Unternehmen der Kosmetikbranche folgte. Diese Unternehmen lagen im unteren Tal, sorgten dort für über vierhundert Arbeitsplätze und für gut sprudelndes Steueraufkommen. Was im Tal besonders gut ankam, war, dass hier vor allem Frauen einen Arbeitsplatz finden konnten, woran es bisher bei uns gehapert hatte.

Es war nicht verwunderlich, dass uns Delegationen aus den Nachbartälern aufsuchen wollten, um unseren Erfolg zu „kopieren“. Doch hier blockten unsere Verantwortlichen ganz bewusst, und dies aus meiner Sicht zurecht. Würden die Nachbartäler, die hier umgesetzten Ideen eins zu eins übernehmen, dann würde dadurch unserem Tal Konkurrenz erwachsen, was gewiss nicht in unserem Sinne sein konnte. Das hier für uns Signifikante würde so allmählich verwässert werden und unsere Erfolgsbasis zunehmend schmälern. Mein Mann gab ihnen einen guten Rat: „Lernt es Eure Besonderheiten zu erkennen, entwickelt die Fantasie sie umzusetzen, und damit etwas in Eurer Region Einmaliges zu vermarkten!“

Damit will ich es vorläufig mit dieser Aufzählung bewenden lassen, denn bei uns hatte sich für uns etwas weit Wichtigeres ereignet. Wir waren nämlich nun zu dritt, ich wurde zur Mutter eines Sohnes und mein Mann zum Vater. Doch davon noch ein wenig später in meinen Aufzeichnungen.

Die Kinder

Es liegt zwar schon einige Jahre zurück, aber es war eine derart schöne und mein Leben ungemein bereichernde Zeit. Als ich meinem Mann eröffnete, dass ich schwanger war, da geriet er fast aus dem Häuschen, so sehr freute er sich über diese Botschaft. Hatte er mich schon zuvor sehr verwöhnt, so steigerte sich seine Fürsorge noch mehr. Ob mir dies denn nicht lästig wurde? Überhaupt nicht, denn ich liebte ihn doch, und hatte ihn nun trotz seiner vielen Arbeit noch mehr um mich. Was auch immer ich mir wünschte, ich bekam es. Allerdings wollte ich ja auch nichts Unbilliges, selbst bei den sonst gewiss nicht verschmähten Süßigkeiten bezähmte ich mich. Ich wollte doch verhindern, dass ich aus der Fasson geriet. Meinem Arno zu gefallen, das war mir längst sehr wichtig geworden. Ich hatte selbst bei meiner ersten Schwangerschaft weder Beschwerden, noch wurde es mir schlecht, so wie es etlichen meiner Freundinnen ergangen war.

Da mein besorgter Arno das Risiko einer Hausgeburt für mich vermeiden wollte, chauffierte er mich bei den ersten Anzeichen von Wehen in ein Hospital nach Padua. Lange musste ich dort nicht zubringen, denn bereits zwei Tage später war es dann so weit. Ich wollte bei der Geburt meinen Arno dabeihaben und hoffte darauf, dass er nicht „schlappmachen" würde. Er blieb tapfer, hielt meinen Kopf, streichelte mich und sprach mir immer wieder Mut zu. Ich gewann allerdings den Eindruck, dass sich mein Mann diesen Mut auch selbst suggerieren musste. Und dann dieser wunderbare Augenblick, als unser kleiner Sohn nach der schmerzenden Geburt das Licht der Welt erblickte. Arno küsste mich dankbar und hatte dabei feuchte Augen vor Glück, denn wir waren nun zu dritt, waren zu einer kleinen Familie geworden. Obwohl ich naturgemäß völlig erschöpft war, mischte sich in die Erleichterung, dass ich die Schmerzen und das Bangen überstanden hatte, ein großer Strahl des Glücks.

Nicht lange darauf, ich war wieder einigermaßen bei Kräften, kam meine Mutter, die nun zur überglücklichen Nonna geworden war.

Für meine Eltern hatte sich ein langgehegter Traum erfüllt. Mein Vater hatte mir schon überschwänglich am Telefon gratuliert, und er konnte es kaum erwarten, bis er seinen Enkel im Arm halten konnte. Bereits am übernächsten Tag durfte ich nach Hause zurück, mit mir fuhr unser Söhnchen, wohlig schlafend an meiner Seite. An der anderen saß seine Nonna, die meinen lieben Mann begleitet hatte. Mein Arno holte seine beiden Lieben heim, noch immer strahlte er vor Freude. Was kümmerte uns der prasselnde Regen, der unsere Fahrt begleitete, wir vier waren irgendwie noch nicht auf der Erde angekommen, wir schwebten so wie wenn uns eine von der Sonne bestrahlte Glückswolke tragen würde. Dabei kamen wir doch nur mühsam voran, denn dieser heftige Regen ließ ein rasches Fahren schon gar nicht zu.

Unsere große Familie empfing uns schon im Eingangsbereich des Palazzo, um das neue Familienmitglied überschwänglich willkommen zu heißen. Ihre Freude war anrührend und die des überglücklichen Nonno geradezu ansteckend. Er hatte endlich einen Enkelsohn, einen, der nicht nur die Familie vergrößert hatte, sondern ihm auch noch eine bedeutsame Gewissheit vermittelte. All die Liegenschaften, und damit das Vermächtnis der Di Martino, würden dereinst weitergeführt werden. Ich hoffte nur, dass es meinem lieben Vater, der zunehmend unter Parkinson litt, noch vergönnt sein würde, das Heranwachsen des kleinen Grafen lange zu erleben. Beide Tanten hatten Tränen der Freude in den Augen, als sie den kleinen Mann sehen und auf den Arm nehmen durften. An Babysittern würde es uns gewiss nicht mangeln, ganz im Gegenteil. Ich hegte damals eher die Befürchtung, dass mein kleiner Sohn, dessen Namen wir erst bei der Taufe preisgeben wollten, sehr verwöhnt werden würde. Doch bis zu dieser Lebensphase sollte es noch lange dauern.

Selbst mein lieber Mann konnte das Heranwachsen seines Sohnes kaum erwarten, denn er war wieder voll der Pläne für ihn. Wo im Garten sollte der Spielplatz hinkommen? Er musste ja so nahe an der Gartenterrasse liegen, dass wir unser Kind stets im Auge behalten konnten. Wir wollten uns einerseits an seinem Spiel erfreuen und andererseits ihn so auch behüten. Was musste in diesem Kinderbereich alles entstehen? Sandkasten, Schaukel, Wippe und ein Planschbecken mussten es sein, aber was denn noch? Darüber grübelte Arno länger nach, um dann mit mir seine Überlegungen zu erörtern. Doch damit begnügte er sich nicht, denn er in seinem Vaterstolz und der großen Liebe zu seinem „Bua", wollte alles möglich machen, was der Sohn seines Vaters Einschätzung nach, künftig für seinen Werdegang „brauchen" müsste. Als er mir all die Schulen aufzeigte, die unser Sohn durchlaufen sollte, konnte ich meinen Spott anbringen. „Caro, vergiss bitte nicht die Fahrschule und den Jagdschein!" Wie so oft bei uns, erstickte die ernsthafte Diskussion in purem Gelächter.

Was er sich so alles ausgedacht hatte, ein Kindermädchen zuerst. Dann die Erweiterung und Modernisierung des Kindergartens, und nicht zu vergessen, eine gründliche Renovierung der Elementarschule. Als ob das fürs erste nicht schon genug wäre, hegte er noch einen kühnen Traum. Ihm schwebte nichts Geringeres vor, als unser marodes Castello instand setzen zu lassen und dessen Wirtschaftsgebäude noch dazu. In eines sollte, so seine Idee, ein Gymnasium und in dem gegenüber ein Internat einziehen. Ermutigt zu diesem kostspieligen Unterfangen hatte ihn der Ertrag aus zwei großen Geschäften. Beide waren für ihn sogenannte Windfall-Profits, die uns quasi fast ohne eigenes Zutun in den Schoß gefallen waren. Dies, so meine Korrektur, allerdings auch aufgrund unseres Netzwerkes. Überhaupt liefen unsere Geschäfte prächtig, viele mittelständische Unternehmen suchten derzeit den Nachfolger des Firmenchefs, was dann eher durch Fusionen möglich wurde, denn durch einen kapitalstarken Nachfolger von außen. Damit ich meinem Mann nicht Unrecht tue, ein Satz dazu. Wir lebten primär von Sanierungen und den Wiederverkäufen der sanierten Unternehmen, was in der Regel viel Arbeit und finanziellen Aufwand voraussetzte. Aber Arno hatte auch einen guten Riecher, und nicht zu unterschätzen, er genoss inzwischen in den drei Märkten Deutschland, Italien und Österreich eine hohe Reputation und galt als ein vertrauenswürdiger Partner.

Unser Söhnchen wurde nach einer Woche getauft, und dies, so wie es bei uns seit Generationen geschehen war, in unserer Kirche. Sein erster Vorname löste ein wenig Verwunderung aus, denn wir dokumentierten unser Eheglück in seinem ersten Namen: Felix, der Glückliche. Und unser größter Wunsch für ihn war es ja auch, dass ihm ein glückliches Leben beschieden sein solle. Der Tradition beider Familien folgend, bekam er auch noch zwei weitere Vornamen. Im Taufregister eingetragen wurden: Felix, Heinrich, Federico, Conte de la Motte und Cavaliere di Martino. Damit waren Arnos Großvater und mein Vater in seinem Namen präsent. Er trug das Taufgewand, in dem schon mein Vater getauft worden war.

Unser Pfarrer nahm darauf Bezug und verlieh so der Hoffnung vieler der Anwesenden Ausdruck: „Mit Felix nehmen wir unseren künftigen Padrone in unserer Mitte auf." Und unser Mittelpunkt war er ohnehin, denn es drehte sich sehr viel um ihn. Es schien mir so als könnten wir es kaum erwarten, dass er groß wird. Was ich nie erwartet hatte, war, dass mein Mann, der glückliche Vater, den Kleinen auch selbst wickelte und mich außerdem noch sehr unterstützte. Was alle verwunderte, der in sein Söhnchen verliebte Vater gab ihm nach meiner Stillzeit auch abwechselnd mit mir die Flasche. Zu unserem Glück schlief Felix viel und war auch sonst ein „braver" Säugling.

Unser Felix blieb seinem Namen treu, seine Zufriedenheit erfreute alle um ihn, wobei er durchaus auch recht agil war und schon als Krabbelkind die alten Herrschaften in Atem hielt. Irgendwann waren dann aus seinem Krabbeln ein Stehen und kurz darauf ein Laufen geworden. Jetzt galt es acht zu geben, dass er sich nicht verletzte und auch nicht unsere Räume auf den Kopf stellte. Seine Zuneigung verteilte er auf uns beide, doch schon damals gewann ich den Eindruck, dass sein Vater einen besonders hohen Stellenwert bei ihm genoss. Bereits in der Wiege und vermehrt noch im Kinderwagen erfreute er die ihn Betrachtenden mit seinem Lächeln. Die alten Herrschaften waren wie verzaubert von ihm. Ich natürlich auch, und mein Arno nicht minder. Zu dieser fröhlichen Art, gesellten sich dann noch weitere und zwar durchweg positive Eigenschaften. Später zeigten sich bei ihm eine große Wissbegier und ausgeprägter Lerneifer, mit dem er die Schule leicht absolvierte. Daneben überraschte er uns mit sportlichen Neigungen, speziell in der Leichtathletik.

Wieder zurück in seine Kleinkindzeit. Felix jubelte wenn ihn sein Papa hoch warf und wieder auffing, wobei er unentwegt „noch mal" rief. Die beiden spielten intensiv miteinander, besondere Freude hatte er an Plüschtieren, und mit dem Älterwerden faszinierte ihn das Bauen mit Lego-Bausteinen. Aber auch die Kinderbücher, die ihm vorgelesen wurden, erfreuten ihn. Das war das „Ressort" meiner Mutter und der Großtanten, die den kleinen Kerl zu gerne um sich hatten. Eines konnte ich jedoch verhindern, dort bekam er zwar zumeist Obst, aber sonst keine Süßigkeiten und vor allem keines der süßen Mixgetränke. Uns Eltern war es ein Anliegen, dass unser Söhnchen gute Zähne bekam. Spielsachen hatte er in großer Anzahl, die ihm der Papa jedoch nur dosiert gab. Felix sollte konzentriert spielen lernen und beim gewählten Spiel bleiben können.

Eineinhalb Jahre nach seiner Geburt wurde ich wieder schwanger. Dieses Mal verlief die Schwangerschaft anfangs nicht ganz so problemlos wie bei meiner ersten. Arno bestand immer wieder darauf, dass ich mich hinlegte, um mich zu schonen. Aber zum Ende der Schwangerschaft hin, da hatte ich die frühere Übelkeit und Schwäche längst wieder vergessen. Selbst die Geburt verlief ohne Schwierigkeiten. Mein Wunsch, dass die kleine Tochter uns später auch in ihrem Leben nur wenige Probleme bereiten möge, der wurde uns erfüllt. Bei der Taufe erhielt sie mit Carlotta den Namen meiner Mutter, und den der Patin Hedwig (Hedi). Felix, den wir auf die Ankunft seiner Schwester vorbereitet hatten, freute sich riesig, und übertrumpfte damit noch die Großeltern und Tanten.

Zwei Jahre später kam dann unser Nesthäkchen zur Welt unsere Teresa, Cornelia. Ich war seinerzeit immerhin schon 37 Jahre alt, und so sollte es nach unserer Ansicht auch das letzte Kind für uns sein.

Teresa war, mehr noch als meine beiden anderen Kinder, ein ausgesprochenes Schmusekind. Eines, das alle mochten. Die drei Kinder belebten unser Domizil mit ihrer Fröhlichkeit, hierin seien sie, wie mein Mann befand, das Abbild ihrer Mutter. Von vorn herein wollten wir, dass unsere Kinder zweisprachig aufwuchsen und dies dann auch in der Schule beibehalten sollten. Dafür wollte mein Mann sorgen; und das was er wollte, das verfolgte er zäh und ausdauernd, auch in unserem Tal. Aber bei allem latenten Ehrgeiz stand stets das das Miteinander im Vordergrund, und dies verlangte ein stetes Eingehen auf unsere Kinder. Solch ein harmonisches Familienleben wie das unsere, empfand nicht nur ich als ein großes Geschenk, eines für das Arno und ich sehr dankbar waren. Mein Mann hatte so ein schönes Dasein in seiner Kindheit selbst ja nie erlebt, ich allerdings schon, aber eben als Kind und jetzt in der veränderten Rolle als Ehefrau und Mutter!

Der Manager

Ohne Arno so gut zu kennen, wie ich ihn inzwischen kennen gelernt und erlebt hatte, stand anfangs bei mir eine Frage vor meinem inneren Auge. War mein Mann nun ein Pedant oder nur ein extrem zielbezogener Arbeiter? Ich selbst war sicher nicht schlampig bei meiner Arbeit, aber so stetig und konsequent wie er, nun wieder auch nicht. Ich befürchtete am Anfang unserer Ehe nämlich, dass es vielleicht wegen unterschiedlicher Arbeitsweisen zu Konflikten kommen könnte. Was dann zu meiner Erleichterung aber nicht der Fall war. Mehr und mehr erlebte ich Arno als einen geduldigen, ja sogar nachsichtigen Chef. Seine Aussage dazu lautete: „Cara, wie jemand arbeitet ist mir nicht so wichtig. Wichtig ist mir nur eines: Die vereinbarten Ziele müssen termingerecht erreicht werden, denn darauf bauen ja andere wieder auf. Und noch etwas ist mir wichtig. Der jeweilige Mitarbeiter sollte wenigstens so organisiert sein, dass er bei den wesentlichen Vorgängen sofort aussagefähig ist! Ich sehe bei guten Mitarbeitern vier Erfolgsvoraussetzungen: Begabung und Fleiß, Kreativität und Disziplin, das sind für mich die Grundlagen. Diese Basis muss sich verbinden mit klaren, herausfordernden Zielen und gewissenhafter Kontrolle anhand von vereinbarten Meilensteinen. Dazu gehört für mich konsequentes und beharrliches Umsetzen der Maßnahmen."

Doch nun wieder der Reihe nach. Bei all der regen Bautätigkeit und Abstimmungen mit dem Architekten, „vergaß" Arno seine eigentliche Tätigkeit als Chef der DELAMO-Gruppe keineswegs. Da saß er an seinem Schreibtisch, grübelte mit gefurchter Stirn und arbeitete sich konsequent voran. Immer mal wieder trank er einen Schluck Wasser, den er sich aus seiner Karaffe einschenkte. Um 11.00 Uhr nahm er einen Espresso zu sich. Ich staunte nicht wenig über sein Arbeitstempo. Er fraß sich förmlich durch die Texte und machte sich Notizen. Auf einem hellgelben Papierblatt hielt er seine Fragen fest und auf einem hellgrünen notierte er seine Ideen. Wenn er allerdings zum hellroten Blatt griff, dann sah es für den Antragsteller zumindest kritisch aus. Denn dann ergriffen Arno erhebliche Zweifel beim Kauf oder bei der Kreditvergabe.

In den frühen Arbeitsstunden durfte er nicht gestört werden, und wenn dann, nur bei sehr wichtigen Sachverhalten. Das wussten seine engen Mitarbeiter, und das lernte auch ich sogleich. Meistens huschte ich um 11.00 Uhr zu ihm hinein und trank mit ihm einen Espresso. Na ja zu einem oder mehreren Küssen reichte es dann auch noch. Lediglich für mich galt das Gebot des „Nichtstören“ praktisch nicht. Noch eines war ihm wichtig, alles musste so an seinem Schreibtisch angeordnet bleiben, wie er es wollte. Das galt in der Anfangsphase im Palazzo besonders für Maddalena. Sie, die so etwas nicht kannte, nahm es anfangs nicht so genau, wenn sie seinen Schreibtisch und den Ablagetisch sauber machte.

Eine Einschränkung muss ich bei dem Punkt stören allerdings doch machen. Es gab eine kleine Liste derer, die meinen Mann jederzeit direkt anrufen durften. Dazu zählten natürlich seine Freunde Henry sowie Vater und Sohn Chu. Und wie war dies mit mir? Insoweit es mir irgend möglich war verhinderte ich Störungen, was später auch für unsere Kinder zu gelten hatte. Der Papa hatte jedoch um 12.30 Uhr beim gemeinsamen Mittagessen immer ein offenes Ohr für unsere Kleinen. Danach hielt er einen kurzen Mittagschlaf, gönnte sich einen weiteren Espresso und setzte seine Tätigkeit fort. Nachmittags hielt er entweder Konferenzen ab, empfing Besucher oder ging auf Erkundungstour. Soweit ich abkömmlich war, wollte er mich dabeihaben.

Mein eigenes Arbeitszimmer lag direkt neben seinem. Als wir dann das Haus im Rückraum umbauten, ging ich davon aus, dass sich mein Mann dort ein großes Arbeitszimmer einrichten würde. Aber damit hatte ich mich getäuscht. Groß waren dort lediglich zwei Räume, das Konferenzzimmer und der Raum in dem sich Sekretariat, Empfang und allgemeine Dienste befanden. Ein Privileg hatte sich mein Mann als Chef jedoch vorbehalten, nämlich das ruhigste

Zimmer im Haus. In diesem standen nun die in Palermo gekauften antiken Möbel. Lediglich einen kleinen, aber auch alten Besprechungstisch und drei dazu passende Stühle hatte er noch dazu gestellt. Irgendwie spiegelte dieses elegante und vornehme Zimmer Arnos Persönlichkeit. Er liebte es zwar stilvoll und gediegen, aber „protzen" widersprach nun mal seinem Charakter. Ich selbst hatte mich für eine moderne Ausstattung entschieden und die Funktion in den Vordergrund gestellt. Lediglich die Bilder unserer Kinder trugen private Momente in diesen Raum.

Inzwischen hatte ich mich mit der Struktur der DELAMO-Gruppe vertraut gemacht. Noch war das Asiengeschäft weit größer als jenes in Europa, doch gerade dieser Unternehmensteil wuchs schnell an. Die Konzentration auf mittlere Unternehmen hatte sich nämlich in den für uns relevanten Branchen mittlerweile herumgesprochen. Der Schwerpunkt unserer Aktivitäten lag überwiegend beim Kauf „angeschlagener" Firmen und deren Restrukturierung. Neben vier festen Mitarbeitern beschäftigten wir hier in Europa zwölf erprobte freie Mitarbeiter. Der zweite Bereich kümmerte sich entweder um den Verkauf der sanierten Unternehmen oder um deren Übernahme in unser Portfolio. Eng damit verbunden waren deren Verwaltung und die der Anteile sowie des Anlagevermögens in Aktien, Anleihen und einigen Immobilien. Zwei Spezialisten waren hierfür zuständig. Weitere zwei Mitarbeiter kümmerten sich um die Finanzierung, Vermittlung von Krediten und den sonstigen Bankverkehr. Unsere Unternehmenszentrale, zu der nun auch ich gehörte, kam mit fünf Personen aus. Die Schnittstellen waren laut dem Chef primär auf Übergabe angelegt, doch wenn es an einer Stelle personell hakte, dann galt es von der anderen Seite her auszuhelfen. Das klappte sehr gut, nicht zuletzt aufgrund des guten Betriebsklimas und der bestens organisierten Informationsstruktur.

Sowohl räumlich als auch organisatorisch davon getrennt war die Verwaltung unseres Privatbesitzes. Die Verwaltung des „Di Martino Besitzes" erledigte eine Person im Vorderhaus direkt am Eingang. Dank der Sanierung der meisten Häuser, darunter auch diejenigen welche die DELAMO-Gruppe von der di Martino-Verwaltung angemietet hatte, flossen hier erfreuliche Mieterträge. Die Forsten und das Verpachten der Landwirtschaft, von der meine Eltern früher neben den geringen Mieteinnahmen leben mussten, liefen so nebenbei mit. Neu hinzugekommen war die Kreditvergabe an die Handwerker und Gewerbetreibenden des Tales. Hierzu hatte Arno mit einer größeren Summe die Basis geschaffen, und sich bei einer großen Bank abgesichert. Durch die fleißige Tilgung kamen wir jedoch fast nie in die Verlegenheit uns bei dieser Bank refinanzieren zu müssen. In enger Zusammenarbeit mit einem Steuerberater, der sich hier im Tal niedergelassen hatte, konnten wir auch die steuerlichen Hürden meistern.

Trotz der vielen Beschäftigten hörte man manchmal bei uns gerade mal das leise Klappern der Computer, unterbrochen wurde die Stille dann zumeist durch das Telefon. Die Arbeitsplätze waren zwar funktional gestaltet, aber jeder konnte seinen Bereich auch ein wenig individuell gestalten. Es durfte jedoch nicht unordentlich aussehen, denn das gefiel dem Chef nicht. Was Arno wollte, das war allen fast ein Gebot, aber jeder wusste, dass er Funktion und Anmutung auch als einen Spiegel unserer Firma und deren Qualitätsausprägung betrachtete. Sein Führungsstil war irgendwie für Italien ungewöhnlich. Er war nicht der große Boss vor dem die Angestellten zitterten, er war ein zugewendeter netter Chef, den alle mochten, ja verehrten. Klappte es gut, dann gab es die verdiente Anerkennung, ging etwas schief, dann eruierte er mit dem Verursacher unter vier Augen die Gründe und den richtigen Weg. Er half, korrigierte und belohnte. Wer bei uns arbeitete erlebte ein einerseits professionelles und andererseits kollegiales Miteinander. Ich war zwar formell eine Mitarbeiterin, aber als Frau des Chefs für alle ganz selbstverständlich die Nr. 2 in der DELAMO-Hierarchie. Mein Mann war für alle entweder der Padrone oder der Chef, ich hingegen war und blieb hier wie im Tal die Contessa.

Meine Tätigkeit hatte sich gegenüber meiner ersten Annahme noch erweitert. Ich kümmerte mich inzwischen nicht nur um die Kaufverträge, sondern auch um Kreditverträge, von denen es inzwischen viele gab. Mit dem Anwachsen des Europa-Büros von DELAMO erstreckte sich meine Tätigkeit auch auf die juristische Ausgestaltung der Arbeitsverträge. Ich hatte mich inzwischen wieder mit dem Italienischen Recht vertraut gemacht, das ich zwar studiert hatte, aber eigentlich nur kurz in einer Anwaltspraxis vertieft hatte. Der Liebe wegen hatte es mich nach Deutschland verschlagen, mit der Folge, dass ich mich auch in diesem Land mit dessen Gesetzen auseinandersetzen musste. Das kam mir jetzt zugute, denn Deutschland, Italien und Österreich war die Region, mit der wir es hauptsächlich zu tun hatten. Ging es um die Einstellung neuer Mitarbeiter, da zog mich mein Mann immer hinzu. Irgendwie wurde ich darüber zur Personalchefin von DELAMO-Europa. Ich verhehle es erst gar nicht, diese Rolle behagte mir, denn sie gab mir das Gefühl, nicht nur die Frau des Chefs zu sein, sondern auch noch eine Funktion von besonderem Gewicht zu bekleiden.

Da sich mein Mann nicht gerne von mir trennte, und sei es nur für kurze Zeit, wollte er, dass ich ihn bei seinen Reisen begleitete. Und dies tat ich liebend gerne. Ich hatte meinen Mann an diesen Tagen fast ganz für oder um mich. Ich genoss dabei nicht nur seine ungeschmälerte Anwesenheit, sondern auch den Luxus, den wir uns an diesen Tagen gönnten. Mein Arno bedeutete mir, dass es in meiner Gegenwart bei noch so harten Verhandlungen weit gemäßigter zuging, als er dies schon erlebt hatte. Das galt vor allem bei unseren Behördengängen und den Gesprächen mit Politikern. Einer Frau gegenüber, noch dazu einer Contessa, waltete seitens der Männer ein höflicher Umgangsstil. Je höher diese in der Hierarchie angesiedelt waren, desto gepflegter fand ich deren Umgangsformen. Arno wusste es zu schätzen und – wie er mir „beichtete“ – erreichte er so oft weit mehr, als dies sonst üblich gewesen wäre. Einer Dame einen abschlägigen Bescheid zu geben, das fiel selbst den Bankiers, Beamten und Politikern schwer. Noch dazu kam, dass praktisch alles, was wir so „angeleiert“ hatten, sich für die Ämter wie für die Banken positiv auszahlte.

In wenigen Jahren war aus mir, der einst armen Erbin eine vermögende Frau geworden. Eine, die sich erst allmählich in diese Rolle einfinden musste. Dank meinem Mann gelang es mir dann doch auch größere Ausgaben wie den Kauf eines Autos „selbständig“ vorzunehmen. Anfangs habe ich vor jeder Ausgabe meinen Arno einbezogen, der es allerdings geschickt verstand mich so allmählich dazu zu „verleiten“ diese Entscheidungen selbständig vorzunehmen. Ich, die schon immer in bescheidenen Verhältnissen gelebt hatte, blieb vom Grundsatz her auch dabei. Arno, der sich seinen Reichtum ja selbst erschaffen hatte, war ein großzügiger Ehemann und schenkte mir immer wieder Dinge, von denen er annahm, dass ich daran Gefallen finden würde. Kurzum ich war durch meine Ehe zu einer glücklichen Frau und Mutter geworden, die noch dazu nicht jeden Cent umdrehen musste.

Ein unerwarteter Besuch

Arno wusste von seiner Cousine Hedi, dass sein betagter Vater seit einigen Monaten im Münchener Augustinum, einem gehobenen Seniorenstift lebte. Zuvor hatte er in seiner großen Münchener Stadtwohnung gelebt, die im vornehmen einstigen Künstlerviertel Nymphenburg-Gern lag. Längst hatte er sich, auf den Rat eines Nachbarn hin, in diesem gesuchten Wohnstift angemeldet. Dies allerdings seiner Ansicht nach eher gedacht, als eine für ihn nie in Frage kommende „Rückversicherung“. Ein schwerer Sturz im Treppenhaus gab den ersten Anstoß zu seinem Sinneswandel. Der zweite lag darin, dass sein Steuerberater, der ihm bisher alle schriftlichen und steuerlichen Dinge abgenommen hatte, plötzlich verstorben war. Körperlich eingeschränkt und von der ihn nun ereilenden Verantwortung überfordert, begann er sich auf einmal mit dem Gedanken zu tragen, doch ins Augustinum zu ziehen. Wie so vieles in seiner Vergangenheit wälzte er diese Möglichkeit lange hin und her, und fand dennoch zu keiner Entscheidung. Aber dank der Nachfrage seitens des Augustinum ließ er sich wenigstens zu einem dreitägigen Probewohnen überreden. Dadurch vermochte er sein bisheriges Dasein zu hinterfragen und auch infrage zu stellen. Auf einmal fand er den Gedanken reizvoll, sich nicht mehr selbst kochen zu müssen, die Wohnungspflege anderen zu überlassen und sich nicht ständig um die alltäglichen Dinge kümmern zu müssen. Da ihm sein Dasein körperlich zunehmend beschwerlicher wurde, folgte er dem Rat seines Nachbarn. Da er seine große Wohnung nicht verkaufen wollte, solle er sie dann eben vermieten und selbst ins Wohnstift ziehen.

Diese gravierende Änderung im Dasein ihres Onkels hatte seine Nichte Hedi rein zufällig erfahren. Sie war gerade auf dem Rückweg von einem Besuch bei der hinfälligen Mutter einer Freundin, im Wohnstift Neufriedenheim des Augustinum. Als sie gerade im Begriff war den Stiftsgarten zu verlassen, da kamen ihr zwei alte Herren gemächlichen Schrittes entgegen. Einer von ihnen, er war auf einen knorrigen Stock gestützt und schien seinem Begleiter zuzuhören, erregte ihre Aufmerksamkeit. War er es, oder vielleicht doch nur ein Doppelgänger? Sie hatte die beiden Männer bereits passiert, doch dann dämmerte es ihr. Der hochgewachsene Hagere der beiden alten Herren erinnerte sie nämlich irgendwie an ihren stets von ihr gemiedenen Onkel Paul, den schwierigen Bruder ihrer Mutter. Aber war es denn denkbar, dass ausgerechnet ihr Onkel Paul hier wohnte? Das konnte sie sich schon gar nicht vorstellen. Und wenn es am Ende doch so wäre? Vielleicht hatte er heute einen Bekannten besucht? Denn dieser so harte und selbstgewisse Onkel, der würde doch nie im Leben auf den Gedanken kommen, in ein Wohnstift zu ziehen. Aber Freunde oder gute Bekannte hatte er, zumindest so viel Hedi wusste, doch auch keine? Dennoch, wie unter einem inneren Zwang wendete sich Hedi um, und nun vernahm sie tatsächlich die unverkennbare, leicht schnarrende und befehlsgewohnte Stimme ihres Onkels.

Unschlüssig stehenbleibend stellte sie sich die Frage: Sollte sie sich ihm nun zu erkennen geben? Ihr Onkel hatte doch selbst für Hedis Mutter, seiner einzigen Schwester, allenfalls mal ein kurzes Telefonat übrig. Manchmal konnte es Wochen dauern bis er sie dann wieder zurückrief. Ungestört von seinen Verwandten wollte er sein, oder sollte sich dies denn inzwischen geändert haben? Von Cecilia und Arno wusste sie, dass ihr Cousin Arno bisher keinen Versuch mehr unternommen hatte, mit seinem Vater wieder ins Gespräch zu kommen. Ihre Freundin verriet ihr später, dass ihr Mann Arno den Bruch mit seinem Vater aber noch immer nicht völlig überwunden hatte. In Hedi stieg ein kühner Gedanke auf. Wie wäre es denn, wenn sie dazu beitragen würde, dass sich ihre beiden engsten Verwandten endlich versöhnen könnten?

Da die beiden Herren ebenfalls innegehalten hatten, ging sie den kurzen Weg zurück und wendete sich den beiden alten Herren zu. „Onkel Paul sei mir gegrüßt!“ Zwar erstaunt, aber auch nicht abweisend, blickte sie der Onkel an. „Hedi, Du hier in diesem Domizil der Alten. Was veranlasst denn Dich dazu ausgerechnet hier aufzukreuzen?“ Der andere Herr verabschiedete sich taktvoll und Paul de la

Motte bat seine Nichte, sich mit ihm auf der nahen Bank niederzulassen. „Onkel Paul ich habe Frau K. aufgesucht, die Mutter einer Freundin, und war gerade auf dem Weg zur U-Bahn." „Bist Du denn in Eile?" „Überhaupt nicht!" Hedi wunderte sich nicht wenig über den sonst doch so schroffen Onkel. Der wollte nun sogar von ihr wissen, was sie so treiben würde und er fasste tatsächlich interessiert nach. „So so, Du bist also in einer Kunstgalerie als Sachverständige tätig! Madl, kannst Du denn davon einigermaßen anständig leben?" Hedi de la Motte-Lange lachte leise: „Onkel, große Sprünge kann ich bei meinem schmalen Gehalt sicherlich nicht machen. Aber ich habe mir ja vom Verkauf meines Anteils an der Papierfabrik meine Wohnung kaufen können. Dadurch erspare ich mir schon mal die Miete. Doch nun interessiert mich, weshalb ich gerade hier auf Dich treffe? Onkel Paul, wolltest auch Du hier jemand besuchen?"

Der alte Herr rückte erst einmal seine Brille zurecht, bevor er zögerlich zu antworten begann: „Ich lebe erst seit Kurzem hier und habe in diesem großen Haus eine Zwei-Zimmer-Wohnung bezogen! Das Augustinum hat mir deswegen zugesagt, weil es ein Haus ist, das auf einem christlichen Fundament gründet und in dem ich am Sonntag in die Kapelle gehen kann. Ich sehe es Dir an, dass Du deswegen überrascht bist. Ich bin zwar im Alter noch nicht viel dümmer geworden, aber etwas einsichtiger schon. Das Alleinsein war an sich schon kein Honigschlecken, aber die täglichen Tätigkeiten überforderten mich immer mehr, und dem habe ich mit diesem schweren Schritt Rechnung getragen. Ich habe ja niemand, der sich um mich kümmern will, und wie Du ja sicher von Deiner Mutter weißt, habe ich leider keinen Kontakt mehr zu meinem Arno. Ich weiß weder wo er lebt, noch was er so treibt. Hedi, ich musste bitter genug lernen, dass nicht mein Sohn diesen Bruch ausgelöst hatte, sondern nur ich selbst. Hedi, und das bereue ich inzwischen mehr und mehr." Hedi glaubte sich verhört zu haben. So viel Einsicht hätte sie bei ihrem früher so selbstgerechten Onkel nie und nimmer erwartet.

Sollte sie jetzt die sich bietende Gelegenheit beim Schopf ergreifen und ihrer Verblüffung Ausdruck verleihen. Gedacht und getan; und diesen Eindruck spiegelte sie ihm nun, worauf er ihr entgegnete. „Hedi, ich hatte im Mehrfamilienhaus einen Nachbarn, den ich erst vor einem Jahr näher kennen gelernt habe. Der lud mich eines Abends zu einem Schluck Wein bei sich ein. Dabei blieb es dann nicht, und ich tauschte mich mit ihm mehr und mehr aus. Ich wusste nicht wie mir geschah, aber ich gewährte ihm einen immer tieferen Einblick in mein Inneres, in das, was ich bisher tief in mir verschlossen wähnte. Mir war es so, als würde dieser sehr alte und weise Nachbar einen geheimen Schlüssel besitzen. Und ich spürte, dass mir diese Gespräche gut taten. Selbst als er dann zu erkennen gab, dass er beruflich als Psychiater gearbeitet hatte, schreckte mich dies nicht mehr ab. Dabei hatte ich in meiner Arroganz und Unwissenheit für diese „Seelenklempner" zuvor überhaupt nie etwas übrig gehabt. Eines Abends stellte er mir dann die Frage nach meiner Familie, und warum ich denn allein leben würde. So kam es, dass wir auch auf Arno zu sprechen kamen. Seitdem quält mich mein Gewissen, und dabei vor allem die schwer zu tragende Einsicht, dass ich die Schuld daran trage, dass mein einziges Kind das Elternhaus nie wieder betreten hat. Hedi, diese Erkenntnis war und ist für mich eine schwere Hypothek, eine, die ich endlich tilgen will, selbst dann, wenn ich dafür nach Canossa pilgern müsste!"

Sollte sie jetzt ihrem Onkel preisgeben, dass sie ihm hier weiterhelfen konnte? Sie musste es tun, schon Arno zuliebe, mit dem sie in den letzten Jahren zu einem sehr guten Verhältnis gelangt war. „Onkel Paul, direkt zu dieser verfallenen Burg musst Du nicht gerade pilgern, um Deinen Sohn wieder zu finden, aber nach Italien schon!" „Also doch, ich hatte immer gehofft, dass er wenigstens zurück nach Europa findet, und Italien, das auch ich so liebe, ist wahrlich lebenswert. Aber was treibt denn Arno dort? Kommt er in Italien einigermaßen über die Runden?" Seine Nichte nickte zwar mit dem Kopf, wollte es ihm jedoch nicht zu leicht machen. „Ich will Dir nur einen kurzen Hinweis zu seinem Wohnort geben, und es dann Dir überlassen, alles andere selbst herauszufinden. So viel kann und will ich preisgeben. Dein Sohn Arno lebt schon seit vielen Jahren in einem Dorf, das oben in den Vorbergen der Alpen liegt. Von Padua aus ist es dorthin etwas über eine Stunde mit dem Bus." Den alten Mann elektrisierte diese Nachricht, deutlich abzulesen an seinem erstaunten Ausdruck. „Liebe Nichte, sag bloß, Du hast Kontakt zu Arno!" So kam es, das Paul de la Motte, der alte Graf, den Ort genannt bekam, in dem er seinen Sohn, so er es denn wirklich wollte, finden konnte. Mehr wollte Hedi ihm nicht mitteilen. Wohlbewusst wollte sie es dem Onkel selbst überlassen, ob er diesen Faden ergreifen würde, um so vielleicht seinen Seelenfrieden zu finden.

Hedi, die um die Verbitterung ihres Cousins wusste, wollte auch das gute Einvernehmen mit Arno und Cecilia nicht gefährden. Es lag nun ganz allein an ihrem Onkel, den ersten Schritt zu wagen und dafür den langen Weg nach Sassone auf sich zu nehmen. Sie entschloss sich sogar dazu, selbst diese Begegnung mit dem Onkel vorläufig für sich zu behalten, und nicht einmal dem Cousin davon zu berichten. Ganz hielt sie das Schweigen dann aber doch nicht durch, und so erfuhr Cecilia, dass ihres Mannes Vater inzwischen in einem Münchener Seniorenstift lebte. Als sie dies ihrem Mann mitteilte, da schien ihn die Nachricht nicht sonderlich zu interessieren, er hatte anscheinend dieses schmerzliche Kapitel für sich abgeschlossen. Dies zur Vorgeschichte des nun folgenden Ereignisses!

***

Darunter hatte Cecilia geschrieben: Diese Begegnung mit meines Mannes Vater hatte mir Hedi später haarklein beschrieben. Das nun folgende Ereignis entnahm ich einerseits den Aussagen meines Schwiegervaters, und verband sie andererseits mit unserem eigenen Erleben.

***

Ein alter auf seinen Krückstock gestützter Herr stieg in Padua aus dem von München gekommenen Reisebus. Er hatte nur eine Reisetasche dabei, deren Gewicht ihm sichtlich Mühe bereitete. Da er auch noch etwas Italienisch konnte, gelang es ihm, sich auf diesem

Busbahnhof nach dem Bus durchzufragen, der ihn nach Sassone bringen würde. Der Busfahrer bedeutete ihm, dass der Bus erst in einer Stunde abfahren würde, er aber gerne schon jetzt zusteigen könne. Von dem gesprächigen Fahrer erfuhr Paul de la Motte einiges zu seinem Fahrtziel. Sassone sei lange ein verschlafenes Nest gewesen, aber seit etwa zehn Jahren aus seinem Dämmerschlaf erwacht. Dort gäbe es nun besondere Gaststätten, welche die Touristen aus der Umgebung der angesagten Orte, gerne aufsuchen würden; und davon würde er ja inzwischen auch selbst profitieren.

Dem, was ihm der junge Fahrer so erzählte, hörte er nur mit halbem Ohr zu. Dies galt insbesondere dem Loblied auf den ihn nicht interessierenden Padrone und dessen Frau. Ihn beschäftigte die Frage nach dem möglichen Wiedersehen mit seinem Sohn viel zu sehr. Würde er dort überhaupt auf ihn treffen, und wenn ja, in welchen Verhältnissen lebte Arno hier. Nun, er hatte die lange und unbequeme Reise auf sich genommen, um seinen Seelenfrieden zu finden. Sollte dieses Unterfangen scheitern, dann wollte er vor sich wenigstens eines sagen können, dass er diesen schweren Schritt von sich aus unternommen hatte. Nur wenige Fahrgäste hatten sich im Bus eingefunden, zumeist waren es Tagestouristen, die das „Tal der kulinarischen Genüsse“ am späten Abend mit dem letzten Bus wieder verlassen würden. Die Fahrt dauerte nicht sonderlich lange, führte bald durch eine von Hügeln gesäumte anheimelnde Landschaft. Das „bitte alle aussteigen, Endstation Sassone“, riss ihn aus seinem Grübeln. Er war da und das Suchen konnte nun beginnen.

Seine schwere Tasche konnte der alte Graf, sichtlich erleichtert in einem neuen Schließfach auf dem verlassen daliegenden Parkplatz zurücklassen. Ein Orientierungsplan wies ihm den Weg zur Piazza, die ihm besonders geeignet erschien, um dort herumzufragen, wo er denn seinen Sohn antreffen würde. Es ging eine bequeme Treppe hoch, weiter über eine Brücke, die einen tief eingeschnittenen Bach überquerte. Den Platz schon im Blick schritt er noch vorbei an einem Friedhof. Hinter dessen Mauern ragten eine Kirche und ihr Campanile auf. Dann breitete sich der beeindruckende Platz vor ihm aus. Nirgendwo war eine Spur von Verfall zu sehen. Allerdings waren dort um diese Zeit auch nur wenige Menschen wahrzunehmen. Aber er hatte ohnehin vor, so wie er es von früher her kannte, andern Orts mit seiner Recherche zu beginnen. Vermutlich würde ihm in einem Gasthof bei seinem Nachfragen eher Erfolg beschieden sein. So wie jeden Besucher dieses Ortes zog ihn der Platz in seinen Bann. Ihn beschloss gen Westen hin ein prächtiger Palazzo und zierte in der Mitte ein schöner Brunnen. Die Sonne zwang ihn jetzt sich den Arkaden anzuvertrauen, die allerdings schon nach wenigen Gebäuden, wegen eines mächtigen Hauses unterbrochen wurden. An diesem kündeten drei Messingschilder von den dort untergebrachten Institutionen. Er trat nun wieder hinaus auf den Platz, denn dort wollte er drei am Brunnen stehende Menschen nach Herrn Longhi fragen. Das, was er nun erfuhr war für ihn enttäuschend: „Tut uns leid, von einem Herrn Longhi wissen wir nichts, aber es sind in letzter Zeit ja auch viele neue Menschen hier zugezogen."

Am westlichen Ende des schönen Platzes ließ er die Fassade des Palazzo auf sich wirken. Was für ein vornehmer und schöner Palast. Wer da drin wohl wohnte? Nun, das würde er sicher noch erfahren. Aber weit wichtiger war für ihn ja das Domizil seines Sohnes. Außerdem galt es, sich erst einmal um ein Quartier zu kümmern. Dieses warb unübersehbar neben dem Palazzo mit einem Schild für sich: „Hotel Bella Vista." Paul de la Motte war ohnehin darauf eingestellt, auch noch einen weiteren Tag nach Arno suchen zu müssen. Er reservierte sich folglich ein Zimmer, von denen es noch etliche gab. Auch die junge Frau am Empfang wusste nichts von einem Herrn Longhi, aber sie verwies ihn auf den Abend, denn dann wäre der Seniorchef da. Und der als früherer Ortssprecher würde wirklich jeden im Dorf kennen! Das war doch schon mal eine ermutigende Aussage, die ihn hoffnungsfroh stimmte. Wenn sein Arno noch in diesem Sassone wohnen würde, dann konnte er dies am heutigen Abend erfahren.

Noch hatte er den Platz nicht ganz umrundet, was er auch vorhatte, denn an dessen anderem Ende wartete eine kühle Kirche auf ihn.

Aber damit ließ er sich noch Zeit, denn eine Eisdiele verlockte ihn sich erst einmal hier niederzulassen. Kaum hatte er dort Platz genommen, als eine elegant gekleidete Dame vorbei kam, die ein hübsches kleines Mädchen an der Hand führte. Die Bedienung grüßte die vornehm gekleidete Dame, denn eine solche war sie sicherlich. Diese dankte ihr freundlich für den Gruß und wendete dabei ihr Gesicht so, dass in ihm plötzlich eine schmerzlich schöne Erinnerung aufstieg. Diese Dame erinnerte ihn irgendwie an seine jung verstorbene, nie vergessene Frau. Er schätzte diese fremde Dame auf Anfang Vierzig. Neugierig geworden wollte er von der Bedienung wissen, wer denn diese vornehme Dame gewesen sei? „Signore, dies waren die Contessa und ihre jüngste Tochter Teresa. Die beiden sind auf dem Weg zur Kirche, denn da proben die Kinder für die neue Messe. Dort findet sie auch ihren Mann, unseren Padrone, und ihre beiden anderen Kinder. Contessa Cecilia hat vor vielen Jahren ihre große Liebe und heutigen Mann zu uns gebracht, den Wandler des Tales. Unsere Cecilia, die Tochter des Cavaliere, war damals auch nicht viel reicher als die Meisten hier, denn die di Martinos waren sehr verschuldet und die fröhliche Cecilia hatte kein Erbe zu erwarten. Doch nun ist sie eine sehr reiche Frau, ist zur geliebten Ehefrau und Mutter geworden, woran sich alle erfreuen."

Schon wieder vernahm er den Namen Padrone und dahinter einen großen Respekt, der ihn nun doch neugierig werden ließ. Dieser hoch angesehene Herr musste in seiner Vorstellung eigentlich ein würdiger alter Mann sein, und seine Frau, die er soeben gesehen hatte, wäre damit um viele Jahre jünger? Aber konnte es denn nicht auch sein, dass dieser Padrone ein tüchtiger und jüngerer Herr ist. Ach egal, er suchte hier ja nur seinen Sohn Arno, und wollte sich nicht um anderes kümmern. Aber so ganz los ließen ihn dieser Padrone und seine Frau dann auch wieder nicht.

Kurz darauf schlug er den Weg zur Kirche ein. Dort setzte er sich in die letzte Reihe, um einiges entfernt vom Chor, wo Kinder gerade ein Lied probten. Ein hübscher Junge, so um die zwölf Jahre alt, sang nun ein Solo. Und er sang schön, seine helle Knabenstimme gefiel ihm. Wenn Kinder in dieser Zeit noch geistliches Kulturgut erklingen lassen, dann muss hier in diesem Dorf die Welt noch einigermaßen heil sein, so sein Urteil. Obwohl er nun dem Jungen lauschte, schweiften seine Blicke durch diese einst gotische Kirche, die wie so viele Gotteshäuser im Barock ein neues Gewand erhalten hatte. Davon unverschont geblieben waren lediglich einige Fresken im Chor und das dort verbliebene Patronatsgestühl. Und in diesem Gestühl entdeckte er die Contessa wieder, deren kleine Tochter nun auf ihrem Schoß saß. Dahinter, von ihr halb verdeckt, saß vermutlich ihr Mann, der Padrone, an den sich ein etwas größeres Mädchen geschmiegt hatte. Als das Musikstück endete, in dem der Junge den Solopart übernommen hatte, da spendeten ihm die wenigen Zuhörer der Probe ehrlichen Beifall. Der Mann der Contessa erhob sich nun, setzte seine Tochter ab, drehte jedoch dem Auditorium noch den Rücken zu. Der Junge warf sich in die Arme des Padrone, denn nur der konnte es sein, küsste seinen Vater auf die Wange und holte sich dessen Anerkennung ab.

Ein derartiges Familienidyll, dessen er hier teilhaftig wurde, hatte der alte Graf noch nie erlebt; aber davon in jungen Jahren geträumt schon. Bevor er sich noch in der Erinnerung verlieren konnte, traf ihn fast der „Schlag“. Dieser hochgewachsene Padrone war unverkennbar sein Sohn Arno. Und was hatte er sich bisher nicht alles vor seinem inneren Auge zurechtgelegt? Einen Mann, der gerade so über die Runden kam, und der hier in diesem italienischen Dorf eine Randexistenz führte! Und nun diese so anders gelagerte Erkenntnis, mit der er auf Anhieb nicht zu Rande kam, und die alle seine Befürchtungen, aber auch seine Vorstellungen hinwegfegte.

Wie betäubt saß er auf seinem Platz, er bekam nicht mit, dass ihm Tränen die Wangen hinab liefen und sein Gesicht zuckte. Es war für das Fassungsvermögen des alten Mann einfach zu viel, was gerade über ihn gekommen war. Sein Truggebilde war in sich zusammengefallen wie der Schaum in der Tasse. Er, der in seinem Sohn stets einen Versager gesehen hatte und sich selbst hingegen als den Erfolgreichen. Was war denn nun damit? Nichts davon stimmte, ja es hatte sich völlig ins Gegenteil gewendet. Alle seine Vorstellungen waren nichts anderes gewesen als Selbsttäuschung und Projektion. Alles woran er sich Jahrzehnte lang geklammert hatte, zerschellte an der ihn hier überwältigenden Realität. Hatte er nicht auch seinen Sohn zum kirchenfernen Atheisten erklärt? Und wo hatte er ihn nun wiedergefunden, ausgerechnet in einer Kirche beim Anhören der Probe eines geistlichen Werks?

Er bekam nicht mit, dass sich sein Sohn still zu ihm gesetzt hatte, und auch nicht wie sich die Schwiegertochter und Enkel zu ihrem Mann und Vater gesellten, nicht wissend, was hier geschah. Selbst die Kinder blieben stumm, sie ahnten, dass hier etwas Besonderes ablief. Arno hatte den Arm um seinen schluchzenden Vater gelegt und flüsterte ihm nach einer gewissen Zeitspanne zu: „Lieber Vater, alles ist doch nun gut. Du hast den ersten Schritt getan und Dich überwunden. Komm nun mit zu uns heim und erhole Dich von der langen und anstrengenden Fahrt." Und wie anders hatte sich der alte Graf dieses Wiedersehen ausgemalt? Er fand erst nach einigen Minuten seine Fassung wieder und setzte zum Reden an, doch sein Sohn sagte nur: „Vater, lass uns das, was Du uns sagen willst, drüben bei uns anhören, hier sind zu viele Menschen."

Soweit zu dem, was ich nur indirekt mitbekommen hatte. Aber nun kann ich selbst wieder berichten, wie der weitere Besuch meines mir bisher fremden Schwiegervaters ablief.

Wir schritten direkt über den Platz zum Palazzo, gegrüßt von den Vielen, die nun die Piazza bevölkerten. Schon daraus konnte der alte Herr entnehmen, wie angesehen sein Sohn und dessen Familie waren. Und dann erst unser Heim, und noch dazu dieser schöne Palazzo. Mir war so als würde er innerlich verwundert den Kopf schütteln, über das, was er nun erlebte. Sein Sohn lebte also keineswegs in ärmlichen Verhältnissen, sondern als ein hochgeachteter Herr in einem herrlichen Palazzo. Als wir die wenigen Treppen zum Eingang hinaufgingen und dann in unseren Empfangssaal traten, da fand er die Worte wieder. „Arno, und so lebt Ihr hier, in einem solchen Luxus. Und was hatte ich mir alles in meiner mit Befürchtungen und Ängsten getränkten Fantasie vorgestellt?“

An dieser Stelle schaltete ich mich ein und berichtete ihm, wie es hier vor unserer Ehe noch ausgesehen hatte. „Arno hat maßgeblich dazu beigetragen, dass das ganze Tal in eine blühende Region verwandelt wurde. Er hatte zuvor auch unseren Palazzo wieder zu einem Schatzkästchen gemacht. Schon ab dem ersten Tag, als mein Mann hier zum Padrone wurde, ging es bei uns im Tal nur noch aufwärts, und das auch bei seinen vielen Firmen!“ Der alte Herr sollte meinen Stolz auf seinen so tüchtigen und erfolgreichen Sohn mitbekommen, und meine Liebe zu Arno auch. Unser harmonisches Familienleben konnte ihm ohnehin nicht verborgen bleiben. Als die Kinder hinaus in den Park zum Spielen gingen, erzählte uns der Schwiegervater, und das war ja nun mal, von seiner Wandlung. Dies gipfelte in der Aussage: „Um was habe ich verbohrter Mensch mich alles gebracht. Und Dir Arno eine schwere Kindheit beschert.“

„Vater, lass es gut sein, Du hast einen schweren inneren Kampf hinter Dir, hast Dich sogar überwunden und den ersten Schritt getan. Das rechne ich Dir hoch an. Die Vergangenheit können wir ohnehin nicht mehr ändern, unser beider Verhältnis zueinander ab jetzt allerdings schon. Vielleicht hat mich das ungute Miteinander erst stark gemacht. Hat den inneren Antrieb in mir geweckt, Dich und alle, die an mir gezweifelt haben, und mir nichts zutrauten, zu widerlegen. Ja, ich bin ein vermögender Mann geworden, aber was mir dessen ungeachtet weit wichtiger ist, ich habe meine große Liebe gefunden. Drei wunderbare Kinder schenkte mir meine Cecilia und machte mein Leben mit ihrer Liebe und Herzenswärme zu einem herrlichen Dasein. Und unsere Kinder haben unser Leben ungemein bereichert.“

Arno und sein Vater ergründeten am nächsten Tag miteinander die Ursachen ihrer von Arnos Kindertagen an gestörten Beziehung. Und dies interessierte auch mich, denn ich wusste doch, wie schwer sich mein Arno mit diesem Teil seiner Vergangenheit noch immer tat. Wir erfuhren nun, dass Arnos Mutter aufgrund ihrer Anämie keine Kinder bekommen sollte, aber dennoch alles daran gesetzt hatte, eines zu empfangen. Davon wusste Arno nichts, und er war deswegen sehr betroffen. Seit ihrer Schwangerschaft verfiel sie dann immer mehr, und hatte zuletzt nur noch Augen für ihren kleinen Sohn. Sie stellte seinen Vater so quasi nebenhin. In seiner seelischen Not hatte der sich dem Pfarrer seiner Heimatgemeinde anvertraut, der ihn jedoch nicht entlastete, sondern mit Vorwürfen überzog. Der Gewichtigste davon lautete: Dieses Kind sei eben kein Geschöpf der Liebe, sondern des Egoismus. Statt sich diesem dogmatischen Priester zu entziehen, ließ er sich immer mehr auf dessen enge religiöse Sicht ein. Von da an wollte er im Glauben sühnen und den Sohn auf den richtigen Weg führen. Strenge und Pflichtgefühl sollten ihn leiten, und so der mütterlichen Verzärtelung entgegenwirken. Er konnte sich erst spät in seinem Leben über die ihm damals „eingeimpften" Vorhaltungen und Irrwege hinwegsetzen.

Mein Schwiegervater blieb eine Woche lang bei uns, er fühlte sich sichtlich wohl, denn er hatte seine schwere seelische Last abgeworfen, so er selbst. Unsere Kinder fanden so allmählich Zugang zu ihrem Opa, und der freute sich an seinem späten Dasein als Großvater. Mein Mann und sein Vater führten noch etliche Gespräche, und sie gelangten darüber schrittweise zu einem guten Einvernehmen. Auch mein Arno hatte einen inneren Ballast abgeworfen, wozu meines Schwiegervaters unverhohlener Stolz auf die Erfolge seines Sohnes beigetragen hatte. Selbst Tante Cornelia, die ihrem Schwager Paul anfangs sehr reserviert gegenüber getreten war, billigte ihm zu, dass er sich in der Einstellung zu seinem Sohn gewandelt hatte.

Ich selbst wurde jedoch nicht sonderlich warm mit dem alten und kantigen Mann, dessen manchmal schroffe Ansichten weder mit den meinen, und auch nicht mit denen meines Arno übereinstimmten. Wir besuchten ihn einige Wochen später in seinem Seniorenstift, und telefonierten auch wöchentlich mit ihm. Wir duzten uns inzwischen, und Paul hatte Arno schon zuvor zu seiner warmherzigen

Frau gratuliert, was mir schon sehr behagte. Unser Verhältnis als ein herzliches einzustufen, das würde ich allerdings als übertrieben bezeichnen. Er war und blieb ein schwieriger Mensch, aber immerhin einer, der gelernt hatte seine Eigenheiten zu erkennen und „Auswüchsen“ zu wehren. Wir versuchten wenigstens einmal im Monat den Schwiegervater in München zu besuchen, und er freute sich jedes Mal darüber. Als Arno einen Geschäftstermin in München hatte, brachte er seinen Vater mit zu uns, wo er zwei Wochen blieb. Fast auf den Tag genau nach seinem ersten Besuch bei uns, erlitt er drei Jahre später einen Herzinfarkt, an dem er verstarb.

Späte Einsicht

Angelika hatte die Aufzeichnungen der Contessa Cecilia fast in einem Zug durchgelesen, ja verschlungen. Sie war fasziniert von diesem Teil der Lebensgeschichte einer Frau und ihrem Zeugnis einer großen Liebe. Und diese Liebesgeschichte empfand sie in gewisser Hinsicht als ein Erleben, das ihr – und dies gestand sie sich nun erneut ein – bisher versagt geblieben war. In Cecilias anfänglich falscher Wahrnehmung der Männer, sah auch sie ein Spiegelbild ihres eigenen Irrwegs. Cecilia di Martino hatten gut aussehende und vordergründig charmante Männer imponiert, die deren Vater als Knaben bezeichnet hatte. Charmeure und Selbstdarsteller, die das Leben als ein andauerndes „Event" betrachteten, wenn nicht gar als ein Spiel, die hatten es ihr angetan. „Männer", die in ihrer Selbstgefälligkeit weder an eine gemeinsame Verantwortung, noch an die Zukunft denken wollten. Bei ihnen zählte nur der Augenblick, in dem sie verhaftet bleiben wollten. Es waren im Wesenskern schwache Gestalten, so was wie Möchtegernmänner, denen sich Cecilia anscheinend unbewusst überlegen fühlte, und die sie vermeintlich lenken konnte.

Und dann war diese Cecilia rein zufällig an einen richtigen Mann „geraten", an einen, der sie anfangs befremdete. Diese anfängliche Distanz ließ es zu, dass sie sich ihm dann schrittweise nähern konnte. So hatte sie zur eigenen Verwunderung allmählich feststellen müssen, dass sie ausgerechnet ihn gesucht hatte. Und was für eine große Liebe sich daraus entwickelt hatte, das erschien Angelika wie ein Märchen zu sein. Hätte sie Cecilias Mann Arno nicht schon selbst kennen gelernt, dann müsste sie dessen Beschreibung als maßlose Übertreibung einer blind verliebten Frau abtun. Aber so? Dieser überaus geachtete Padrone Arno wäre tatsächlich ein begehrenswerter echter Ehemann und ganz sicher auch ein guter Vater für ihre Töchter. Und dieser verführerische Gedanke ergriff nun mehr und mehr Besitz von ihr.

Beim Lesen dieser Seiten hatte sie auch selbst einen Spiegel vorgehalten bekommen, einen, in dem sie erneut ihre eigene Blindheit aufgezeigt bekam. Ihr Ehemann Ludwig war zwar ein anderer Typ als Cecilias Freund Marko, aber eben auch ein Mann, der sich und anderen etwas unbewusst zu suggerieren verstand. Als sie ihn kennen lernte, da war er ein allseits anerkannter Lehrer in Mathematik und Physik, einer, der mit den ihm anvertrauten Klassen gut zu Rande kam. Damals war er für sie als angesehener Kollege ein Vorbild gewesen. In der bitteren Rückschau, die sie während des Lesens immer wieder halten musste, erkannte sie ihre eigene Naivität und Unbedarftheit. Ihr späterer Mann Ludwig Stärkl besaß schon als Lehrer, und noch gesteigerter auf dem Höhepunkt seiner Schullaufbahn als Rektor, ein geradezu überbordendes Selbstvertrauen. Als guter Skifahrer und Bergsteiger bezog er dies auch aus seinem dort erforderlichen Können und Mut. Er machte damals ihr und seinem Umfeld glauben, es mit einem Könner und starken Mann zu tun zu haben.

Doch als er außerhalb dieser hierarchisch klar definierten und überschaubaren „Welt“, für die er ausgebildet worden war, den Beweis dafür antreten sollte, da scheiterte er kläglich an den Herausforderungen der Realität. Letztlich kapitulierte er vor den Schwierigkeiten in der Leitung eines kleinen, aber in Untiefen feststeckenden Unternehmens. Von Ökonomie und Technik hatte er nun mal keine Ahnung. Er fand auch keinen Zugang zu dieser ihm fremd bleibenden Welt, und auch nicht zu den Menschen, die ihm anvertraut waren.

Ja, er war nicht einmal in der Lage gewesen, der Verantwortung für seine kleine Familie gerecht werden. In der Selbstsicht ein mächtiger Löwe zu sein, aber in der Sicht der Betroffenen nicht mehr als eine Hauskatze. Diese bittere Erfahrung zerstörte nicht nur sein falsches Selbstbild, sondern mehr und mehr auch seine „Moral“. Wie anders hätte er es denn sonst fertiggebracht, sich durch seinen Suizid so feige davon zu schleichen, und sie mitsamt der gemeinsamen kleinen Töchter im Stich zu lassen?

Blender hatten sie angezogen, Männer von denen sie beschützt sein wollte, an die sie sich anlehnen konnte. Diese Scheinriesen, so ein Bild aus einem Kinderbuch, konnten sich nicht einmal ihre eigene Schwäche eingestehen und schoben das eigene Versagen immer auf andere. Ihre naive und den Sohn überhöhende Schwiegermutter war dessen Behauptungen gerne aufgesessen. Sie sah in ihres Sohnes Frau, die an allem Unglück Schuldige. Sie hatte es ihr bei der Beerdigung erbittert an den Kopf geworfen: Sie, Angelika, sei allein schuld daran, dass ihr Sohn Ludwig nicht mehr am Leben sei. Auf diesen ungeheuerlichen Vorwurf zu antworten, dazu war sie in ihrer Erschütterung nicht in der Lage gewesen.

An ihrer Stelle bot dann Onkel Johann, der Bruder ihrer Mutter, Angelikas Schwiegermutter vehement Paroli. Er verwahrte sich im Namen seiner Nichte gegen diesen in keiner Weise zutreffenden ungeheuerlichen Vorwurf, und zog vom Leder. Unter anderem nannte er in dem eskalierenden Streit deren Sohn Ludwig einen in jeder Hinsicht überforderten Angeber und Versager. Seitdem sprachen Angelika und die Oma Stärkl kein Wort mehr miteinander, und ihre Töchter mieden ab dann die „böse“ Oma. Onkel Johann, der schon in der Mitte der Sechziger stand und außerdem nicht ganz gesund war, hatte ihr, Angelika, jüngst klar gemacht, dass er spätestens im nächsten Jahr in den Ruhestand gehen wolle. Daher müsse sie sich rechtzeitig einen Nachfolger als Betriebsleiter der Produktion suchen. Davor graute ihr schon jetzt, denn der Onkel war doch ihre große Stütze.

Und damit war es leider noch nicht genug der Blindheit gewesen, denn war sie sogar noch ein zweites Mal auf denselben Typ Mann „abgefahren“, und musste bitter dafür zahlen. Eines wusste Angelika jetzt endlich, Männer, die sie sonst nicht beachten würde, weil sie es nicht nötig hatten sich in den Vordergrund zu drängen, die waren eher „echt“. Ein Musterexemplar dieser von ihr sonst nicht wahrgenommenen Männer, war ausgerechnet Conte Arno, der Herr des Tales. Wären die Kinder nicht gewesen, die sich zusammengetan hatten, dann hätte sie den Padrone – insoweit sie dann überhaupt auf ihn getroffen wäre – vermutlich als einen unscheinbaren, wenn auch eleganten Herrn wahrgenommen. Aber eben auch als einen Mann, der nicht ihre „Kragenweite“ darstellte.

Und wie stand es denn jetzt um sie? Erst einmal hatten sie die Bartalis indirekt mit ihm bekannt gemacht. Deren Bewunderung des tüchtigen Mann ließ sie nicht kalt. Hier wurde sie tatsächlich mit einem echten Könner konfrontiert, mit einem Mann, der im Tal vieles auf die Beine gestellt hatte, und der kein Aufheben davon machte. Sein Adlatus Ezio, der ihn ja fast jeden Tag als Chef und Mentor erlebte, war fasziniert vom Padrone und seinem Können als Inhaber eines gut laufenden Unternehmens.

Und beim direkten Zusammentreffen mit Arno musste sie erst einmal ihre Scheu vor ihm überwinden, bevor sie erstaunt seine persönliche Bescheidenheit wahrnahm. Dabei war der Padrone doch ein promovierter Akademiker, ein erfolgreicher Unternehmer und nicht zuletzt, was in ihrer Heimat noch immer Distanz auslöste, ein veritabler Graf. All das wäre nun eigentlich dazu angetan, alle ihre hochfliegenden Gedanken zu begraben.

Aber waren ihre Gedanken und Wünsche denn wirklich so unrealistisch? Hätte denn ein Mann, der keinerlei Interesse an ihr hatte, ihr je eingestanden, dass sie ihm überaus sympathisch sei? Wohl kaum! Hatte Arno nicht auch dazu gesetzt: Wenn ich wieder zurück bin, dann will ich mit Ihnen reden! Er wusste doch auch wie sehr sich die drei Kinder eine nähere Verbindung des Padrone mit ihr wünschten. Das allein hätte für sie, die alleinerziehende Mutter schon ein großes Gewicht gehabt. Aber, und das gestand sie sich jetzt ein, es war weit mehr. Arno interessierte sie nicht nur, sie hatte sich in ihn verliebt. An seiner Seite würde sie ihre Ängste weitgehend verlieren können, wüsste sie sich als Frau geborgen und als Mutter gestützt durch einen besonderen Mann und einen guten Vater für ihre Kinder. Und noch etwas stärkte ihre Zuversicht, Felix hatte sie schon mehrmals mit Mama angesprochen, und er schien es nicht einmal zu bemerken. Und ihre beiden Töchter? Für sie war Arno der Felixpapa, um den sie den Felix beneideten. Wie um sie zu bestätigen, ertönte aus dem Spielzimmer, in dem sich die drei Kinder aufhielten, fröhliches Lärmen. Sie verhielten sich doch jetzt schon so als wären sie Geschwister.

Würde aus ihr und Arno ein Paar werden, dann stünden dem allerdings auch etliche Schwierigkeiten im Wege. Sie müsste ihre Heimat aufgeben, und die Textilfabrik Gruber entweder saniert wissen wollen, oder, was sie schon gar nicht wollte, das Unternehmen müsste liquidiert werden. Aber wie sollte denn dann der Schuldenberg abgetragen und das Finanzielle geregelt werden? Vor dem letzten Problem graute ihr, ganz speziell wenn sie daran dachte, wie viele treue Menschen dabei ihren Arbeitsplatz und eine gute Zukunft verlieren würden. Daneben wären die anderen Schwierigkeiten alle weit leichter zu bewältigen. Die neue Schule für die Kinder, der Umzug, das Vertiefen der Sprachkenntnisse, und was es alles sonst noch nach sich ziehen würde. Aber dann stünde ja mit Arno ein Mann an ihrer Seite, der bestimmt für alles eine Lösung parat haben würde. Und diesem beruhigenden Gedanken räumte sie nun Priorität ein. Es hing ja ohnehin nur von Arno ab, ob und wie es mit ihr und den Töchtern weitergehen würde, und nicht an ihr!

Zu weiterem Nachdenken kam sie nicht mehr, denn Carlotta di Martino, die Schwiegermutter von Arno, klopfte an und betrat dann das Wohnzimmer, in dem einst Arno und Cecilia gewohnt hatten. Sie sah das aufgeschlagene Heft, in dem ihre Tochter ihr Glück und die wesentlichen Ereignisse, wie das verewigt hatte, was sie bewegte. Die alte Dame deutete darauf und sagte mit belegter Stimme: „Liebe Angelika, nun haben Sie einen Einblick gewonnen in die glückliche Ehe meiner Tochter und die große Liebe, die sie und Arno verbunden hat. Wir alle haben uns daran erfreut, und ich als Mutter bekam dadurch einen großen Traum erfüllt. Von der ersten Minute an, als mein Schwiegersohn Arno an der Hand meiner Cecilia den Raum betrat, in dem wir feierten, habe ich ihn in mein Herz geschlossen.

Für meinen Mann bedeutete es zudem auch die Übergabe seiner Aufgaben an Arno, die den Kranken mehr und mehr überfordert hatten. Er vertraute seinem Schwiegersohn blind, und er wurde nie enttäuscht. Und dann kamen unsere drei Enkelkinder, belebten unser Haus mit ihrer fröhlichen Art und schenkten uns viel Zuwendung. Es war eine herrliche Zeit für uns alle, eine, die dann von einem auf den anderen Moment durch ein schreckliches Unglück zerstört wurde! Seitdem ist die Fröhlichkeit fast verschwunden, sie wurde von der Trauer um unsere drei Lieben erstickt!"

Angelika, die bisher zu diesem so tragischen wie einschneidenden Geschehen nur wenig erfahren hatte, wollte dazu nun Näheres erfahren. „Liebe Angelika, das habe ich erwartet und gebe Ihnen daher nun den nüchternen Bericht der Carabinieri zu lesen".

Der Schicksalsschlag

Dieser **Polizeibericht** des Unfalls lautete:

Am 24. 5. 2018 gegen 17.00 Uhr erreichte uns ein Notruf. An der Abzweigung der Landstraße Nr. 1123 nach Sassone hatte sich ein schwerer Unfall ereignet. Drei Personen wurden dabei entweder schwer verletzt, oder waren gar schon tot. Daher sei große Eile geboten, bedeutete uns der Anrufer. Wir benachrichtigten sofort die Leitstelle des Hubschraubers, und auch zwei Krankenwagen. Wir selbst fuhren anschließend mit höchster Eile zum Unfallort. Dort angekommen bot sich uns ein schrecklicher Anblick. Ein schwerer Geländewagen hatte sich in die Fahrerseite eines Cabriolets hineingebohrt und sich in ihm verhakt. Die Fahrerin des Cabriolets war auf die andere Seite geschoben worden, und sie war nicht mehr bei Bewusstsein. Eines der beiden Kinder war offensichtlich nicht angeschnallt gewesen, und deswegen durch die Wucht des Aufpralls aus dem Cabrio auf die Straße geschleudert worden. Das zweite Mädchen auf dem Rücksitz war durch den schweren Wagen auf die Gegenseite gedrückt worden. Der uns gefolgte Notarzt konnte dann leider nur noch den Tod der drei Unfallopfer feststellen.

Aus der Befragung der Zeugen zum Unfallgeschehen ergab für uns dann folgendes Bild. Der Geländewagen hatte ausgangs einer Kurve unmittelbar vor der Abzweigung nach Sassone geschleudert und geriet dadurch auf die dortige Abbiegespur. Auf dieser war das Cabrio gerade dabei gewesen nach links abzubiegen. Dazu reichte es dann nicht mehr, denn der Fahrer des schleudernden Geländewagens hatte ausgangs der Kurve die Kontrolle über sein Fahrzeug verloren und traf so das Cabrio mit großer Wucht.

Der Fahrer des Geländewagens sei bereits zuvor unangenehm aufgefallen, denn er war schon auf der Straße, die von der Alpe herab ins Tal führt, mit erhöhter Geschwindigkeit gefahren. Und dies trotz der dort vorgeschriebenen 30 km in der Stunde. Er habe außerdem, trotz des generellen Überholverbots auf der kurvenreichen Straße, mehrere Fahrzeuge riskant überholt und diese dabei gefährdet.

Unmittelbar nach dem Unfall sei das Begleitfahrzeug des Unfallverursachers eingetroffen, dessen Fahrer rücksichtslos an den dort gerade anhaltenden Fahrzeugen vorbeifuhr. Die beiden Insassen rissen die Türen des Geländewagens auf, halfen den beiden Personen heraus und entfernten dann auch das Gepäck aus dem Kofferraum. Anstatt danach Hilfe zu leisten, entfernten sich diese Unbekannten dann eilig von der Unfallstelle. Als zwei Zeugen dies verhindern wollten, da zog einer der Männer eine Pistole und bedrohte die Zeugen. Das besagte Begleitfahrzeug passierten wir bei der Herfahrt, ohne ahnen zu können, dass darin der Unfallverursacher flüchtete.

Durch die spätere Befragung der Zeugen stellte sich dann heraus, dass der Unfallverursacher zuvor auf der Alpe dem Alkohol unmäßig zugesprochen hatte. Der etwa sechzig Jahre alte dunkelhaarige Mann und seine ungefähr dreißigjährige junge blonde Begleiterin, waren den Zeugen schon vorher unangenehm aufgefallen. Sie sprachen Englisch und pöbelten sichtlich angetrunken andere Gäste an. Der befragte Gastwirt konnte lediglich auf zwölf Glas Wein verweisen, den der Dunkelhaarige und seine drei Begleiter konsumiert hatten. Seiner Einschätzung nach handelte es sich bei den beiden Begleitern des Paares, um so etwas wie deren Leibwächter.

Die weitere Recherche ergab dann, leider mit einer zeitlichen Verzögerung, dass sowohl das Unfallfahrzeug, als auch das Begleitfahrzeug gemietet waren. Da der Schalter des Vermieters auf dem Flugplatz Marco Polo schon geschlossen hatte, mussten wir erst die private Adresse des Autovermieters ausfindig machen. Der nannte unseren Kollegen dann den Namen des Automieters. Dieser Jack S. Kaplan hatte den Unfall nicht gemeldet, sondern lediglich einen Zettel und einen Scheck über 25.000$ im Begleitfahrzeug zurückgelassen. Der Autoschlüssel und die Papiere seien in den Briefkasten des Vermieters geworfen worden. Unsere weitere Recherche ergab dann, dass der Unfallflüchtige unmittelbar danach in ein dort auf ihn wartendes Privatflugzeug gestiegen sei, das sofort die Starterlaubnis bekommen hatte.

Als unsere Dienststelle dann am nächsten Morgen in der amerikanischen Botschaft anrief, um nach der Identität des Herrn Jack S. Kaplan zu fragen, mussten wir uns erst einmal gedulden. Dann wurde uns mitgeteilt, offenkundig nach interner Rückfrage in der Botschaft, dass diese nur zu schriftlichen Anfragen Stellung nehmen könne. Auf diese Antwort wartet unsere Dienststelle nun schon seit einer Woche. Daraus schließen wir, dass der Gesuchte ein in den USA einflussreicher Mann zu sein scheint.

Unter dem Bericht befanden sich der Dienststempel, das Datum und zwei Unterschriften.

***

Ohne sich einzuschalten hatte Frau di Martino abgewartet bis Angelika den Bericht gelesen hatte. Sie bekam jedoch mit wie betroffen Angelika dieses Dokument des Schreckens gelesen hatte und ergriff nun das Wort. „Liebe Angelika, ich höre Arnos Schrei noch immer in mir nachhallen, als er erfuhr, was unweit von uns geschehen war. Dieses **nein!!!**, dieser Aufschrei eines im Mark erschütterten Mannes, deuteten wir zurecht als eine schreckliche Nachricht. Und das war sie dann in der Tat! Die beiden Carabinieri, die uns über den Tod meiner Tochter und meiner beiden Enkelinnen benachrichtigen mussten, fühlten sich äußerst unwohl bei dem, was sie meinem Schwiegersohn zu sagen hatten. Sie fühlten mit diesem sonst so gelassenen und beherrschten Mann, der sich seiner Tränen nicht schämte, er bekam sie ja nicht einmal mit.

Wenig später trafen dann die beiden Krankenwagen ein, beladen mit den toten Körpern unserer drei Lieben. Wir hatten zuvor darum gebeten, dass sie nicht in einer anonymen Kammer des Krankenhauses aufgebahrt werden sollten. So wie es bei uns seit Generationen der Brauch ist, sollten sie bei uns in der Kapelle ruhen. Dort hatte vor noch nicht langer Zeit auch mein toter Mann gelegen, damit wir und später auch das Dorf von ihm Abschied nehmen konnten. Und nun würden die Körper von Cecilia, Carlotta und Teresa hier würdig vor ihrer Beerdigung aufgebahrt sein.

Als letzter erfuhr unser Felix von dem schrecklichen Geschehen. Er klammerte sich bitterlich weinend und klagend an seinen Vater, der ihn zu trösten suchte. Dabei war doch Arno selbst des Trostes so bedürftig. Aber nun spürte er im kalten Hauch des ungnädigen Schicksals seine neue Rolle. Er musste von nun an seinem Sohn jetzt auch noch die Mutter ersetzen. Wir alle unterstützten ihn dabei – selbst einer tiefen Trauer anheimgefallen – nach Kräften. Die Zeit hat den großen Schmerz zwar etwas gelindert, doch bei mir, der Mutter, und bei unserem Arno, dem Ehemann und Vater, sitzt die Trauer noch immer sehr tief. Er versucht sich dies nicht anmerken zu lassen. Aber er steht oft in bitteren Gedanken versunken vor den Gräbern seiner Lieben. Er macht es zumeist dann, wenn Felix nicht im Palazzo weilt, um seinem Sohn die wiedererwachte Lebensfreude nicht zu beschweren."

Angelika, die der Bericht sichtlich erschüttert hatte, begnügte sich mit diesem noch nicht und setzte daher nach: „Carlotta, was ist denn aus der weiteren Recherche der Polizei geworden, denn diese Ungeheuerlichkeit konnte doch nicht so hingenommen werden." „Angelika, dieser Unfall schlug große Wellen. Der Journalist einer bedeutenden überregionalen Zeitung hatte von der bearbeitenden Dienststelle vom Unfall erfahren, und von der Unfallflucht des Verursachers. Dieser Bericht war eine einzige Anklage über die Selbstherrlichkeit Amerikas, deren hiesige Vertreter alles daran gesetzt hatten, um das Geschehen zu vertuschen. Der Verfasser nahm Bezug auf das Seilbahnunglück vor Jahren, als der Pilot eines Kampfflugzeugs, und dies bei einem unerlaubten Tiefflug das Tragseil einer Gondel zerstört hatte. Dieses so waghalsige wie unerlaubte Flugmanöver brachte seinerzeit vielen Menschen den Tod. Damals, wie nun auch in unserem Fall, versuchten die Amerikaner sich der Schuld zu entledigen und arrogant der Verantwortung zu entziehen.

Dieser Artikel hatte es zum Glück dennoch in sich, denn er wurde etwas später auch in den Vereinigten Staaten gelesen, und er schlug dort sofort große Wellen. Und die reichten dann wieder zurück bis hierher nach Italien. Der Botschafter der USA rief nämlich höchst persönlich an einem späten Abend hier an, und er verlangte kurz angebunden Arno zu sprechen. Der ging auch ans Telefon und davon aus, dass der Botschafter sich bei ihm für die Verfehlung seines Landsmannes entschuldigen würde. Ja und auch ihm, Arno, sein Beileid aussprechen würde. Doch weit gefehlt, denn nichts davon traf zu. Arno hatte den Lautsprecher eingeschaltet, um uns mithören zu lassen. Und er hatte auch das Gespräch aufgezeichnet.

„Herr de la Motte, wir haben erfahren, dass Sie der italienischen Presse zu einem unserem Landsmann betreffenden Unfall falsche Informationen gegeben haben. Diese Journalisten hatten dann nichts Besseres zu tun, als, ausgelöst durch Sie, Herr de la Motte, einen ehrenwerten Politiker meines Landes in übler Weise zu verunglimpfen. Ich rate ihnen dringend, unterlassen Sie im eigenen Interesse künftig derartig falsche Behauptungen. Außerdem erwarte ich von Ihnen umgehend eine schriftliche Richtigstellung, adressiert an die hiesige Botschaft der USA!“ Uns alle hatte der kalte und fordernde Ton des Botschafters erschreckt, und auch entsetzt.

Was würde ihm Arno darauf entgegnen?“ „Herr Botschafter, Sie scheinen, von welcher Seite auch immer eingespeist, von absolut falschen Informationen auszugehen. Ich habe der Presse bisher nichts zu dem Unfall berichtet. Mir selbst liegt zwar der Bericht der hiesigen Polizei vor, aber ich habe ihn bisher nicht weitergegeben. Die Polizeibeamten haben den Unfall gründlich und objektiv aufgenommen, und ein eindeutiges Bild vom Unfall selbst und zu dessen Verursacher gewonnen. Dieser Herr Kaplan, oder wie auch immer er tatsächlich heißen mag, hat betrunken drei Menschen getötet. Er ist ihnen auch nicht zu Hilfe gekommen und hat dann sogar noch fluchtartig die Unfallstelle verlassen. Laut Polizeibericht liegen damit drei schwerwiegende kriminelle Verfehlungen vor: Als das vor

Gericht gravierendste Vergehen, steht an erster Stelle, die grob fahrlässige Tötung von drei Menschen im Raum. Ebenfalls gewichtig sind die unterlassene Hilfeleistung und die Unfallflucht mit Hilfe von Unbekannten. Die Delikte Trunkenheit am Steuer, Überschreitung der zulässigen Geschwindigkeit und mehrmaliges unerlaubtes Überholen, fallen dann schon gar nicht mehr sonderlich ins Gewicht. Der Täter hat noch dazu bei zwei Autos einen Totalschaden verursacht und damit das Eigentum von Dritten zerstört. Dieser Kriminelle, und ich bleibe bei dieser Bezeichnung, hat meine Frau getötet und meine beiden kleinen Töchter umgebracht. Und jetzt besitzt dieser Intensivtäter gar noch die Unverfrorenheit mich, das Opfer, der Lüge zu bezichtigen. So als wäre ich derjenige, der sich im Wahn verstiegen hat, versucht dieser charakterlose Mensch sich reinzuwaschen und seine Tat zu vertuschen. Vielleicht muss der „feine Herr" auch noch einen Ehebruch kaschieren? Mich bezichtigt er der Lüge, mich das Opfer, das ist an Schamlosigkeit nicht zu überbieten. Und für solch einen Verbrecher werfen sie sich ins Zeug, und haben nicht einmal den Anstand mir das Beileid auszusprechen!"

Wieder ertönte die kalte Stimme. „Herr de la Motte, hüten Sie Ihre Zunge, Sie sprechen mit einem Vertreter der Vereinigten Staaten von Amerika. Mir liegen andere Informationen vor, und zwar die eines hoch angesehenen Politikers, der großen Hoffnung einer großen Partei und meines Landes. Dem glaube ich mehr als Ihnen und den italienischen Behörden! Und noch einmal meine Warnung, hüten Sie sich, wer sich mit den USA anlegt, der wird von uns zur Rechenschaft gezogen werden. Ich hoffe Sie haben mich nun verstanden. Und damit gute Nacht!!" Dies war nicht weniger als eine Art „Kriegserklärung" und gemahnte Arno zu großer Vorsicht.

Frau Carlotta fuhr mit belegter Stimme fort: „Wie von Arno schon erwartet, rief dann am nächsten Tag der deutsche Botschafter an. Bevor er noch meinem Schwiegersohn die Beschwerde seines amerikanischen Kollegen darlegen konnte, unterbrach der ihn auch schon. Denn nun stellte ihm Arno eine Frage. „Herr Botschafter, Sie kennen doch die uralte Regel „Man höre beide Seiten“? Daran war Ihrem schroffen US-Kollegen leider überhaupt nicht gelegen. Ich sende Ihnen daher, bevor wir nun weiterreden, die beglaubigte Kopie des Unfallberichts der italienischen Polizei zu. Aus dieser können Sie dann den wahren Hergang entnehmen, und sitzen nicht der verlogenen Version des amerikanischen Täters auf. Danach, Herr Botschafter, stehe ich Ihnen gerne Rede und Antwort, vorher jedoch nicht. Wir sollten doch nicht aus falsch verstandener Bündnistreue auch noch Verbrechen decken, und die Opfer zu Schuldigen erklären.“ Damit war der überraschte Botschafter sofort einverstanden.

Als er drei Tage später wieder anrief, da sprach er zuerst meinem Schwiegersohn sein ehrliches Beileid aus. Er bedauerte auch die ungerechtfertigte Intervention seines Kollegen. Er habe auch bereits versucht, diesen anhand der eindeutigen Fakten umzustimmen, stieß jedoch auf wenig Einsicht. Arno eröffnete dem Botschafter, dass es ihm inzwischen gelungen sei, eine der großen Zeitungen der USA zu erreichen, die sich der Sache annehmen wollten. Sie, die Presse, werde die Darstellung des Täters in ihrem Bericht als Lüge aufdecken und dessen Verfehlungen öffentlich machen. „Herr de la Motte, ich als mitfühlender Mensch, finde dies gut. Ich, als Deutscher Botschafter, gehe davon aus, dass wir darüber eine Menge Schwierigkeiten zu erwarten haben. Dennoch halte ich es für wichtig, dass die Wahrheit über die Lüge siegt.“ Damit verabschiedete sich der Botschafter und wünschte uns allen viel Kraft, um mit dem Schrecklichen fertig werden zu können.

Dieser gut recherchierte und noch dazu mit Zeugenaussagen abgesicherte Bericht schlug, so wie erwartet, drüben große Wellen. Denn der Täter entpuppte sich als ein bekannter Senator, der drauf und dran war, sich um ein hohes politisches Amt zu bewerben. Daraus wurde dann zum Glück nichts, der Täter musste außerdem noch froh sein, dass gegen ihn in den USA keine Anklage erhoben wurde. In Italien hingegen geschah dies allerdings. Da aber weder er, noch ein Vertreter zur Gerichtsverhandlung erschienen waren, wurde der überführte Täter aufgrund der Beweislage in allen Anklagepunkten für schuldig befunden. Er konnte in Abwesenheit zwar zu einer längeren Gefängnisstrafe verurteilt, aber leider nicht belangt werden. Das damit quasi verbundene „Einreiseverbot" würde den Verurteilten vermutlich wenig kümmern. Der Richter sprach – und dies sichtlich aufgebracht – im Schlusswort von einer neuen „Lex Romana". Die USA schützten ihre Bürger und erschwerten es anderen Staaten und Gerichten, amerikanische Bürger, die im Ausland eine schwerwiegende Straftat begangen haben, dafür zu belangen.

Seitdem schwebt dieses Verfahren nun schon seit Langem, und es wird vermutlich irgendwann niedergeschlagen werden. Der Täter hatte keinerlei Reue gezeigt und uns auch nie angerufen, um wenigstens uns das Beileid auszusprechen. Angelika, die Welt ist nun mal ungerecht, und damit müssen wir uns leider abfinden, so schwer es uns auch fallen mag."

Überraschung

„Der Papa kommt, der Papa kommt, gleich ist er da!!“ Felix war außer sich vor Freude, alle seine nicht eingestandenen Ängste waren jetzt zu Ende. Die drei Kinder hasteten hinüber zur Kapelle, um dort die Eintreffenden zu empfangen. Zu ihnen gesellten sich auch Angelika und das Faktotum Antonio. Als sich das Gartentor öffnete, fuhr das Auto des Padrone langsam in den Wirtschaftshof hinein. Felix raste zur Beifahrertür, der sein Vater entstieg, er umarmte und küsste ihn, ließ ihn alle seine Freude und Erleichterung spüren. Ihn umringten nun auch Bärbel und Magda, die sich ihm angeschlossen hatten. Dieser Anprall kindlicher Liebe, war wohl auch der Auslöser, weshalb Arno im Überschwang des Wiedersehens auch Angelika umarmte und diese ihn duzte. „Lieber Arno, ich freue mich riesig, dass Du, zumindest so wie es für mich aussieht, wohlbehalten zurückgekehrt bist. Wir alle haben uns Sorgen gemacht, ob denn Deine Reise gut verlaufen wird.“ Lächelnd beschied er sie: „Wie Du siehst, ist alles gut gegangen, und nun ist es an der Zeit, dass sich auch unsere kleinen Mitfahrerinnen zeigen.“

Doch erst einmal stieg Maddalena aus dem Auto, der dann vorsichtig zwei kleine Mädchen folgten, die sich sofort scheu an der Hand fassten und hinter die Haushälterin „verdrückten“. Mittlerweile hatten sich auch die drei alten Damen eingefunden. „Meine Lieben, die beiden lieben, aber noch sehr schüchternen Mädchen sind Giovanna, die Enkelin von Maddalena und Antonio, und ihre unzertrennliche Freundin Lucia. Die Beiden werden künftig bei Giovannas Großeltern wohnen und unsere Hausgemeinschaft erweitern. Alles Weitere erzähle ich Euch später. Ich habe von unterwegs aus ein Essen für uns alle bestellt. Und wenn es Euch recht ist, dann nehmen wir dies miteinander im „Bella Vista“ ein, etwa in einer Viertelstunde.“

Der Nonno Antonio begrüßte nun seine Enkeltochter, die er bisher nur vom Telefonieren her kannte, und deren Freundin, die sich noch immer an der Hand hielten. Sie wirkten so, als wären sie von dem

Geschehen überfordert, aber als der Großvater sie freundlich begrüßte, da verlor sich deren Befangenheit für einen Moment. Auf Deutsch hatte Arno die Familie gebeten, die kleinen Mädchen erst einmal den Großeltern zu überlassen. Er werde später noch etliches zu ihnen und ihrem bisherigen, sehr schweren Dasein berichten.

Die Familie, zu der sich nun auch Angelika mit ihren Töchtern rechnen durfte, versammelte sich nach dem ausgedehnten Abendessen im unteren Wohnzimmer. Auf dem breiten Sofa saßen Angelika und die drei Kinder. Als Arno als Letzter dazu kam, wünschten sich die drei Kinder, dass er sich zu ihnen setzte. Felix machte ein wenig Platz, so dass sein Vater zwischen ihm und Angelika zu sitzen kam. Dieser Anblick gefiel auch den drei alten Damen. Cecilia flüsterte ihrer Schwägerin zu: „Lotta, ich glaube fest daran, dass wir bald wieder eine komplette Familie um uns haben werden!" Diese nickte zustimmend und entgegnete ihr leise: „Celi, das würde mich freuen, denn unser Arno braucht wieder eine Frau und Felix eine Mutter. Und Angelika ist ganz bestimmt die Richtige."

Arno fand nun die Ruhe, um von der Reise nach Salerno zu berichten. Erst einmal legte er eines dar: Alle seine zuvor gehegten Bedenken und Befürchtungen seien weit übertrieben gewesen, denn fast alles sei ohne größere Schwierigkeiten von statten gegangen. Selbst die lange Autobahnfahrt über Bologna, Florenz, Rom und Neapel durften sie ohne Stau absolvieren. So konnten sie Salerno bereits am Nachmittag erreichen, was sie trotz der verlockenden Bucht gleich einmal dazu nützten, um nach dem Kinderheim zu suchen. Schon bei der ersten Erkundung, es ging um die Lage des Kinderheims im Hinterland der Stadt, sei ihnen das Glück hold gewesen.

Vor seinen Zuhörern entstand nun das nachfolgend beschriebene Bild. Das Waisenhaus befand sich in einem kleinen Dorf und am Ende einer Sackgasse. Neben dem Eingang zu dem ein wenig morbid anmutenden ärmlichen Anwesen, lag ein schütterer Park. Dieser war nur auf jener Seite auf der sie sich näherten, hinter dem hohen

Zaun mit Bäumen und Büschen bestanden. Die dortigen Waisenkinder, säuberlich nach Geschlechtern getrennt, hatten anscheinend frei, denn sie durften sich gerade im Park aufhalten. Ein kleines Mädchen, das nahe am Zaum stand, sprachen sie an und baten sie, doch die Giovanna her zu lotsen, was diese auch geschickt bewerkstelligte. Arno konnte sich des Eindrucks nicht erwehren, dass hier alles irgendwie mit großer Vorsicht ablaufen würde. Aber wovor hatten diese Kinder denn Angst?

Maddalenas Enkelin Giovanna kam jedoch nicht allein, denn sie hielt ein anderes Mädchen an der Hand. Die beiden Kinder hatten sich beim Näherkommen immer mal wieder ängstlich umgedreht, so als würden sie sich beobachtet fühlen. Die beiden Mädchen sahen sich auf den ersten Blick verblüffend ähnlich. Giovanna freute sich riesig, als sich ihre Großmutter zu erkennen gab. Ihre scheue von leiser Hoffnung erfüllte Frage lautete: „Liebe Nonna, kommst Du, um uns abzuholen?“ An ihrer Stelle antwortete ihr Arno: „Giovanna, wir kommen morgen in der Frühe hierher und sprechen dann mit dem Leiter Deines Heimes über Dich. Denn wir wollen Dich mitnehmen.“ Leise weinend sagte sie: „Der ist aber ein ganz strenger Mann, der wird mich bestimmt nicht gehen lassen.“ Arno beruhigte sie: „Giovanna, das wird er sicherlich nicht verhindern wollen, geh davon aus, dass wir Dich morgen abholen werden. Sag mal, wer hat Dir denn beim Schreiben Deines Briefes geholfen, und ihn dann auch weggeschickt?“

Es war Schwester Annunziata, die gerade auch die Aufsicht führte, und unbemerkt näher getreten war. Sie wollte wissen, wer denn die beiden fremden Menschen seien, mit denen die beiden Mädchen sprachen? Nun ergriff Maddalena das Wort: „Schwester, ich bin Giovannas Großmutter und durfte mit meinem Padrone hierher mitkommen. Wir wollen Giovanna zu uns holen.“ Nun schaute sich die Schwester vorsichtig um, so als würde auch sie kontrolliert werden. Warum sie denn so vorsichtig sei, wollte Arno wissen? „Mein Herr, hier herrscht ein freudloses und sehr strenges Regiment, das nicht nur die Kinder betrifft, sondern auch uns, die sich hier um die Kinder kümmern. Wir sollen auch nicht mit den Menschen reden, die sich von außen nähern." „Schwester, daraus schließe ich, dass Sie hier auch nicht zufrieden sind, oder täusche ich mich?" Leise entgegnete sie: „Sie irren sich leider nicht, hier leiden viele!" Vom Haus her ertönte eine fordernde Stimme, die nach Annunziata rief. Eilends entfernte sie sich, die beiden Mädchen mit sich nehmend. Arno hörte noch wie sie die Kinder ermahnt hatte, unbedingt über das zu schweigen, was sich am Zaun ereignet hatte.

Arno erklärte seinen Zuhörern, dass er schon von unterwegs aus einen Besuchstermin bei dem Leiter des Heimes erwirkt hatte. Er habe diesen dabei aber bewusst im Unklaren darüber gelassen, weswegen ihn dieser ihm nicht bekannte Graf aufsuchen wollte. Früh am nächsten Morgen betraten Arno und Maddalena das einstige Klostergebäude, während Ezio, der Adlatus und Fahrer, draußen wartete. Der Hausherr, ein hagerer und asketisch wirkender Geistlicher, betrat dann kurz darauf den Raum, in den die Besucher von einer Schwester gebeten worden waren. Der etwa sechzig Jahre alte, nicht sonderlich angenehm wirkende Priester hätte sie zwar höflich begrüßt, machte aber auf Arno den Eindruck eines lauernden Tieres. Ihn beschäftigte offenkundig die Frage, was da seitens dieser Fremden auf ihn zukommen könnte.

Nach einem ersten Abtasten und Klären der Identität der beiden Besucher, kam Arno dann direkt zur Sache. „Monsignore, Frau Maddalena ist die Großmutter von Giovanna Pianosa, und ich bin ihr Dienstherr. Frau Maddalena und ihr Mann Antonio bewohnen in unserem Anwesen eine große Wohnung, in der auch mehrere Kinder leben können. Frau Maddalena peinigt seit längerem ihr belastetes Gewissen, weil sie sich bisher zu wenig um ihre Enkelin kümmern konnte. Und das will sie nun wieder gutmachen, und ihre Enkelin Giovanna zu sich nehmen. Von dort aus kann Giovanna in die nahe Schule gehen und bei uns in geordneten Verhältnissen leben."

Dem verschlossenen Gesicht seines Gegenübers war nicht zu entnehmen, wie er mit diesem Ansinnen verfahren würde. „Conte, so einfach, wie sie sich das vorstellen, geht es nicht!“ Arno wollte wissen weswegen denn nicht? Wenig verbindlich kam dann eine Frage des Geistlichen: „Haben Sie eine Urkunde, die es Ihnen vielleicht erlauben würde, Giovanna mitzunehmen?“ Arno, der diese Nachfrage erwartet hatte, zeigte ihm die Urkunde, aber er rückte sie nicht heraus. Dies veranlasste den Geistlichen zu einer bissigen Frage: „Conte, trauen Sie mir nicht?“ Arno nickte und entgegnete ihm kühl: „Monsignore, ich handele nach dem Motto, behalte ein gesundes Misstrauen bei, dann bleiben dir Überraschungen erspart. Dies gilt nicht zuletzt auch für den Klerus!“ Der Geistliche bekundete auch sogleich seinen Unwillen über diese latente „Kampfansage“: „Mein Herr, die katholische Kirche ist von alters her eine ehrwürdige und vertrauenswürdige Institution!“ Arnos Entgegnung klang wenig einsichtig, als er meinte, dass es dazu nun mal unterschiedliche Meinungen geben würde.

Arno schob seine nächste Frage nach: „Monsignore, steht der Übersiedlung von Giovanna damit noch etwas im Weg? Sind hier vielleicht noch Gebühren fällig, oder Rechnungen offen? Wenn ja, dann werde ich diese begleichen. Aber erst dann, wenn ich sicher sein kann, dass Giovanna mit uns fahren darf!“ Das war eindeutig aber anscheinend auch verlockend. Arno hatte die Geldgier des Priesters richtig eingeschätzt, denn der nannte ihm nun eine vermutlich aus seiner Sicht hohe Summe, die dem Unternehmer Arno nicht einmal ein Stirnrunzeln abnötigte.

Der Leiter des Waisenhauses ließ daraufhin Giovanna holen. Doch die Kleine kam wieder nicht allein, denn das kleine Mädchen, das schon tags zuvor deren Hand nicht los gelassen hatte, hielt sich still weinend an Giovanna fest. Der Priester herrschte es dafür an: „Lucia, lass Giovanna los, sie wird uns verlassen und mit ihrer Großmutter wegfahren.“ Mit dieser barschen Aussage hatte er nun auch bei Giovanna eine Tränenflut ausgelöst. Diese wollte jetzt nur noch mitfahren, wenn auch ihre Freundin Lucia mitkommen durfte. Alles

Zureden schien vergeblich zu sein, bis Arno dem Geistlichen ein Angebot machte. „Monsignore, diese beiden Mädchen, von denen ich vermute, dass sie Halbgeschwister sind, kann und darf man nicht trennen."

Der Priester wirkte sichtlich erschreckt, denn der Begriff Halbgeschwister schien ihn, warum auch immer, getroffen zu haben. Zumal Arno dann noch fast beiläufig hinzufügte, dass sich durch einen Gentest seine Vermutung vermutlich erhärten ließe. Er ging aber sofort wieder über zum eigentlichen Anlass des Besuchs: „Was ist zu tun, dass auch Lucia mit uns kommen kann? Befindet sich deren Abstammungsurkunde hier in Ihrer Verwahrung?" Was würde der Priester nun entgegnen: „Conte, Sie dürfen zwar Giovanna mitnehmen, aber bei Lucia geht das nicht!" Arno ließ sich nicht beirren und stellte die Frage: „Was steht dem entgegen?" Der Angesprochene wand sich, bis er dann nach einem inneren Kampf sagte: „Die damit wechselnde Vormundschaft muss auf einem Standesamt vollzogen werden, und dies bedeutet Aufwand und Gebühren, die unser armes Heim nicht aufbringen kann." Arno wusste dieses Signal zu deuten und meinte: „Gut, wenn es nur daran liegen sollte, dann übernehme ich auch diese Gebühren, und ich bin zudem bereit, Ihre Mühen mit einer Spende zu vergüten! Was stellen Sie sich hier vor?" Die nun von dem „würdigen" Geistlichen verlangte „Spende" von stolzen 10.000,- € handelte Arno, schon um diesen ein wenig zu ärgern, dann auf 8.000,- € herunter.

Die beiden Kinder hatten sich in eine Ecke des kargen Raumes verdrückt und hielten sich fest. Sie spürten wohl, dass es gerade um sie selbst gehen musste, den diesbezüglichen „Handel" konnten sie allerdings nicht nachvollziehen. Der sichtlich zufriedene Geistliche wählte schließlich eine Telefonnummer. Er bat den Angerufenen darum, in einer halben Stunde zu diesem kommen zu dürfen, was ihm auch eingeräumt wurde. Der Standesbeamte wollte allerdings noch wissen, worum es denn gehe und meinte lakonisch: „Monsignore, wenn es weiter nichts ist, dann ist dies eine kleine und schnell lösbare Angelegenheit." Und so war es dann auch: Arno wurde zum neuen Vormund von Lucia bestellt, und er durfte anschließend mit den beiden Mädchen wieder ins Auto steigen. Deren wenige und zuvor schon gepackten Habseligkeiten holten sie dann noch im Heim ab. Arno steckte bei der Verabschiedung von Schwester Annunziata ihr seine Visitenkarte zu und flüsterte leise: „Schwester, sollten Sie es hier nicht mehr aushalten können, dann finden Sie bei uns einen Unterschlupf und auch eine gute Stelle.“ Glühend beneidet von den anderen Mädchen ging es für die beiden Unzertrennlichen in eine neue Heimat und eine gute Zukunft.

Doch erst einmal fuhren sie mit zurück zu dem mondänen Hotel am Strand, in dem ihre „Befreier“ schon die letzte Nacht verbracht hatten. Arno ließ noch zwei Betten in Maddalenas Zimmer bringen, damit die beiden Mädchen nicht alleine nächtigen mussten. Allmählich tauten die stillen und verschüchterten Mädchen ein wenig auf und beantworteten nun auch die an sie gestellten Fragen. Was sie dann berichteten, war keine schöne Geschichte. Warum dies? Die beiden Waisenkinder hatten bisher keine Zuwendung, geschweige denn gar so etwas wie Liebe erfahren. Lediglich die Schwester Annunziata hätte sich ihrer angenommen, allerdings vor allem dann, wen sie mit ihr allein gewesen seien. Ihr Alltag sei bestimmt gewesen von Strenge und engen Regeln, häufigem Beten und völliger Unterordnung. Immer mal wieder hieß es: Sie sollten doch dafür dankbar sein, dass sie, die Kinder der Sünde und Schande, hier überhaupt in diesem Heim aufgenommen worden seien. Warum sie Kinder der Sünde sein sollten, das konnten sich die beiden nicht erklären. Es gab immer mal auch Schläge für kleinste Verfehlungen, wie zu spät kommen, nicht gut genug aufgeräumt oder beim Essen gekleckert zu haben. Andere Strafen waren Essensentzug und völliges Schweigegebot.

Seit der neue Leiter da war – eben jener mit dem Arno verhandelt hatte – sei alles noch strenger und härter geworden. Er hätte sich gleich einmal so eingeführt: „Ihr seid die Kinder der Schande, der Zügellosigkeit und daher dazu verdammt ein hartes Leben zu führen, um die Schuld Eurer Mütter zu sühnen.“ Mit dieser Ansage konnten selbst die etwas älteren Kinder nichts anfangen. Was sie wussten, war, dass sie keinen Vater hatten und deswegen von den anderen Kindern in ihrem vorherigen Dasein nicht als gleichwertig angesehen wurden.

Arno berichtete weiter, dass die beiden Mädchen seiner unbewiesenen Ansicht nach Schwestern sein könnten und vermutlich einen gemeinsamen Vater hätten. Sein Verdacht richte sich dabei auf den neuen Leiter, und er vermute sogar, dass in dieses Heim jene Kinder abgeschoben werden, die von Priestern gezeugt worden seien. Beweisen könne er dies allerdings auch nicht. Er sei einen Augenblick lang versucht gewesen, eine der Zigarettenkippen des Leiters einzustecken, um einen Gentest machen zu lassen. Er hatte diesen Gedanken aber wieder verworfen, denn es wäre dem Wohl der beiden Mädchen nicht zuträglich gewesen. Sie sollten sich künftig frei von der belastenden Vergangenheit in ihrer neuen Umgebung entwickeln können, um hier zu fröhlichen und glücklichen Menschen zu werden. Arno setzte noch hinzu: „All das aufzudecken, was in der Katholischen Kirche „faul“ ist, das würde bald an die Grenzen des für die weltliche Gewalt Machbaren stoßen. Und meinen kleinen Einfluss darf ich nicht überschätzen.“

Das ungewohnt reichhaltige Mittagessen im Hotel schien die Mädchen zu überfordern und das vornehme Ambiente des Hauses einzuschüchtern. So dauerte es einige Zeit bis sie „auftauten“ und die ungewohnte Freiheit wie das gute Essen genießen konnten. Da es für die lange Rückfahrt bereits zu spät war, beschloss Arno, stattdessen gemeinsam Salerno zu erkunden. Sich fest an die Hand der Großmutter klammernd, folgten sie nun dem Dienstherrn von Maddalena, den sie zwar nach Kinderart duzen durften, aber laut der Nonna auch als Padrone anzusprechen hatten.

Die neue Freiheit der Kleinen begann in einem Geschäft für Kinderkleider. Wie verwandelt kamen die Beiden aus dem Laden, gekleidet in bunte und kindgerechte Gewänder. Beide hatten sich für ein fast identisches Kleid entschieden. Wieder ein Hinweis darauf, dass sie Halbgeschwister sein könnten. In einem Schuhgeschäft daneben bekamen sie dann auch noch je zwei Paar Schuhe. Damit hatten sie die an das Waisenhaus erinnernden Kleidungsstücke abgelegt und sich dem neuen Dasein auch optisch angenähert. Diese Einkäufe krönte der Besuch einer Eisdiele. Solch eine Köstlichkeit bedeutete für die Beiden etwas ganz Besonderes, ein ihnen bislang vorenthaltener Genuss. Sie hatten allerdings noch keinen Blick über für die schön gelegene Stadt, und auch keinen für das Meer, an das sich Salerno schmiegte. Zu verwirrend erlebten sie die ungewohnte Freiheit. Das galt auch für die auf der langen Heimfahrt an der Autobahn vorbeiziehende Gegend. Vor lauter Aufregung und Vorfreude auf ihre künftige Heimat nickten sie zwar immer mal wieder kurz ein, aber blieben ansonsten wach. Nach langer Fahrt in Sassone angelangt, fühlten sie sich angesichts des „Empfangskomitees“ erneut unsicher, was sich laut Antonio aber bald legte.

Ein aufschlussreiches Gespräch

Angelika und Arno saßen am Folgetag alleine unter den Kolonaden und tranken Kaffee. Angelika kam bald auf die gestrige Rückkunft Arnos mit den beiden Waisenkindern zu sprechen, und empfand deren „Befreiung" durch Arno als eine sehr noble Handlung. Sie wollte wissen, ob er dieses denn nur der Haushälterin zuliebe gemacht habe, oder ob bei ihm dabei noch andere Motive mitgespielt hätten? Daraus entspannte sich nun folgender „Dialog".

Arno räusperte sich: „Angelika, ich mag ja auf diejenigen, die mich nicht so gut kennen, wie ein kühler, sachlicher Manager wirken, der ich sicher auch sein kann, aber ich habe schon auch noch eine andere Seite. Es ist mir speziell Dir gegenüber wichtig, zu betonen, dass ich sehr wohl ein mitfühlender Mensch bin, einer den die Not anderer nicht gleichgültig lässt. Und Giovanna, die Enkelin von Maddalena, aber auch ihre Halbschwester Lucia, waren meiner Wahrnehmung nach in großer seelischer Not!"

„Arno, Du bist ein Mensch, der gerne hilft, sehe ich das falsch?"
„Angelika, so direkt hat mich das noch niemand gefragt, aber ich will nicht kneifen, doch davor noch einige Gedanken. Wo dein Erfolg von äußerlichen Merkmalen begleitet wird, ist es viel schwerer ein anständiger Mensch und Geschäftsmann zu werden und zu bleiben. Zumal man dann, trotz mancher Verfehlungen ja eine Stiftung gründen kann, mit der später der eigene „Edelmut" sichtbar unter Beweis gestellt werden kann. Womit du dann die bisherigen „Sünden" in den Augen von vielen sozusagen gelöscht hast. Und eine solche Stiftung haben Cecilia und ich auch gegründet. Unsere Großzügigkeit unter Beweis zu stellen, war dabei keineswegs unser vorrangiges Motiv. Allerdings, und das sei zugegeben, kam hier schon auch ein anderes Maß an Eigennutz mit ins Spiel. Wir wollten nämlich unsere Kinder nicht jeden Tag der Fahrt mit dem Omnibus aussetzen. Und wir wollten sie nicht schon in jungen Jahren in einem fremden Internat fern der Heimat wissen. Daher gründeten wir die

DELAMO-Stiftung, als Trägerin des hiesigen Internats. Damit verbunden war die wahrlich mühevolle Gründung eines Reformgymnasiums. Denn die dafür zuständigen Behörden wollten anfangs davon nichts wissen. Steuerlich, auch das sei zugegeben, war es für uns sicher von Vorteil. Aber das ist ja nicht die Antwort auf den Kern Deiner Frage.

Vielleicht ist es auch nur die eigene Eitelkeit, die dich veranlasst Gutes zu tun? Oder möglicherweise auch das Motiv endlich geliebt zu werden? Was auch immer mich damals mit angetrieben hatte, ich schließe nicht aus, dass dabei eine Mischung aus diesen beiden Antrieben eine Rolle gespielt hat. Das war bei mir sicher ausgeprägter als bei meiner Cecilia. Aber wie auch immer es war, diese Stiftung nützt seitdem der Allgemeinheit. Denn sie ist den unmittelbar davon betroffenen Eltern höchst willkommen. In das Gymnasium gehen heute mehr als doppelt so viele Schüler, als gegenüber im Internat wohnen. Höchstwahrscheinlich wären ansonsten nur wenige Eltern in unserem Tal überhaupt auf den Gedanken gekommen, ihre Kinder auf eine höhere Schule zu schicken. Doch dadurch eröffnen sie diesen Kindern eine große Chance für deren weiteren Lebensweg.

Damit auch jene Kinder, die eher praktisch veranlagt sind, einen ihnen gemäßen Weg einschlagen können, musste dann zwangsläufig noch eine Berufsschule folgen. Oft sind sie als Kinder von Handwerkern ohnehin mit dem Beruf der Eltern vertraut und sehen sich von klein auf in deren Nachfolge. Meiner Erfahrung nach brauchen wir in der Gesellschaft, aber auch in unserer Region, nicht nur Akademiker. Wir benötigen weit dringender qualifizierte Handwerker, und nicht zu vergessen auch kompetente Dienstleister. Ich habe deswegen veranlassen können, dass in unserem Tal auch auf Fremdsprachen Wert gelegt wurde. Und zwar nicht nur auf das unverzichtbare Englisch, sondern auch auf Deutsch, denn die Mehrzahl der Touristen im hiesigen Veneto stammen nun mal aus den deutschsprachigen Ländern, so wie ja auch wir beide.

Du hast aus Cecilias Aufzeichnungen mein schwieriges Verhältnis zu meinem Vater mitbekommen, aber auch das zu der näheren Umwelt an meinem Heimatort. So manches Mal ergriff mich bei den mir zugefügten psychischen Verletzungen ein tiefer Hass. Zum Glück für mich gab es meine geliebte Großmutter, der ich mein Herz ausschütten konnte. Diese so gütige wie kluge Frau gab mir eine weise Lektion auf den Lebensweg mit. „Mein Bub, merke Dir eines: Der Hass frisst dich auf, vergiftet dich allmählich und erstickt das Gute in dir. Hass macht dich blind und ist letztlich nichts anderes als eine üble Form der Selbstsucht. Du bist noch jung an Jahren und erlebst hier bei uns öfters unverdiente Kränkungen. Mach Dir dabei immer eines klar, sie gelten nicht Dir, Du bist nur das Opfer deren Feigheit. Deinem mächtigen Vater gegenüber, als dem wichtigsten Arbeitgeber im Dorf, verhalten sie sich meist unterwürfig. Aber bei Dir, dem schwachen Jungen, lassen sie dann ihren Groll ab. Sie meinen also gar nicht Dich, der sich noch nicht so gut zu wehren vermag, sondern Deinen Vater, vor dem sie kuschen weil sie vor ihm Angst haben."

„Arno, und diesen Rat beherzigst Du?" Er lächelte, aber es war kein fröhliches, sondern ein eher gequältes Lächeln, das sich auf seinen Zügen zeigte. „Angelika, ich versuche es, rutsche jedoch immer wieder zurück auf diesem steilen und glatten Weg. Manchmal ergreift mich das erleichternde Gefühl bereits am Ziel angelangt zu sein, so wie beim Wandern im Gebirge. Du hast endlich eine hochgelegene Alm erreicht, aber bevor du dich zufrieden auf der nahen Bank niederlassen willst, da hebst du den Blick, schaust hoch und siehst über dir den angestrebten fernen Berggipfel. Du spürst dann wie dich bei diesem Anblick die Kraft verlässt, der Mut sinkt, weil dieses Ziel unerreichbar zu sein erscheint. Aber dann mache ich mir eines klar: Vielleicht ist schon der lange mühevolle Weg dahin das richtige Handeln, das einen veranlasst hat nachzudenken und das eigene Tun zu reflektieren. Es geht doch darum, sich bewusst zu werden, was man tut und wie sich dieses Tun auf unser Umfeld auswirkt.

Ich will, soweit mir dies möglich ist, meinem Sohn ein Vorbild sein. Ich will ihn mitnehmen auf dem langen Weg, und ihm helfen jene Schritte zu tun, die ich nicht mehr schaffen kann. Mich belastet noch immer der frühe Tod meiner geliebten Cecilia und der meiner lieben Töchter. Dieses grausame und so einschneidende Ereignis beschwerte mein weiteres Leben lange mit Trauer und ohnmächtigem Zorn. Die daraus resultierende Verzweiflung, aber auch das latente Selbstmitleid, sie sind eine fast übermächtige Last auf dem weiteren Lebensweg, und oft dazu angetan ist, sich der Resignation zu überlassen. Damit ringe ich seitdem, kämpfe einen stillen Kampf gegen diese Gegenkräfte, und hoffe sie letztlich überwinden zu können. Davor war alles viel leichter, da genoss ich die Liebe meiner Cecilia und die meiner Kinder, strahlte die Lebenssonne hell und licht. Aber jetzt? Nun hat sich eine dunkle Wolke davor geschoben und diese Sonne fast verdeckt. Gäbe es Felix und seine kindliche Liebe nicht, dann hätten mich Trauer und Hass noch immer fest im Griff. So aber bleiben mir zwei, nein eigentlich drei zentrale Aufgaben. Diese sind: Mich um meinen Felix zu kümmern, den drei alten Damen einen sorgenfreien Lebensabend möglich zu machen. Ja, und das, was Cecilia und ich im Tal initiiert haben zu konsolidieren, um nur die wichtigsten Herausforderungen zu nennen. Und nie zu vergessen unsere Unternehmen als die wirtschaftliche Quelle unseres Tuns zu erhalten."

„Danke lieber Arno für diese Ausführungen, die mir einen tiefen Einblick in Dein Denken und Handeln ermöglichen. Ich weiß, dass auch Du mich noch näher kennen lernen willst, Felix hat es mir "verraten". Arno nickte zustimmend: „Liebe Angelika, bevor wir uns in diese uns beide sehr berührenden Gedanken vertiefen, will ich erst einmal mit Dir wegen der Sanierung Deines Unternehmens reden. Denn ich weiß ja nuu, dass sich dies wie ein riesiges, ja bedrohliches Unterfangen vor Dir auftürmt, und Deine Gedanken immer wieder besetzt. Deswegen will ich Dir zu Deiner Entlastung so etwas wie Entwarnung geben."

Angelika glaubte sich verhört zu haben: „Arno, sag bloß, dass es tatsächlich so etwas wie einen Silberstreifen gibt?" „Den gibt es, wenngleich noch eine zähe Phase vor uns steht." Dieses „vor uns" fachte ihre Hoffnungen an, es wirkte wie ein trockener Zunder. Außerdem hatten sie Arnos Aussagen mehr als bestärkt. „Du sagtest: vor uns?" „Aber ja, Du hast Dich nicht verhört, ich lasse Dich doch nicht im Stich und bringe mich mit ein!" Angelikas Gesicht überzog tiefe Freude, denn dieses war eine befreiende Aussage, und das gleich in zweifacher Hinsicht. Sie stand jetzt nicht mehr alleine da, hilflos einer für sie zuvor nicht lösbaren Misere ausgesetzt. Mit Arno stand ihr nun ein Mann zur Seite, einer der ihr Halt gab, und dem sie zutiefst vertrauen konnte. Er war kein Schwätzer und Angeber sondern ein Könner, der seine Kompetenz schon oft unter Beweis gestellt hatte.

Arno setzte seinen „Monolog" fort: „Angelika, ich habe, so wie mit Dir besprochen, einen Mitarbeiter nach Mühlenbach entsandt. Dein Stellvertreter, Herr Furtner hat unser Vorhaben nicht nur begrüßt, sondern auch Herrn Markovic, meinen Mitarbeiter, herzlich willkommen geheißen. Dieser, ein ehemaliger Werkleiter, der durch eine von ihm nicht akzeptierte Fusion in seinem Textilbetrieb nicht mehr weitermachen wollte, erweist sich immer mehr als ein Glücksgriff. Herr Markovic ist nicht nur ein exzellenter Fachmann, er hat auch noch gute Verbindungen zu den potentiellen Abnehmern der Produkte Deines Unternehmens. Dazu sei als erstes das Beschaffungsamt des Bundesheeres genannt. Und dieser Kontakt hat schon erste Früchte getragen. Den unzureichenden Abnahmepreis konnte er auf ein kostendeckendes Niveau heben, wohlgemerkt sogar mit einem kleinen Gewinn. Außerdem dürfen wir künftig unsere Liefermengen um zehn Prozent aufstocken. Doch das ist noch nicht alles. Dieser findige Mitarbeiter hat uns außerdem noch zwei Nischen mit guter Gewinnmarge aufgetan. Er hat Plaids für Festivals mit entsprechenden Motiven als einen für uns interessanten Nischenmarkt entdeckt. Und Herr Markovic hat bereits mit zwei Veranstaltern verhandelt. Das gilt auch für die Marktnische Kinderdecken. Er hat in drei Schulen Wettbewerbe für Kinder inszenieren lassen, und dadurch interessante Ideen für Design und Farben erhalten. Unser Herr Markovic war aber nicht nur auf der Marktseite aktiv, er hat auch auf der Kostenfront entlastende Ansätze gefunden. Unter anderem schwebt ihm vor, die Energiekosten durch eine Turbine im Mühlbach zu senken. Außerdem will er mit Solarpaneelen auf etlichen Dächern dazu einen weiteren Beitrag leisten.

Dein Onkel Johann Furtner hat ihn dabei in jeder Hinsicht unterstützt, was er anerkennend anmerkte. Können wir denn diesen tüchtigen und loyalen Mann nicht noch ein, besser gleich zwei Jahre bei uns halten, das wäre für die anstehende Sanierung sehr wichtig? Unser diesbezügliches Angebot und seine Vorstellungen sollten wir dann aber beide gemeinsam in Mühlenbach mit Deinem Onkel erörtern."

Angelika wusste nicht, wie ihr geschah. Sollte Ihr Albtraum doch noch ein gutes Ende finden? Das was ihr Arno als Auszug aus der ersten Analyse dargelegt hatte, klang fast zu gut, um wahr zu sein. Und Arno hatte auch jetzt wieder von uns gesprochen! Das war mehr als ein Hoffnungszeichen, dies war der Anfang eines gemeinsamen Weges! Und dem gab sie nun Ausdruck: „Arno, mit Dir an der Seite ergreift mich neue Zuversicht und Dankbarkeit. Ich kann und will es jetzt nicht mehr für mich behalten, auch für meine private Zukunft ist es ein großes Glück! Ich vertraue Dir nicht nur, es ist bei mir inzwischen viel weiter gediehen."

Sollte Arno jetzt auch seine Gefühle für Angelika offenbaren? Was stand dem noch entgegen? „Angelika, auch ich vertraue Dir. Und ich kann und will mir ein gemeinsames Leben mit Dir vorstellen. Es ist keineswegs Vorsicht, weswegen ich noch zögere, sondern die lastenden Schatten meiner Vergangenheit. Du müsstest lange mit Cecilia und dem vergangenen Glück leben. Ich habe mich seit ihrem jähen Tod keiner Frau mehr zugewendet, Du bist die erste von der ich weiß, dass Deine Herzlichkeit und Fürsorge mir guttun würden. Ich möchte Dich nicht mehr missen in meinem Leben. Ich gestehe ein, dass ich mich in Dich verliebt habe, aber doch noch etwas Zeit brauche. Sollten wir gar heiraten wollen, dann müsstest Du hier leben, an diesem Ort, wo wirklich alles an Cecilia erinnert. Es ist dann beinahe so wie eine Ehe zu dritt, und das ist eine nicht zu unterschätzende Hypothek. Ich bitte Dich daher über diese „Hürde“ intensiv nachzudenken. Eines verspreche ich Dir schon jetzt, wenn Du dann davon überzeugt bist, und auch die angedachte Sanierung Deines Unternehmens aus Überzeugung mittragen kannst, finden wir zusammen. Wenn Du dann zu dem Schluss gekommen bist, dass Du mich trotzdem noch zum Mann und zum Vater Deiner Töchter haben willst, sinken wir uns in die Arme!“

„Arno, das will ich gerne, aber zugegeben auch etwas ungeduldig tun. Eines dazu jedoch schon vorab: Als ich die Zeilen von Cecilia gelesen habe, da fühlte ich wie eine Schwester mit ihr. Eine, deren Liebe und Glück mich tief berührte, und in mir die Gewissheit aufsteigen ließ, ihr Arno ist auch ein Mann, wie ich ihn immer gesucht und dank meiner Blindheit nie gefunden hatte. Es wäre mir sonst nicht möglich gewesen, Dich so intensiv kennen zu lernen.“

Weiter kamen die Beiden nicht mehr in ihrem Dialog, denn nun forderten die drei Kinder ihr Recht und wollten ihnen etwas zeigen. Unten im großen Saal setzte sich Felix an den Flügel, um den er zuvor – so es anging – einen großen Bogen gemacht hatte. Doch nun spielte er ein Stück, mit dem er sich zuvor abgemüht und darüber auch die Lust am Spiel verloren hatte. Sein Vater, der ihn vor seiner Abreise noch gemahnt hatte, am Klavier zu üben, staunte. Noch dazu spielte sein Felix das Stück ohne Fehler und schien sogar dabei Freude zu empfinden. „Felix damit überrascht und erfreust Du mich. Was hat denn Deinen Sinneswandel ausgelöst?“ Der Junge deutete auf Angelika: „Die Mama“, er korrigierte dieses Wort zwar flugs, aber alle hatten es vernommen. „Die Frau Gruber hat mir vorgestern gezeigt, wie ich sitzen und spielen soll. Und jetzt geht es viel besser. Gestern Abend hat sie für uns noch einige Sonaten gespielt. Papa, die spielt viel besser als meine Klavierlehrerin!“

Kurzbesuch in der Heimat

Da die Fahrt nach Mühlenbach, der Heimat der drei Grubers, weit und beschwerlich war, und sie noch am späten Morgen dort ankommen wollten, galt es früh aufzustehen. Angelika und Arno hatten sich dem Wunsch der drei Kinder nicht verschlossen, mitfahren zu dürfen. Diese Fahrt erlebten die Grubers nun viel kurzweiliger als noch vor wenigen Tagen. Da wollten die Kinder Ferien in Italien erleben, und Angelika sich eine Auszeit von der sie erdrückenden Verantwortung für ihr Unternehmens gönnen. Und nun war daraus noch etwas ganz anderes geworden. Für sie alle hatte sich dort eine nie für möglich gehaltene Perspektive aufgetan. Wenn nicht all die Vorzeichen trogen, dann saß neben Angelika mit Arno ihr künftiger Mann und zwischen ihren Töchtern Felix, deren neuer Bruder.

Gerne hätte sich Angelika nur noch diesen beruhigenden und erfreuenden Aussichten hingegeben, aber diesen standen jedoch zwei große Herausforderungen entgegen. Arno wusste um diese bohrenden Gedanken, die Angelika das Leben schwer machten. Er ging davon aus, dass diese mit jedem Kilometer, mit dem sie Mühlenbach näherten, noch drängender wurden. „Angelika, lehne Dich doch einfach mal zurück und überlasse mir die Regie, dann hast Du es leichter. Du bist zwar ein Teil des Problems, wenn auch vom Schicksal in eine Aufgabe hineingedrückt worden, die Du nicht übernehmen wolltest und die Dir das Dasein oft vergällt hat. Verlasse Dich darauf, dass es auch dafür eine Lösung gibt!“ Von hinten kam diesmal nicht eine Nachfrage, wie weit es denn noch bis zum Ziel sei. Und dann fuhren sie auch schon hinein in den Hof der Textilfabrik Konrad Gruber, deren Chefin Angelika Gruber war. Arno öffnete ihr galant die Wagentüre.

Die Ankommenden wurden dort schon erwartet und herzlich begrüßt von Angelikas Onkel Johann Furtner und dem DELAMO-Beauftragten Friedrich Markovic. Neben diesen beiden Schlüsselpersonen standen die drei Abteilungsleiter des kleinen Unternehmens. Arno bat sie nach der Vorstellung darum, ihm nun auch noch ihre

Funktion und deren Kernaufgaben zu nennen. Er hörte Jedem interessiert zu und bekam darüber auch die gegebenen Herausforderungen und behindernden Probleme des jeweiligen Verantwortungsbereichs dargestellt. Arno kommentierte den ihm bereitwillig dargelegten Lagebericht wie folgt: Nun könne er ein wenig besser einschätzen, mit wem er es zu tun habe, und was in deren Verantwortungsbereich ablief. Dies versetze ihn nun in die Lage gezielte Fragen zu stellen.

Aber eines vermochten die Herren nicht einzuordnen. Ihre Chefin Angelika Gruber kam mit dem mächtigen Chef von DELAMO in dessen Auto an, und die Beiden gingen sehr vertraut miteinander um. Dabei war der DELAMO-Chef – das hatte sich selbst hier längst herumgesprochen – gar noch ein veritabler italienischer Graf. Daraus ergab sich für sie erst einmal die Frage, wie denn der hohe Herr anzusprechen sei? Doch das löste sich augenblicklich, denn der stellte sich lediglich mit di Longhi vor. Doch als ihn einer der Herren, dessen ungeachtet, trotzdem mit Herr Graf ansprach, da meinte dieser lächelnd: „Meine Herren, meines Wissens sind in Österreich die Adelstitel abgeschafft worden, und daran sollten wir uns auch halten. Damit Sie nicht weiter rätseln müssen, möchte ich jetzt eines klarstellen: Ihre Chefin Angelika Gruber und ich sind eng befreundet. Ihre Töchter hatten sich mit meinem Sohn angefreundet, und haben so auch uns Eltern zusammengebracht."

Wie sollten sie denn dieses letzte Wort interpretieren, das blieb vorläufig für alle ein Rätsel. Eines, das noch nicht einmal Angelika schlüssig zu deuten wusste. Und eine weitere Frage stand noch im Raum. Wieso sprach ein Italienischer Graf ein so gutes Deutsch, und dies sogar mit der ihnen vertrauten bayerischen Färbung? Aber eines erleichterte die Anwesenden, der Graf verhielt sich überhaupt nicht von oben herab, denn er begegnete ihnen locker und auf gleicher Augenhöhe.

Erst einmal wollte Arno einen Einblick in das Unternehmen verschaffen. Er bat daher um einen Rundgang durch alle Bereiche. Er nahm dabei nicht einmal die kleine Verwaltung und die Nebenbereiche der Fertigung aus. Überall stellte er gezielte Fragen und machte sich dabei Notizen. Die Textilfabrik Konrad Gruber war zwar nicht sonderlich groß, aber bedingt durch die eingezwängte Lage in einem engen Tal, eben auch verwinkelt angelegt. Was Arno dabei jeweils durch den Kopf ging, das behielt er vorläufig noch für sich, denn er wollte der nachmittäglichen Konferenz nicht vorgreifen. Und seiner gelassenen Mimik ließ sich auch nichts entnehmen, er zeigte sich zwar interessiert und blieb stets höflich, mehr aber war es vorläufig noch nicht.

***

Währenddessen zeigten Barbara und Magda ihrem Freund Felix ihr Elternhaus. Es lag oberhalb des Werksgeländes, aber jenseits des Mühlenbachs, und damit auch etwas entfernt von den Gebäuden der Fabrik. Eine Brücke über den hier ungebändigt fließenden Mühlenbach führte hinauf zum Weg zur alten Villa, die sich in einem kleinen Park verbarg. Dieses große Haus, eines aus der Gründerzeit, verfügte zwar über viele große und auch hohe Zimmer, denen es jedoch samt und sonders an modernem Standard mangelte. Barbara fasste den von ihr vermuteten Eindruck von Felix zusammen: „Felix, Du hast es viel schöner als wir, denn Du lebst ja wie im Paradies. Wir hingegen wohnen in einem alten Kasten und bei uns scheint die Sonne auch nicht den ganzen Tag!“

Altklug antwortete er ihr: „Bärbel, aber Ihr habt eine liebe Mama und ich nicht mehr. Ich würde gerne auf vieles verzichten, wenn ich nur meine Mutter und meine Schwestern wieder hätte!“ Das ließ Barbara nicht ganz gelten: „Felix, aber dafür hast Du einen ganz tollen Papa, was wir nie hatten, und eine liebe Oma noch dazu. Unsere Oma ist mit uns böse, und will von uns nichts mehr wissen. Gottseidank wohnt sie weit weg hinter Klagenfurt, und so laufen wir uns nicht über den Weg.“ Wie um die beiden Mädchen zu trösten, brachte Felix nun aller Hoffnung auf einen Punkt: „Eure Mama und mein Papa sind doch schon per Du miteinander, und sie mögen sich doch auch schon! Sonst hätten die sich doch nicht so lieb umarmt." Magda erinnerte daran, dass sie bei ihrer Großtante Vroni zum Mittagessen eingeladen seien, worauf sie sich freuten. Diese liebe Tante sei für sie fast eine Oma, denn sie würde ihre Mama und sie mögen, und wir sie auch, so die kleine Magda.

***

Nach dem gemeinsamen Mittagessen, das Angelika im einzigen Gasthof des Nachbarorts geordert hatte, ging es zurück zu der mit Spannung erwarteten Konferenz im Büro von Angelika. An dieser nahmen neben Angelika dann nur noch Arno, ihr Onkel Johann und Herr Markovic teil. Zuvor hatte er seinem Auftraggeber so nebenbei zwei Botschaften gesteckt: Die eine war, dass Angelika Gruber, die Besitzerin und Chefin der Textilfabrik, äußerst sparsam leben würde, denn sie hatte sich selbst nur ein geringes Gehalt eingeräumt, und habe auch sonst alles Überflüssige gestrichen. „Lieber Chef, was ich inzwischen weiß, ist, dass Frau Gruber vor Jahren einen wahren Scherbenhaufen übernommen hat, und danach alles daran setzte, das Unternehmen wieder flott zu bekommen. Aber es liegt ja hier nicht primär nur an den Gestehungskosten, sondern am generell schwierigen Absatzmarkt. Und noch etwas dazu, hier wird bisher eigentlich nur von der Produktionsseite her gedacht und nicht von der Marktseite. Werbung, PR-Aktivitäten und Marketing sind im Unternehmen Gruber weitgehend unterbelichtet. Deswegen habe ich mich ja auch vorrangig um dieses Feld angenommen." Diese Aussage war für Arno eine Schlüsselbotschaft, für die er sich bedankte.

Wieder zurück im Werk, bat Arno Herrn Markovic, den von ihm erarbeiteten Sanierungsplan vorzustellen. Der Angesprochene berichtete von zwei erfolgversprechenden Aufträgen die ihnen ins Haus stünden, was allgemein beeindruckte. Andererseits wollte ein bisher treuer und guter Auftraggeber aus Altersgründen seinen Betrieb verkaufen, und könnte infolge dessen als Kunde ausscheiden.

Arno fasste nach und wollte den Kaufpreis der gut laufenden Großschneiderei wissen, sagte aber vorerst nichts dazu. Der dargelegte Sanierungsplan erweckte erst einmal Zuversicht, denn der schien – mal abgesehen von dem dafür erforderlichen erheblichen finanziellen Aufwand – ein gangbarer Weg zu sein.

Danach interessierte alle der Eindruck, den Arno vom Unternehmen gewonnen hatte. Und er hielt nicht hinter dem Berg zurück. Die Produktion sei, zumindest was die erzeugte Qualität angehe, sicher gut aufgestellt, aber soweit er dies überhaupt zu beurteilen vermöge, in der Lage kleinere Aufträge zu bewältigen. Doch sei sie vermutlich nicht fähig, größere und eilige Aufträge zu erledigen. Um hier schneller und flexibler zu werden, müsse unbedingt in neue Maschinen investiert werden. Seines Erachtens gelte es dann auf dieser flexibleren Basis künftig dem Markt, und hier vor allem den möglichen Nischen, strategisch näher zu kommen. „Ob das nun neben den Stoffen dann Plaids, Autodecken oder auch nur Schals sein werden, wichtig dabei ist es eine Nische zu finden und zu besetzen, in der wir dann mit der Zeit eine Alleinstellung einnehmen können. Wir müssen unsere Zielgruppen identifizieren und diese gezielt ansprechen. Eventuell sollten wir diese durch unverwechselbares Design und besondere Merkmale, wie z. B. „Edeltuche aus Alpenwolle“ anlocken und binden. Damit würden wir unsere Abnehmer in die Lage versetzen, nun ihrerseits Kunden gezielt anzusprechen. Gelingt uns dies, dann ist der Abgabepreis weit weniger wichtig, als er es derzeit zu sein scheint. Es geht also künftig nicht nur darum, die mögliche Kapazität loszuwerden! Wir müssen hier umdenken und uns stattdessen auf zwei Kernaufgaben konzentrieren: Erstens einen spezifischen Bedarf generieren und zweitens, diesen dann auch gezielt bewerben und herausstellen!“ Dieser Einschätzung stimmten die drei anderen am Besprechungstisch vorbehaltlos zu.

Angelikas Onkel Johann goss anschließend jedoch Wasser in den Wein der Euphorie, denn er brachte ein, dass dafür ja die Mittel fehlten. Arno sah es nicht anders, er wollte auch wissen, um welche Summe es sich denn ungefähr handelte. Herr Markovic nannte nun den von ihm dafür veranschlagten Betrag. Und der hatte es wahrlich in sich, denn er überstieg sogar den aktuellen Wert des Unternehmens. Laut Angelika würden sich dadurch die Schulden mehr als verdoppeln, und diese Erhöhung würde von den Banken bestimmt nicht finanziert werden. Außerdem würde ihrer Ansicht nach auch der verfügbare Platz für die hier angedachten Maschinen nicht ausreichen. Arno sah es erst einmal auch nicht anders, und Angelikas Zuversicht schwand immer mehr. Sie sah daher keinen anderen Ausweg mehr als letztendlich Konkurs anzumelden, was Arno jedoch als einen zu voreiligen Schluss bezeichnete.

Arno ging auf die Aussage Konkurs erst einmal nicht ein und setzte noch einmal nach. Er kam auf die vier Webmaschinen zu sprechen, die sich derzeit unter staubschützenden Planen verbargen. „Braucht es denn diese Maschinen überhaupt noch? Wenn nicht, dann müssten sich dort doch die neuen Maschinen aufbauen lassen, und die derzeit ausgelasteten alten Maschinen könnten so in der Übergangszeit ungehindert weiter produzieren. Oder schätze ich dies denn nicht richtig ein?“

Die Antwort sagte ihm zu: Zum Einsatz kämen drei der Maschinen nur bei einem speziellen Auftrag, der jedoch gerade mal einen Deckungsbeitrag erbringen würde, bekam er zu hören. „Und was ist dann mit der vierten Maschine? Lassen sich diese vier Maschinen noch verkaufen, oder sind sie nur noch zu verschrotten?“ Es gäbe selbst für diese in die Jahre gekommenen, aber noch gut funktionierenden Maschinen Käufer im Ausland. Die vierte Maschine, ein Jacquard-Webstuhl, sei seit Jahren nicht in Betrieb genommen worden, aber er habe vor zehn Jahren viel Geld gekostet, kam jedoch danach leider nur noch einmal zum Einsatz. Wir bringen es einfach nicht übers Herz ihn auszusortieren, bekam Arno zur Antwort. So ging es hin und her, bis Arno zuletzt sein Resümee zog.

„Liebe Angelika, meine verehrten Herren, ich spanne Sie nicht länger auf die Folter und offeriere Ihnen jetzt einen Ausweg aus der

Misere.“ Das klang schon mal gut in aller Ohren. „Mein diesbezügliches Angebot lautet: Die DELAMO-Holding übernimmt 50% der Anteile am Unternehmen Gruber und saniert es! Dies bedingt zwangsläufig auch den Erwerb der neuen Webstühle und Anlagen, die hier erörtert wurden. Im Weiteren, so wie schon gesagt, verbindet sich damit eine konsequente Ausrichtung auf unseren gegebenen und den denkbaren Absatzmarkt“.

Dann machte er eine kurze Pause bevor er wieder fortfuhr: „ Wir werden allerdings nur dann Erfolg verzeichnen können, wenn Sie, lieber Herr Markovic die Leitung der Textilfabrik übernehmen und Sie, lieber Herr Furtner, uns noch mindestens ein Jahr erhalten bleiben! Sie beide zusammen bekommen dann die für schnelles Handeln unabdingbare Prokura. Ich habe mit Freude festgestellt, dass Sie bestens miteinander harmonieren, was mir sehr gefällt. Wir, die DELAMO-Holding übernehmen im Gegenzug auch die aufgelaufenen und noch auf uns zukommenden Schulden resp. Aufwendungen. Wir werden diese dann auf die DELAMO-Bank umschulden und bedienen den Schuldendienst.

Eines ist mir bei all dem noch überaus wichtig. Wir entlassen Niemanden!!! Mein zugegeben flüchtiger Eindruck, den ich von den Mitarbeitern gewonnen habe, spricht dafür. Außerdem, so meine Erfahrung, werden wir künftig alle Beschäftigten brauchen. Angelika, nun ist es an Dir, Dich zu äußern. Bist Du mit dieser einschneidenden Lösung einverstanden? Oder hattest Du andere Vorstellungen?“

Angelika, die einem Wechselbad der Gefühle ausgesetzt war, musste erst einmal ihre Fassung wiederfinden, und die Tränen abwischen, wozu ihr Arno sein Taschentuch reichte. „Lieber Arno, ich bin natürlich einverstanden mit dieser großzügigen Lösung. Dann bin ich selbst zwar arbeitslos, aber endlich frei von den mich erdrückenden Schulden. Darauf hatte ich nicht mehr zu hoffen gewagt!“ Ihr Großvater, verewigt auf einem Foto hinter ihr an der Wand, schien ihr zuzulächeln und mit dem Kopf zu nicken. Sein Ausspruch, mit dem er sie als Kind immer wieder ermutigt hatte, kam ihr jetzt in den Sinn: „Engele, siggst, wenns brav bist, dann helfens Dir."

Danach ergriff der Betriebsleiter Johann Furtner das Wort. „Meine liebe Nichte Angelika, ich lasse Dich doch jetzt nicht im Stich und hänge vorerst noch ein Jahr dran. Meine Vroni wird damit sicher einverstanden sein. Schön wäre es, wenn Du Fritz, so wie gewünscht, die Geschäftsführung übernimmst, das würde es mir noch leichter machen." Der Angesprochene lachte: „Johann, wenn mein Chef mich bittet hier einzusteigen, dann verweigere ich mich doch nicht. Außerdem reizt mich die anstehende Herausforderung viel zu sehr, um jetzt noch einen Rückzieher zu machen. Ich bin gerne mit von der Partie!"

Arno setzte den Schlusspunkt: „Vielen Dank meine Herren für Ihr Mitwirken, es wird bestimmt nicht zu Ihrem Schaden sein. Den diesbezüglichen Vertrag erhalten Sie in ein paar Tagen. Und noch eines dazu: Herr Markovic, sollten Sie der Ansicht sein, dass der Kauf dieser Großschneiderei für uns einen Sinn macht, dann lassen Sie es mich bitte wissen. Liebe Angelika, das mit Deiner Arbeitslosigkeit kannst Du vergessen, ich habe da etwas in Petto!" Sein verschmitztes Lächeln ließ Angelikas Hoffnung aufblühen. Er dankte den Herren noch einmal für ihr Mitwirken und verabschiedete sich herzlich von Ihnen.

Abb. 6 Die Textilfabrik Konrad Gruber

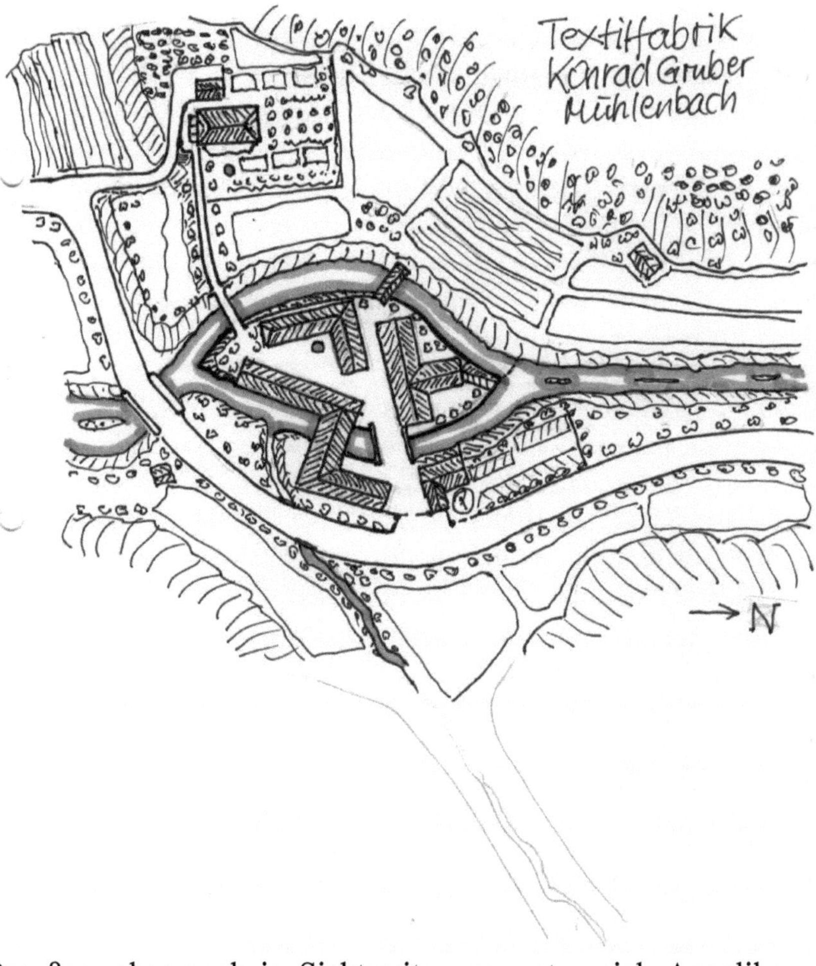

Draußen, aber noch in Sichtweite, umarmten sich Angelika und Arno, mit einem befreienden Kuss. „Liebe Angelika, nun müssen wir nur noch unsere Kinder einsammeln und uns wieder auf die Heimfahrt machen.“ Alles Glück das Angelika nun erfasst hatte, bildete sich in ihrem Gesicht ab. Alle ihre Ängste und Sorgen waren auf einmal wie weggewischt. Weggewischt von dem geliebten echten Mann, der von nun an einen großen Einfluss auf ihr Leben und das ihrer Töchter haben würde. Die von ihr nicht mehr zu tragende

Schicksalslast ruhte nun auf seinen starken und kompetenten Schultern.

Es reichte anschließend noch zu einem schnellen Rundgang durch das Privathaus von Angelika, das sie nun miteinander durchmaßen. Etliche antike Möbel und Bilder beeindruckten selbst Arno. Was künftig mit dem Haus geschehen sollte, das ließen die Beiden erst einmal noch offen. Die Hausherrin verspürte auch hier eine große Erleichterung, bald ihre Kinderheimat und jetziges Wohnhaus verlassen zu dürfen. Angelika packte noch schnell einige Kleidungsstücke für sich und die Mädchen in einen Koffer, und dann verließen sie das große Haus auch schon wieder.

Aus einem schnellen Aufbruch wurde dann aber doch nichts, denn Tante Vroni, bei der sich die Kinder aufhielten, lud sie noch zum Kaffee ein und reichte dazu einen frischen Apfelstrudel. Arno schwelgte in Kindheitserinnerungen, denn einen solch guten Strudel hatte er schon lange nicht mehr gegessen. Als sich die fünf dann auf den Rückweg machten, war es bereits später Nachmittag geworden.

Sie hinterließen bei der Tante ein großes Fragezeichen. Würde Ihre Nichte beim nächsten Besuch dann immer noch nur die gute Freundin, oder vielleicht schon die Braut des netten Grafen sein, der ihr so sehr gefallen hatte? Als sie dies noch einmal bedachte, da kam ihr in den Sinn, dass aus der Nichte dann bald eine Gräfin werden würde!

***

Arno, was er zuvor mit Angelika abgesprochen hatte, schlug nun eine andere Route ein als bei der Herfahrt, eine, die sie über Lienz und Cortina führte. Als sie, es war bereits etwas dämmrig geworden, das Gebirge fast durchquert hatten, setzte urplötzlich heftiger Regen ein, was Arno zu langsamerem Fahren zwang. Am Ausgang eines Tunnels entdeckte Arno hinter dem dichten Regenvorhang ein pulsierendes, aber schwaches rotes Licht, das ihn zur Vorsicht gemahnte. Und er tat gut daran instinktiv auf die Bremse zu treten, denn eine mächtige und anscheinend frisch abgegangene Mure, die noch schlecht gesichert war, verhinderte die Weiterfahrt. Es blieb ihnen nichts anderes übrig als zurückzufahren und eine neue Route einzuschlagen.

Bevor er und Angelika sich noch überlegen konnten, welche sie nun wählen sollten, da meldete sich Felix: „Papa, wir sind so müde, können wir nicht hier irgendwo übernachten?“ Bärbel unterstützte ihn und wies darauf hin, dass sie nur wenige Kilometer vor der Tunneleinfahrt ein Hotelschild gesehen habe. „Angelika Cara, wenn es Dir recht ist, dann folgen wir der Bitte unserer Kinder.“ Ihr war es sehr recht, denn der so aufregende Tag hatte auch ihr zugesetzt. Es war nur ein kurzer Weg bis hin zu dem kleinen Hotel, das hinter einem regenverhangenen Gehöft auftauchte. Nun stellte sich die Frage ob es denn hier für alle ein Zimmer geben würde?

Arno eilte ins Hotel hinein, um gleich darauf wieder zurückzukommen. Er ließ seine Mitfahrenden am Fuß der Hoteltreppe aussteigen, und trug dann selbst die müde Magda hinein, wieder sorglich mit einem Schirm geschützt vom Inhaber des kleinen Hotels. Der bedeutete ihnen dann, dass er gerade noch zwei Zimmer frei habe, eines für die Eltern und eines für die Kinder. Arno schaute Angelika fragend an, und diese lächelte vielsagend: „Arno, das ist nun mal ein Notfall, da bleibt uns doch gar nichts anderes übrig, als darauf einzugehen.“

Barbara und Felix grinsten sich zu wie zwei kleine Verschwörer. Sie logierten hier nun für den Hotelier als Conte de la Motte mit seiner Familie. Auf Deutsch hatte Arno zuvor den Kindern zugeflüstert: „Kinder, wir sind jetzt als Mama und Papa anzusprechen, ist das für Euch klar?“ Verschmitzt kam die Antwort von Barbara: „Lieber Papa, das fällt uns ganz leicht!“

Nachdem sie sich auf ihren Zimmern eingerichtet hatten, gingen sie miteinander hinunter in den kleinen Speiseraum. Es gab zwar dort keine große Auswahl, aber für alle ein wohlschmeckendes Mahl, das ihnen überraschend gut mundete. Lange hielten sie sich nach dem Essen nicht mehr im Restaurant auf, denn die Kinder kämpften sichtlich mit ihrer Müdigkeit. Arno trug Magda wieder hinauf ins Zimmer der Kinder und legte sie sorgsam ins Bett. Sie hatte ihm zuvor im Halbschlaf ihre Ärmchen um den Hals gelegt und ihn mein lieber Papa genannt. Und einen Kuss bekam er auch noch. Bevor nun deren Mutter zurück ins Zimmer der Kinder kam, flüsterte Felix der Bärbel zu. „Liebe Bärbel, das läuft ja bestens. Ihr habt nun einen Papa und ich eine Mama!“

ENDE